List Taschenbücher der Wissenschaft
Literatur als Geschichte: Dokument und Forschung

Vondung, Völkisch-nationale und nationalsozialistische
Literaturtheorie
Band 1465

W0191766

Die Reihe *Literatur als Geschichte: Dokument und Forschung*
wird herausgegeben von Gert Sautermeister, Wilfried F. Schoeller, Klaus Vondung

Die Reihe ‚Literatur als Geschichte': Dokument und Forschung
erschließt literarische Texte unter einem besonderen wissenschaftlichen Aspekt. Die Konzeption der Reihe folgt der Einsicht, daß
literarische Werke nur innerhalb ihres jeweiligen historischen
Beziehungsraumes zu verstehen sind und daß Literaturwissenschaft als ‚Forschungsgeschichte' ebenfalls in ihrer historischen
Dimension gesehen werden muß. Der erste Teil jedes Bandes
enthält Texte der Schriftsteller, Selbstdeutungen, Kommentare
zu eigenen wie fremden Werken und Theorien über Kunst und
Literatur. Im zweiten Teil werden die kontroversen Versuche
literaturwissenschaftlicher Analyse vorgestellt und mit ausführlichen Zitaten dokumentiert. Die Selbstzeugnisse, Kritiken und
Theorien vermitteln eine Vorstellung von den geistigen, literarischen und gesellschaftlichen Strömungen der Zeit; der Überblick über die Forschung zeigt diese in ihrem geschichtlichen
Wandel und verweist auf ihre historische Bedingtheit. Beide
Teile, die Selbstdeutungen und Literaturtheorien wie die Vielzahl der Interpretationen, stehen in Spannung zu den literarischen Werken selbst; sie tragen wechselseitig zu deren Erhellung bei und vermitteln Einsicht in den Zusammenhang von
Literatur und Geschichte.

Klaus Vondung

Völkisch-nationale und nationalsozialistische Literaturtheorie

List Verlag München

Originalausgabe

ISBN 3471 61465 6

© 1973 Paul List Verlag KG, München. Alle Rechte vorbehalten.
Printed in Germany. Schrift: Garamond-Antiqua.
Satz und Druck: Presse-Druck Augsb. Bindearbeit: Klotz, Augsburg.

Inhalt

Zu diesem Band:

Die Literatur der zwanziger und dreißiger Jahre, die während des Dritten Reichs als »wahre deutsche Dichtung« galt, wurde nicht nur von dezidierten Nationalsozialisten geschrieben. Viele ihrer Autoren waren ursprünglich anderen weltanschaulichen Richtungen verpflichtet, konservativen, nationalistischen oder völkischen. Doch die Gemeinsamkeiten völkisch-nationaler Ideologeme mit dem Nationalsozialismus, welche sich in literarischen Werken äußerten, sowie die personelle Kontinuität, die durch zahlreiche Schriftsteller gebildet wurde, machen es notwendig, die entsprechenden Erzeugnisse als zusammengehörenden Komplex zu behandeln. Der vorliegende Band versteht sich als Bestandsaufnahme; indem er einen Überblick über den Gegenstand der Diskussion wie über die bisher geleistete Forschung gibt, schließt er selbst an die bislang unternommenen Bemühungen an, in Dokumentationen die völkisch-nationale und nationalsozialistische Literatur zu sichten und in wissenschaftlichen Untersuchungen deren Probleme durchzuarbeiten.

EINLEITUNG

Die völkisch-nationale Literatur des ersten Drittels dieses Jahrhunderts ist ebenso wie die dezidiert ‚nationalsozialistische‘ Dichtung des Dritten Reichs ein Gegenstand, um den sich die deutsche Literaturwissenschaft nach 1945 wenig gekümmert hat. Blättert man in den Vorlesungsverzeichnissen deutscher Universitäten aus den vergangenen Jahren, so stößt man höchst selten auf eine Vorlesung oder ein Seminar, das sich mit diesem Thema beschäftigte. Dementsprechend gering ist auch die Zahl der Publikationen, die seit 1945 zur Literatur des Nationalsozialismus erschienen sind, verglichen mit der Menge von Veröffentlichungen zu anderen Gegenständen germanistischer Forschung. Die Verfasser der relativ wenigen Arbeiten sind überdies nur zum Teil Wissenschaftler von Beruf; andere sind Literaturkritiker oder freie Publizisten, und sie haben mit ihren Büchern sogar noch eher breitere Resonanz und allerdings auch harte Kritik hervorgerufen, so z. B. *Schonauer, Loewy* oder auch *Glaser*.[1]

Es stellt sich die Frage nach den Gründen für das Desinteresse der Literaturwissenschaft an der völkisch-nationalen und nationalsozialistischen Literatur. Offenkundiger und ausschlaggebender Grund scheint ihr meist kümmerliches künstlerisches Niveau zu sein. Eine Disziplin, deren Gegenstand traditionsgemäß das sprachliche *Kunstwerk* ist und die zu bestimmen trachtet, was eben diesen Gegenstand zum Kunstwerk macht, kann offenbar in der Untersuchung so augenscheinlich trivialer sprachlicher Erzeugnisse keinen Sinn finden. Das gilt vielfach auch für die Trivialliteratur früherer Zeiten; bei der nationalsozialistischen kommt noch ein anderer Grund hinzu. Die Literatur, von der hier die Rede ist, hat in erheblichem Maß dazu beigetragen, Inhalte der nationalsozialistischen Ideologie mundgerecht zu artikulieren und zu verbreiten, und sie hat dadurch mitgeholfen, den Nationalsozialismus an die Macht zu bringen und nach 1933 seine Herrschaft zu stabilisieren. Eine solch unmittelbare Verknüpfung von Literatur und Politik – und zudem fataler Politik – scheint die Abneigung der Literaturwissenschaft gegen diesen Gegenstand noch zu verstärken. Überdies feierten während des Dritten Reichs verschiedene Literaturwissenschaftler von Rang – nicht nur unter Aufgabe ihrer politischen Vernunft, sondern auch ihres Geschmacks und Sachverstands – die nationalsozialistische Literatur als eigentliche und wahre deutsche Dichtung der Gegenwart; sie bescherten damit dem akademischen Fach ein Erbe, an das sich manche seiner Angehörigen nur ungern erinnern und das den Widerwillen gegen die Beschäftigung mit diesem Komplex noch steigert.

Die genannten Gründe für das Desinteresse der Literaturwissenschaft an der völkisch-nationalsozialistischen Literatur sind es nun allerdings gerade, die deutlich machen, daß es nicht nur legitim, sondern unbedingt notwendig ist, diesen Bereich aufzuarbeiten. Zweifellos ist es richtig, daß die meisten Werke nationalsozialistischer Schriftsteller eine differenzierte philologische Interpretation gar nicht zulassen, bzw. daß eine solche Interpretation allenfalls zu dem Ziel führt, die künstlerische Belanglosigkeit, wenn nicht gar die miserable Qualität dieser Erzeugnisse festzustellen. Davon abgesehen, daß auch solche Ergebnisse von Bedeutung sind und unter bestimmter Fragestellung weiterführen können, darf das ästhetische Kriterium nicht den Ausschlag geben über die Relevanz des Untersuchungsgegenstandes. Eine Disziplin, die wie die Literaturwissenschaft zu den Wissenschaften vom Menschen gehört, kann nicht unter ästhetischen oder formalen Gesichtspunkten ihre Gegenstände und Fragestellungen reduzieren, wenn die Möglichkeit besteht, auch in ihrem Bereich Analysen vorzunehmen, die geeignet sind, relevante Aussagen zu machen über die Existenz des Menschen in Gesellschaft und Geschichte. Die unmittelbare Verknüpfung der dem Nationalsozialismus verpflichteten Literatur mit Ideologie und Politik zwingt dazu, eben diese Korrelationen in den Mittelpunkt der Fragestellung zu rücken und zu untersuchen, auf welche Weise sich Ideologie im literarischen Bereich und mit künstlerischen Mitteln artikuliert und welche politische und gesellschaftliche Funktion eine solche Literatur besitzt.

Die Tatsache, daß allerdings Forschung dieser Art eine Erweiterung der Fragestellungen sowie zusätzliche Untersuchungsmethoden erfordert, welche den engeren Bereich der herkömmlichen Disziplin überschreiten, sollte nicht dazu führen, die Problematik anderen, ‚zuständigen‘ Disziplinen zuzuweisen. Das Medium, in dem sich die zu analysierenden Sachverhalte artikulieren – sprachliche Erzeugnisse mit der Prätention, dichterische zu sein –, macht jene Literatur zum legitimen Gegenstand der Sprach- und Literaturwissenschaft. Daß aber dieser Gegenstand dazu nötigt, literaturwissenschaftliche Interpretationsmethoden in einem größeren, eher interdisziplinären Rahmen anzusiedeln, kann nur die Bedeutung eines solchen Forschens heben und die Relevanz seiner Ergebnisse steigern. Die ‚Entgleisungen‘ der deutschen Literaturwissenschaft während des Dritten Reichs rühren unter anderem gerade daher, daß man eben nicht gewohnt war, umfassendere, politische und gesellschaftliche Fragestellungen auf wissenschaftliche, d. h. rationale Weise mit seinem Fach in Korrelation zu bringen. Diese Hypothek muß abgetragen werden. Es geht hier gar nicht darum, vergangene Geschmacklosigkeiten und Bösartigkeiten aufzurühren; damit wird die Vergangenheit nicht bewältigt. Die Aufgabe ist vielmehr, *hic et nunc* Probleme aufzuarbeiten, wissenschaftliche wie existentielle, die bisher nicht oder noch nicht zureichend aufgearbeitet sind und durch deren Bewältigung ein Beitrag geleistet wird zur Bewältigung der Gegenwart, auch und gerade der literaturwissenschaftlichen Disziplin.

Der vorliegende Band versteht sich als Bestandsaufnahme; indem er einen Überblick über den Gegenstand der Diskussion wie über die bisher geleistete Forschung gibt, schließt er selbst an die bislang unternommenen Bemühungen an, in Dokumentationen die völkische und nationalsozialistische Literatur zu sichten und in wissenschaftlichen Untersuchungen deren Probleme durchzuarbeiten. Der erste Teil dieses Bandes enthält Texte; er dokumentiert hauptsächlich einen Bereich, den man als ‚völkisch-nationale und nationalsozialistische Literaturtheorie‘ umschreiben kann. Zu den damit verwendeten Begriffen sind allerdings einige Erläuterungen nötig.

Spricht man von der Literatur, die mit dem Nationalsozialismus in Zusammenhang gebracht wird, so ist aus sachlichen und besonders aus historischen Gründen sowie im Hinblick auf die Autoren eine Differenzierung angebracht. *Rolf Geißler* etwa beginnt seinen Überblick über *Dichter und Dichtung des National-*

sozialismus: „Eine nationalsozialistische (ns) Dichtung hat es – wenn man von der Lyrik einiger junger Partei-Panegyriker absieht – nicht gegeben. Die literarischen Ergebnisse während des ‚Dritten Reichs' sind dürftig, und die Werke, die der Nationalsozialismus (NS) exemplarisch herausstellte, waren fast alle schon in den zwanziger Jahren oder früher geschrieben: z. B. Gustav Frenssens *Jörn Uhl* (1901), Hermann Burtes *Wiltfeber* (1912), Hermann Stehrs *Der Heiligenhof* (1918), E. G. Kolbenheyers *Paracelsus-Trilogie* (1917–1925), Wilhelm Schäfers *Die dreizehn Bücher der deutschen Seele* (1922), die wichtigsten Dramen von Hanns Johst, Börries von Münchhausens *Balladenbuch* (1924), Hans Grimms *Volk ohne Raum* (1926), Hans Friedrich Bluncks *Urvätersaga* (1925 bis 1928; als Trilogie 1934), Hans Zöberleins *Der Glaube an Deutschland* (1931). Allerdings zeigt die Identifizierung des NS mit dieser Art von Literatur, daß eine gewisse Prädisposition zur nationalsozialistischen Weltanschauung in völkisch-nationalen Kreisen des durch den Ausgang des 1. Weltkriegs enttäuschten Bürgertums gegeben war."[2]

Die Unterscheidung zwischen völkisch-nationaler und nationalsozialistischer Literatur, die *Geißler* trifft, wird auch im Großteil der übrigen Literatur vorgenommen, und zwar analog zu einer Differenzierung, wie sie sich bei der Beschreibung ideologischer und politischer Phänomene herausgebildet hat. Die Bezeichnung ‚völkisch-national' wird dabei als Sammelname benützt für politische und auch kulturelle Bewegungen, die im 19. Jahrhundert entstanden und nach 1918 ihre Blütezeit erreichten. Die beiden Teile des Begriffs stehen für die zwei hauptsächlichen ideologischen Lager: das ‚völkische' strebte primär die organische ‚Volksgemeinschaft' an, als deren Konstituens vielfach schon das gemeinsame Blut angesehen wurde, während sich das konservative ‚nationale' Lager eher an den Ordnungsmodellen der machtvollen politischen ‚Nation' oder des autoritären ‚Staats' orientierte. Das letztere wird häufig auch mit der Bezeichnung ‚Konservative Revolution' versehen, unter Umständen kann dieser Terminus sogar als Sammelbegriff für sämtliche völkisch-nationalen Bewegungen auftauchen.[3] Innerhalb des Gesamtkomplexes vertraten die einzelnen Gruppen und Gruppierungen unterschiedliche politische Richtungen und entwickelten verschiedenartige, oft divergierende Vorstellungen, sie bildeten jedoch insgesamt das ideologische Reservoir, aus dem der Nationalsozialismus den größten Teil seiner Weltanschauung schöpfte. *Martin Broszat* bemerkt zu dem Wort ‚völkisch‘, es habe wie kein anderes dem Nationalsozialismus vorgearbeitet: „Tatsächlich finden sich unter diesem Sammelnamen praktisch alle Weltanschauungselemente des Nationalsozialismus nebeneinander, der Antisemitismus ebenso wie die Idee der Volksgemeinschaft, Blut- und Boden-Theorien neben neugermanischem Mythos [...].“[4] Da sich im Nationalsozialismus völkisch-nationale Ideologeme politisch wie ideologisch zur Macht- und Rasse-Dogmatik *Hitlers* verschärften und da andererseits verschiedene völkisch-nationale Gruppen politische Gegner des Nationalsozialismus waren, ist eine Unterscheidung gerechtfertigt; gleichwohl darf sie die ideologischen Gemeinsamkeiten nicht vergessen machen.

Die Differenzierung zwischen völkisch-nationalen Bewegungen und Nationalsozialismus aus historischen und – bedingt gültigen – ideologisch-politischen Gründen wird von *Geißler* hinsichtlich der entsprechenden Literatur in der oben zitierten Passage durch ein qualitativ-künstlerisches Kriterium ergänzt. Es ist richtig, daß die Erzeugnisse junger nationalsozialistischer Autoren, die erst nach 1933 von sich reden machten, sich auf einem noch dürftigeren Niveau bewegten als die Werke der älteren Generation völkisch-nationaler Schriftsteller. Das aus diesem Tatbestand gefolgerte Urteil, eine nationalsozialistische Dichtung habe es praktisch nicht gegeben, ist allerdings zu pronounciert und vermittelt einen falschen Eindruck. Im Hinblick auf die Zahl der Autoren und Werke gab es eine Flut nationalsozialistischer Literatur, neben Lyrik, die in der Tat dem Roman gegenüber in den Vordergrund trat, eine umfängliche Dramenliteratur sowie eine ausgiebig gepflegte neue literarische Gattung, sogenannte ‚chorische Dichtungen‘. Die notwendige Feststellung von Qualitätsunterschieden darf auch hier wieder nicht dazu führen, dieses unter bestimmten Fragestellungen sehr aufschlußreiche Schrifttum aufgrund ästhetischer Kriterien aus der Untersuchung auszuschließen. Von diesem Moment abgesehen gab es auch eine ganze Reihe Autoren der älteren, völkisch-nationalen Generation, die sich 1933 mit dem Nationalsozialismus politisch liierten und während des Dritten Reichs weiterproduzierten.

Die Gemeinsamkeiten der völkisch-nationalen Ideologie und des Nationalsozialismus, die sich in literarischen Werken äußerten, sowie die personelle Kontinuität, die durch zahlreiche

Schriftsteller gebildet wurde, machen es notwendig, die entsprechenden Erzeugnisse als zusammengehörenden Komplex zu behandeln. So geschieht dies auch im größten Teil der bisher erschienenen wissenschaftlichen Literatur. *Geißler* z. B. faßt die zur Diskussion stehenden Gegenstände unter der Bezeichnung „völkisch-nationalsozialistische Literatur" zusammen[5], *Loewy* gebraucht die Begriffe „faschistische" und „Nazi-Literatur" als umfassende Bezeichnungen[6], *Hartung* spricht ebenfalls von „faschistischer Literatur", wenn er nicht nur nationalsozialistische Literatur im engeren Sinne meint.[7] Auch der vorliegende Band versucht, den gesamten Komplex vorzustellen; Unterschiede und Schattierungen im politischen oder persönlichen Bereich – die es zweifellos gibt – müssen zum größten Teil unberücksichtigt bleiben.[8] Die Trennung zwischen ‚nationalsozialistischen' Schriftstellern und ‚völkisch-nationalen' wird unter bestimmten Gesichtspunkten irrelevant; es muß hier pointiert werden, was schon *Ketelsen* in einer seiner Untersuchungen zur Literatur des Dritten Reichs hervorhob: „Grenzziehungen sind äußerst heikel; sie werden oft vom Zufall bestimmt und sind häufig ganz persönlich bedingt (z. B. durch das Alter); es geht in dieser Darstellung nicht um Auseinandersetzungen mit den Autoren als Personen, so aufschlußreich manche ihrer Lebensläufe auch sind, sondern um die Erörterung eines Bereichs des literarischen Bestands des Dritten Reichs."[9]

Bleibt die Frage nach der ‚Literaturtheorie'. Man könnte geneigt sein, *Geißlers* oben zitiertes Diktum abzuwandeln und zu sagen: es hat sie nicht gegeben. Dies aus folgenden Gründen: Verwendet man den Begriff ‚Theorie' nicht in dem Sinne, wie er häufig in der Alltagssprache gebraucht wird – nämlich als beliebige Meinung –, sondern in kritischem Sinn als Versuch, auf empirischem und rationalem Weg zu verbindlichen Aussagen über Realität zu gelangen, so lassen sich weder die nationalsozialistische Weltanschauung noch Äußerungen zu Kunst und Literatur, die aus ihrem Geist sich nähren, als Theorie qualifizieren. Wollte man ganz präzise sein, so dürfte man nicht einmal den Terminus ‚Ideologie' verwenden, verbindet man doch mit diesem Begriff seit seiner Einführung durch *Destutt de Tracy* als *système des idées* die Vorstellung eines Entwurfs mit Systemcharakter, den der Nationalsozialismus nicht aufwies. Wie der Nationalsozialismus vielerlei ideologische Strömungen aufnahm und verschiedene – zum Teil disparate – Komponenten umfaßte, so präsentieren sich auch die entsprechenden Vorstellungen zu Kunst und Literatur als heterogenes Konglomerat. In kritischer Terminologie müßte man daher eigentlich von dem zur Diskussion stehenden Gegenstand sprechen als von ,völkisch-nationalen und nationalsozialistischen Ideologemen, Literatur betreffend'.

Ungeachtet dieses Tatbestands gibt es natürlich eine Reihe signifikanter Elemente, die zwar nicht bei jedem der in Frage kommenden Autoren zu finden sein müssen, die aber innerhalb des völkisch-nationalsozialistischen Konglomerats von Literatur-Ideologemen zentrale Positionen einnehmen. Auf die Darstellung dieser zentralen ideologisch-ästhetischen Positionen kam es bei der Textauswahl des vorliegenden Bandes an; im Hinblick auf die Zahl der vorgestellten Autoren ist die Auswahl in hohem Maße unvollständig. Zwar haben sich nicht alle völkisch-nationalen und nationalsozialistischen Schriftsteller ausführlicher zu ihrem Werk oder zu Literatur und Kunst schlechthin geäußert, auch wird häufig zu bestimmten Problemen immer wieder dasselbe gesagt. Gleichwohl mag die Auswahl – vom personalen Standpunkt aus gesehen – in einzelnen Fällen ,ungerecht' erscheinen; außerdem sind auch einige speziellere Bereiche des ,literaturtheoretischen' Feldes nur unvollständig repräsentiert, z. B. die neuklassizistische Dramentheorie. Doch trotz solcher Einschränkungen und ungeachtet der grundsätzlichen Problematik, die sich bei der Frage nach einer repräsentativen Textauswahl immer ergibt – zumal wenn für sie nur beschränkter Raum zur Verfügung steht –, lassen sich in der hier zusammengestellten Dokumentation die wichtigsten völkisch-nationalsozialistischen Literatur-Ideologeme ohne weiteres fassen.

Bei der Gliederung der ersten vier Kapitel des Dokumentations-Teils sowie bei der Auswahl der entsprechenden Texte wurde ausgegangen vom Selbstverständnis der Schriftsteller, um die von ihnen selbst als zentral angesehenen literarischen und ideologischen Sachverhalte möglichst direkt und unverstellt vor Augen zu führen. Die Überschriften der vier Kapitel, die diese Sachverhalte auf der Ebene der Selbstinterpretation umschreiben, sind nicht nur häufig gebrauchte Schlagworte der Zeit, sie tauchen auch in Buchtiteln auf[10] – zusätzlicher Beleg für ihre Bedeutung. Das erste, *Des deutschen Dichters Sendung* überschriebene Kapitel enthält Texte zum Selbstverständnis der

Schriftsteller im engeren Sinn, zu ihrer Auffassung vom ‚Dichterberuf'. Sie entstammen zum größeren Teil der Aufsatzsammlung *Des deutschen Dichters Sendung in der Gegenwart*, die *Heinz Kindermann* 1933 herausgab und deren Vorwort er am ‚Tag von Potsdam' unterzeichnete. Die Sammlung ist vor allem deswegen interessant, weil sie an der Schwelle zum Dritten Reich programmatische Äußerungen von Dichtern vereinigt, die „wissen, ihre große Stunde sei nun gekommen"[11]. Bemerkenswert an diesen Zeugnissen ist hauptsächlich die Rolle, welche die Schriftsteller sich selbst im Rahmen der „neuen deutschen Lebensform"[12] zumessen. Nicht nur in Bemerkungen vom Dichter als „Seher und Propheten"[13] und seinem „priesterlichen Amt"[14], sondern mehr noch in Äußerungen, in denen die Bedeutung des Dichters für die Gesellschaft weit über die von Staatsmännern und Wirtschaftsführern gestellt wird[15], zeigt sich eine Auffassung, die im Hinblick auf die Abhängigkeit der Schriftsteller im Dritten Reich von der Lenkungspolitik des Regimes als geradezu groteske Fehleinschätzung des eigenen Stellenwerts erscheinen muß. Ob in diesen Bemerkungen allerdings unter einem anderen Aspekt nicht doch etwas Richtiges hinsichtlich der gesellschaftlichen Funktion der Literatur enthalten ist, bleibt noch zu erörtern.[16] – Das Kapitel wird abgeschlossen von einem Überblick über den ‚nationalsozialistischen Parnaß', den ein Schriftsteller der jüngeren Generation, *Herbert Böhme,* nach sechs Jahren Drittes Reich anstellte. Damit werden die weiteren anerkannten Autoren der Zeit, die in der vorliegenden Dokumentation nicht vertreten sind, wenigstens kurz unter ideologiekonformem Blickwinkel präsentiert.

Die nächsten drei Kapitel der Dokumentation entsprechen den hauptsächlichen thematischen Bereichen, in welche die völkisch-nationalsozialistische Literatur eingeteilt wurde. Die jeweiligen Charakteristika bezeichnen jedoch nicht nur eine besondere, durch ihren Gegenstand bestimmte Klasse literarischer Werke, sondern auch Konstituentien, die für die gesamte neue Dichtung gelten sollen. So wird zwar einerseits mit ‚volkhafter Dichtung' oft speziell der Heimat- und Bauernroman gemeint, andererseits artikuliert der Begriff in seiner generellen Bedeutung das grundlegende völkisch-nationalsozialistische Literatur-Ideologem, die Vorstellung nämlich, wahre Dichtung müsse im ‚Volkstum' verwurzelt sein. Wofür diese Vokabel steht, die unterstellt, Bezeichnung einer realen Entität zu sein, wird später untersucht werden müssen. Die Skala der Positionen jedenfalls, die im Kapitel *Volkhafte Dichtung* vertreten werden, reicht von völkisch-konservativen, eher gefühlsbetonten Irrationalismen bis hin zu prononciertem Rassismus. Der Übergang von der einen zur anderen Position läßt sich sehr gut an den Texten von *Blunck* und *Schumann* beobachten[17]; während der ältere *Blunck* – Dichter von Historien aus deutscher Vorzeit – noch die Sprache als Konstituens dieses Volkstums ansieht, läßt der junge SA-Führer *Schumann* – Verfasser nationalsozialistischer Polit-Lyrik – an deren Stelle das Blut treten.

Wie bei der ‚volkhaften Dichtung‘, so wird auch unter ‚Weihedichtung‘ einerseits eine besondere Kategorie literarischer Werke verstanden, vor allem chorische Dichtungen und dramatische Feierspiele; andererseits umschreibt ‚Weihedichtung‘ ebenfalls eine grundlegende Vorstellung von Literatur: Dichtung als „göttliche Begnadung" mit „transzendenter Bedeutung"[18]. Diese Vorstellung entspricht dem Selbstverständnis der Schriftsteller von ihrer Rolle als ‚Priester‘ und ‚Prophet‘. Die hier sich artikulierende Religiosität ist mit ihren Korrelationen zu künstlerischen, aber auch ideologisch-politischen wie sozialpsychologischen Sachverhalten ein wichtiges Phänomen, dem besondere Aufmerksamkeit geschenkt werden muß.

Diente die Vokabel ‚volkhaft‘ dazu, den bestimmenden Wesenszug echter Dichtung zu umschreiben und diese gegenüber ‚wurzelloser‘ und ‚internationalistischer‘ Literatur abzugrenzen, so steht bei ‚heldischer Dichtung‘ das Epitheton als positiver Pol im Gegensatz zu ‚dekadent‘ und ‚defätistisch‘. Der propagierte Heroismus wird dabei wieder nicht nur auf literarische Formen und Inhalte bezogen, wie sie z. B. der nationalistische Weltkriegsroman oder die nationalsozialistische Marsch- und Kampflieder-Lyrik präsentieren, sondern auch auf Ausdruck und Stil der neuen Dichtung sowie – und das ist wichtig – auf die ideologische und politische Funktion, die Literatur nun zugeschrieben bekommt. So spricht *Eberhard Wolfgang Möller* von der Dichtung als „Waffe", „mit der wir unsere Ansprüche nach allen Seiten hin durchsetzen können"[19], und er teilt damit der Literatur eine politisch-aktivistische Rolle zu, deren gesellschaftliche Bedeutung in *Gerhard Schumanns* Äußerungen über Kriegsdichtung[20] unmittelbar vor Augen geführt wird.

Die Texte innerhalb der einzelnen Kapitel sind in der Reihenfolge ihres Erscheinens bzw. ihrer Entstehung angeordnet. Dadurch wird die Veränderung und Zuspitzung sichtbar, die manche Ideologeme und Positionen im Lauf der Zeit erfuhren. Vor allem aber zeigt sich eine solche Präzisierung und Radikalisierung in der Sequenz der vier Kapitel selbst: von den häufig noch relativ diffusen Auslassungen über den Dichterberuf und das Wesen echter Dichtung bis hin zu den prononcierten Äußerungen über die politische Funktion der Literatur im Gesamtzusammenhang des nationalsozialistischen Machtstrebens. Diesem Sachverhalt wurde in der Dokumentation dadurch Rechnung getragen, daß im dritten und vierten Kapitel weniger, dafür jedoch – ihrer größeren Bedeutung und Aussagekraft wegen – längere Texte aufgenommen wurden, während es in den ersten beiden Kapiteln eher darauf ankam, durch eine größere Zahl kurzer Texte ein möglichst breites Spektrum der vorhandenen Ideologeme und Ausgangspositionen vorzustellen.

Die Verschärfung der Positionen und ihrer Artikulation äußert sich nicht so sehr als einsträngiger Prozeß, im Sinne einer generellen Radikalisierung aller Autoren, obwohl in einzelnen Fällen durchaus gewisse Entwicklungen festgestellt werden können; sie resultiert vielmehr hauptsächlich aus dem Neben- bzw. Nacheinander zweier Generationen von Schriftstellern. Es ist deshalb kein Zufall, daß die Stimmen der älteren Generation zu Beginn der Textsammlung dominieren, dann immer mehr zurückgehen und schließlich verstummen, während die Beiträge der jungen Autoren zunehmen bis zum Kapitel *Heldische Dichtung*, das nur noch Texte von ihnen enthält.

Die ungefähr gleichaltrigen und im engeren Sinn nationalsozialistischen Schriftsteller der jüngeren Generation, d. h. *Eberhard Wolfgang Möller* (geb. 1906), *Herbert Böhme* (geb. 1907) und *Gerhard Schumann* (geb. 1911), bilden die einzige einigermaßen homogene Gruppe. Ihre eigentliche literarische Produktion – hauptsächlich Lyrik, chorische Dichtungen und Dramen – begann erst 1933. Von Literaturwissenschaftlern wurden sie gern als Dichter der „jungen Mannschaft" nebeneinandergestellt und zur Spitzengruppe junger nationalsozialistischer Schriftsteller gezählt[21]. Wesentlich ist, daß alle drei neben ihrem Dichterberuf Parteiämter innehatten, und zwar in Propagandainstitutionen *Goebbels'*. Das wirft nicht nur Licht auf die Art und Weise, wie

sich im Dritten Reich künstlerische Karriere mit politischer ver-
schränkte[22], sondern auch auf das ‚politische Amt‘ des Schriftstel-
lers und die aktivistisch-propagandistische Funktion seiner Erzeugnisse[23]. – Demselben Jahrgang wie *Möller* gehört *Curt Langenbeck* an; er nimmt jedoch gegenüber seinen Altersgenossen
eine gewisse Sonderstellung ein, erstens, weil er nicht wie diese
gleichzeitig politischer Funktionär war, zweitens, weil er als
signifikanter Vertreter des neuklassizistischen Dramas eine besonders anspruchsvolle ‚hohe Tragödie‘ und eine entsprechende
Dramentheorie zu entwickeln versuchte.

Die übrigen Autoren sind alle zwischen 1878 und 1891 geboren, mit Ausnahme des wesentlich älteren *Paul Ernst* (geb.
1866) und des etwas jüngeren *Karl Heinrich Waggerl* (geb.
1897). Ihre Hauptwerke – hier überwiegen Romane neben Dramen – entstanden während der Weimarer Republik oder sogar
früher. Sie bilden eine heterogene Gruppe, deren Bezeichnung
als ‚völkisch-national‘ ideologische Gemeinsamkeiten mit dem
Nationalsozialismus unterstellt, wobei jedoch die jeweilige geistige und literarische Biographie, die Ausprägung der vorherr-
schenden Ideologeme sowie die Stärke der politischen Identifizierung mit dem Nationalsozialismus Unterschiede zeigen. Insofern erweisen sich diese Schriftsteller, individuell gesehen, als relativ kontroverse Gestalten: *Paul Ernst* etwa entwickelte sich
von sozialistisch-naturalistischen Anfängen zu einem konservativen Neuklassizismus und ließ sich noch kurz vor seinem Tode
von den Nationalsozialisten als Nestor des neuen deutschen
Dramas ideologisch ‚heimholen‘. *Erwin Guido Kolbenheyer,*
der zu den bedeutendsten Romanciers des Dritten Reichs gezählt wurde und sich gern als ‚Dichter-Philosoph‘ bezeichnen
ließ, entwickelte den Biologismus zur Metaphysik und legte
dies wirre Gedankengebäude seinem Romanschaffen zugrunde.
Hanns Johst wandelte sich vom ekstatischen Expressionisten
zum überzeugten Nationalsozialisten und bloßen Panegyriker
seiner politischen Führer, im Dritten Reich vereinigte er als
hoher Kulturfunktionär eine ganze Reihe bedeutender Ämter
auf sich. *Gmelin* und *Waggerl* andererseits waren zweifellos
keine dezidierten Nationalsozialisten, jedoch mit ihren Ver-
dikten gegen die ‚von Skribenten versudelte‘ und ‚journalistische‘ Literatur, mit ihrem Rekurrieren auf die ‚Erlebnissphäre‘
und die ‚tieferen Schichten des völkischen Lebens‘ sowie mit

ihrer Geistfeindlichkeit vertraten sie einschlägige Ideologeme bzw. trugen sie dazu bei, das ideologische Arsenal des National-sozialismus aufzufüllen[24].

Die letzten drei Kapitel des Dokumentations-Teils sind spe-ziellen, für die Durchdringung der Gesamtproblematik jedoch wichtigen Gegenständen gewidmet. Zunächst folgt ein Kapitel, das *Ernst Jünger* und *Gottfried Benn* gewidmet ist. Was beide in die Umgebung völkisch-nationalsozialistischer Ideologeme bringt, ist ein Syndrom, das mit der Überschrift zu diesem Ka-pitel – *Irrationalismus und Ästhetizismus* – zu umschreiben ver-sucht wird; andererseits nehmen sie gegenüber den Autoren, die in den ersten vier Kapiteln vorgestellt werden, eine Sonderstel-lung ein, sowohl im Hinblick auf ihr politisches Verhältnis zum Nationalsozialismus, als auch hinsichtlich ihres künstlerischen und intellektuellen Rangs. Die besondere Problematik dieser beiden kontroversen Gestalten erfordert einige ausführliche Be-merkungen, die dem Kapitel *Irrationalismus und Ästhetizismus* in einer eigenen Einleitung vorangestellt sind. Auf die Kritik, die sich nach 1945 an Werk und Verhalten *Jüngers* und *Benns* entzündete, wird außerdem noch im zweiten Teil dieses Bandes eingegangen.

Jünger und *Benn* stehen mit ihrer Komplexität und Wider-sprüchlichkeit in dieser Dokumentation stellvertretend für eine Reihe weiterer, ähnlicher Gestalten, die im einzelnen nicht be-handelt werden können, Schriftsteller wie *Hans Carossa, Ru-dolf G. Binding, Ina Seidel*. Für viele dieser Autoren – ver-mutlich auch für solche wie *Gmelin* und *Waggerl* – mag im Hinblick auf ihr Verhalten dem Nationalsozialismus gegen-über eine Charakterisierung zutreffen, die *Peter de Mendelssohn* über die Typen zwischen den ‚erklärten Anhängern des Un-geistes‘ und ‚des nämlichen Ungeistes erklärten Feinden‘ an-stellte: „Hier begegnen wir dem totalen Träumer, dem echten und dem vorgeblichen, mit dem naiv-unschuldsvollen Unver-mögen, die Zeitläufte überhaupt zu begreifen, der sich für die Zeitläufte nicht interessiert und für den sich auch die Zeit-läufte, wenn überhaupt, nur in extremen Umständen interes-sieren. Hier begegnen wir auch dem naiv-schuldvollen Träu-mer, der glaubt, die Zeitläufte zu begreifen, sie aber durchaus mißversteht, der sich im Tyrannen täuscht und von ihm ge-täuscht wird. Hier treffen wir den vorsätzlichen und absichtsvollen Opportunisten, der seinen Geist wissentlich auf die Seite der Tyrannen schlägt, und den unabsichtlichen Opportunisten, der vom Ungeist eingefangen und nicht wieder losgelassen wird und sich schließlich an den etwas seltsamen Bettgenossen gewöhnt."[25]

Das Kapitel *Kunst und Macht* enthält einige programmatische Äußerungen führender nationalsozialistischer Politiker, die auch auf künstlerischem Gebiet tonangebende Positionen beanspruchten. Die enge Verflechtung von Kunst und Politik im Dritten Reich macht es notwendig, auch diese Seite zu dokumentieren. Der ideologische und politische Aspekt der Literatur äußerte sich schließlich nicht nur in der Literatur selbst, vielmehr wurde von den politischen Machthabern eine regelrechte ‚Geschmacks-Diktatur' ausgeübt, mehr noch: eine planmäßige Lenkungs-, Förderungs- wie Restriktionspolitik. Die nationalsozialistische Literaturpolitik läßt Aufschlüsse zu über die politische Funktion, die der Literatur in der Gesellschaft zugedacht war.

Um die Dokumentation völkisch-nationalsozialistischer Literatur-Ideologeme nicht ohne Gegenbild zu beenden, wird ein Blick auf *Die andere Seite* der Literatur jener Zeit geworfen. Die wenigen Zeugnisse, die hier vorgestellt werden können, reichen von einer frühen Analyse der völkischen ‚Heimatkunst' durch *Robert Musil* über bitter-polemische Verdikte *Joseph Roths* und *Kurt Tucholskys* bis hin zur kritischen Bestandsaufnahme *Alfred Döblins* von 1938. Dazwischen stehen Betrachtungen zum Fall *Benn,* die *Karl Kraus* in seinem 1933 geschriebenen – aber nicht veröffentlichten – Buch *Die Dritte Walpurgisnacht* anstellte. Diese Bemerkungen beziehen sich unmittelbar auf *Benns* im 5. Kapitel enthaltene *Antwort an die literarischen Emigranten;* sie stellen eine Analyse dar, die ob ihrer Scharfsichtigkeit noch heute frappiert. Die Texte der genannten Autoren wurden vor allem auch deswegen in die Dokumentation aufgenommen, weil es Schriftsteller waren, die früher und entschiedener als die Literaturwissenschaft die völkisch-nationalsozialistische Literatur kritischer Prüfung unterzogen.

Der zweite Teil des vorliegenden Bandes gibt in seinem ersten Kapitel einen kritischen Überblick über Literaturwissenschaft und Literaturkritik im Dritten Reich, die sich mit völkisch-nationaler und nationalsozialistischer Literatur beschäftigte. Dieser Überblick kann nur summarisch sein; auch hier ist nicht angestrebt, möglichst alle Stimmen, die sich damals erhoben, vorzuführen. Denn es geht nicht um die Darstellung disparater Lehrmeinungen zu jenem Gegenstand, die im offiziellen Konzert der Meinungen ohnehin keine große Spannweite aufwiesen. Was im Dritten Reich von wissenschaftlicher Seite zur völkisch-nationalsozialistischen Literatur geäußert wurde, bewegte sich praktisch auf derselben Ebene wie die ,theoretischen' Äußerungen der betreffenden Schriftsteller, wobei allerdings die Bemühungen um wissenschaftliche Beschreibung und Auslegung dazu beitrugen, manche Sachverhalte deutlicher vor Augen zu führen. Insofern ergänzt dieses Kapitel unmittelbar den Dokumentationsteil, es wird benützt, um die hauptsächlichen völkisch-nationalsozialistischen Literatur-Ideologeme zu sichten und kritisch zu analysieren. Hierbei werden außerdem die ideologischen Positionen und die Rolle der Literaturwissenschaft in ihrem Wirkungszusammenhang mit der politischen Wirklichkeit gezeigt.

Das zweite Kapitel referiert über einige Forschungsansätze, die schon während des Dritten Reichs im Ausland eingeleitet wurden. Neben ersten Studien ausländischer Germanisten zur nationalsozialistischen Literatur werden hier jedoch vor allem Untersuchungen dreier deutscher Emigranten vorgestellt, die mit unterschiedlichem Blickwinkel ideologische und politische Phänomene des Nationalsozialismus analysierten, Erscheinungen allerdings, die mit den entsprechenden literarischen Ideologemen in engem Zusammenhang standen und deshalb für das Verständnis der völkisch-nationalsozialistischen Literatur von Bedeutung sind.

Das dritte Kapitel berichtet über Kritik und Forschung nach 1945. Da die Zahl der Veröffentlichungen speziell zur völkisch-nationalsozialistischen Literatur relativ gering ist, sollen auch Publikationen vorgestellt werden, die bei der Untersuchung ideologischer und politischer, kultureller und sprachlicher Phänomene den literarischen Bereich einbeziehen oder deren Ergebnisse für die Erforschung der Literatur relevant sind. Der kritische Überblick soll außerdem auf offene Forschungsprobleme hinweisen, d. h. er versucht vor allem zu zeigen, wo und inwieweit nach Ansicht des Verfassers die für die Relevanz des Gegenstands letztlich ausschlaggebenden Korrelationen zwischen den literarischen und ideologisch-politischen sowie sozialpsychologischen Phänomenen noch nicht zureichend durchgearbeitet sind. Dieser Ansatz bringt es mit sich, daß die kritische Würdigung mancher Werke ausführlicher ist als die bloß referierende – denn aus der kritischen Diskussion lassen sich meist theoretische und methodische Einsichten gewinnen – und daß die Behandlung ideologischer Inhalte und politischer Auswirkungen der völkisch-nationalsozialistischen Literatur eingehender berücksichtigt wird als die Darstellung rein formaler Sachverhalte.

Die Anlage dieses Bandes soll nicht unterstellen, völkisch-nationalsozialistische oder verwandte Literatur-Ideologeme hätten 1945 aufgehört zu existieren. Dies anzunehmen wäre naiv, nicht etwa nur aufgrund der Tatsache, daß viele nationalsozialistische Autoren ohne erkennbaren grundsätzlichen Gesinnungswandel bis heute weiter produzieren und publizieren, auch wenn sie nun meist das Genre ‚heiter-besinnlicher‘ Gedichte und Erzählungen bevorzugen. Diese in jeder Hinsicht belanglose Literatur führt das Schattendasein, das sie verdient. Ernstzunehmender ist das Faktum, daß Werke politisch weniger kompromittierter, aber durchaus auch Werke kompromittierter Schriftsteller mit ihrem ganzen Arsenal einschlägiger Ideologeme Neuauflagen erfahren und offenbar auch wieder ihr Publikum finden.[26] Ernstzunehmen ist, daß verschiedene dieser Schriftsteller in manchen Literaturgeschichten über Gebühr behandelt und gelobt werden und daß sie auch teilweise im deutschen Schullesebuch weiterleben. Damit werden Leitbilder kritiklos aufrechterhalten, deren konsequente Umsetzung in die Wirklichkeit katastrophale Folgen haben kann und die bereits einmal eine entsprechende Katastrophe herbeigeführt oder begünstigt haben. Es sind dies außerdem Leitbilder, die den gegenwärtigen gesellschaftlichen Realitäten völlig inadäquat sind. Dieser Tatbestand ist so fatal wie der damit zusammenhängende, daß offenbar viele Leute nach wie vor die in solcher Literatur vermittelten ‚unvergänglichen Werte‘ für förderungswürdig halten.[27] Und ernstzunehmen ist endlich, daß eine neue Spezies von Erfolgsautoren in gängigen literarischen Produkten die nationalsozialistische Vergangenheit verharmlost und die alten Ideologeme im Stil des jetzigen Zeitgeschmacks erneut serviert. – Die Untersuchung all dieser Sachverhalte ist äußerst wichtig; sie erfordert allerdings wegen der teilweise gewandelten Artikulationsformen völkisch-nationalsozialistischer Literatur-Ideologeme und vor allem aufgrund der veränderten gesellschaftlichen und politischen Situation weitere Fragestellungen, erfordert einen eigenen Rahmen.

Zur Textgestaltung

Die im 1. Teil wiedergegebenen Texte stehen innerhalb der einzelnen Kapitel in der Reihenfolge ihres Erscheinens bzw. — wenn dies festgestellt werden konnte — ihrer Entstehung. Die Texte sind den Erstveröffentlichungen entnommen, soweit diese zu ermitteln sind, oder den maßgeblichen bzw. — sofern vorhanden — kritischen Gesamtausgaben. Die zitierten Texte folgen treu der jeweils angegebenen Vorlage. Petit-Satz und Kursive werden entsprechend wiedergegeben; Sperrungen erscheinen in Fettdruck. Auslassungen sind durch drei Punkte in eckiger Klammer gekennzeichnet. Innerhalb des fortlaufenden Textes zeigt eine Ziffer in eckiger Klammer den Beginn einer neuen Seite der Vorlage an. Offensichtliche Druckfehler wurden stillschweigend korrigiert.

ERSTER TEIL:
TEXTE

„Vorhof von Gottes Tempel"

ERNST, PAUL, *Das deutsche Volk und der Dichter von heute*, in: *Des deutschen Dichters Sendung in der Gegenwart*, Hrsg. H. *Kindermann, Leipzig 1933, S. 19–28*

[27] Unser Volk hat lange Zeit gebraucht, bis es begonnen hat, seine heutige Lage zu verstehen, die Lage der ganzen Welt. Es war nahe an der Verzweiflung, aber noch ist es nicht ganz verzweifelt; freilich muß es erst noch die nackte Wahrheit erkennen.

So ist es noch weit von der Möglichkeit eines neuen Glaubens: wer könnte ihm in einer solchen Zeit helfen, wenn nicht der Dichter? Der Dichter muß das Volk so lange führen, bis er es zu der Vorhalle von Gottes Tempel geführt hat; dort wird ein andrer Führer an seine Stelle treten, wie Christus an die Stelle des Täufers Johannes trat.

Je weiter die Menschheit auf ihrem Weg fortgeschritten ist, desto mehr wurde ihr der Dichter nötig. In Zeiten des geistigen und sittlichen Niedergangs, wie die ist, aus der wir uns heute langsam zu erheben beginnen, mag die Stelle des Dichters der Literat einnehmen. Wir sehen heute vor unsern Augen, wie die Gestalten der Literaten mit unheimlicher Geschwindigkeit verblassen; in dem Maß, wie der Literat verschwindet, tritt der Dichter in den Vordergrund; die Menschen beginnen den Dichter wieder zu verstehen, sie beginnen zu verstehen, daß er Forderungen an sie stellt, die ihnen in den Zeiten des Niedergangs unbequem waren; sie werden beginnen, diese Forderungen zu erfüllen.

Die sind aber nichts als die Aufgaben, die ihnen gestellt sind, deren Erfüllung in ihnen vorbereitet ist; denn der Dichter, welcher zu seinem Volk gehört, sagt nichts, als was in seinem Volk, wenn auch schlummernd, lebendig ist.

Er rollt vor ihm das tragische Weltbild auf, und so entzündet er es in seiner tiefsten Verzweiflung zu Stolz; indem er ihm ein

komisches Weltbild zeigt, bringt er die Gemeinde zu dem La-
chen, das sie von der Gemeinheit des Bedrückend-Wirklichen befreit. Er läßt das Volk lyrisch aufgehen in schönen, zarten und
erhabenen Gefühlen, durch welche die Wirklichkeit und ihre
Notwendigkeit vergoldet wird; er zeigt dem Volk im Epos die
großen Gestalten, nach denen es sich bilden soll, im Roman befreit er das tägliche [28] Leben von seiner Schwere, und in der
Novelle zeigt er in anmutiger Darstellung tragisches und komisches Einzelgeschehen besonderer Art. So leitet er unmerklich das
Volk zu seinem Ziel: zu dem Vorhof von Gottes Tempel, wo ihm
die endgültige Wahrheit gesagt, das endgültige Ziel genannt wird
– die für einige Zeit endgültige Wahrheit und das für einige Zeit
endgültige Ziel. Und wenn diese Zeit wieder zu Ende geht, dann
mag neben der neuen Dichtung, die dann wieder erstehen wird,
auch die Dichtung unserer Zeit wieder lebendig werden, die inzwischen als alte Dichtung neben andere alte Dichtung getreten
ist, und mag erweisen, daß wahre Dichtung ewig ist.

„Innere Wiedergeburt"

GMELIN, OTTO, *Der Dichter und die Wiedergeburt des Volkes*,
in: Des deutschen Dichters Sendung in der Gegenwart, Hrsg. H.
Kindermann, Leipzig 1933, S. 158–165

[158] Der Dichter wird seine Zeit anders erleben können und
müssen als die meisten Zeitgenossen, und er wird seinem Volk
noch auf eine tiefere Art angehören können als viele seiner
Volksgenossen. Denn als Dichter hat er die Fähigkeit und sogar
die innere Notwendigkeit, alles, was er erfährt und erlebt, aus
der ersten, ursprünglichen Erlebnissphäre, die er mit allen teilt,
in eine andere, die künstlerische, dichterische Erlebnissphäre hin-
überzuheben, indem er es durch Wort und Bild gestaltet.
[...]
[159] Unsere Zeit als Ganzes erleben heißt einsehen, daß eine
neue Weltordnung auf der ganzen Erde und in allen Bereichen
menschlicher Lebensäußerungen im Werden ist, wie sie seit Jahr-
hunderten vermutlich nicht mehr so tiefgehend und so überstürzt
geschah. Weil Staat, Gesellschaft, Wirtschaft, Kunst, Wissenschaft, Religion in gleicher Weise davon betroffen sind, ist anzu-

nehmen, daß sich eine innere Wandlung des Menschen überhaupt vollzieht, für die wir noch keine Worte haben. Insbesondere wird er als Deutscher einsehen, daß sein Volk mehr als alle anderen der Erde unter der Not der Zeit zu leiden hat und [160] unter einem heftigen Druck von außen und innen in schwersten Kämpfen steht; aber er wird auch einsehen, daß dieses Volk vermutlich gerade deshalb mehr als alle anderen der Erde in einem Neuordnungsprozeß und einer Umschichtung begriffen ist, die noch nicht abzusehen ist, aber jedenfalls durch lediglich parteimäßige Gruppierungen nicht dargestellt wird.

Er weiß, daß allein mit Verfassungen, Gesetzen, Wirtschaftsformen, auch mit siegreichen Revolutionen oder Kriegen, wiedergewonnenen Provinzen oder Rechten, Macht und Glanz noch kein Volk im tieferen Sinne geschaffen wird. Er glaubt vielmehr, daß das Wesentliche eine **innere** Wiedergeburt des Volkes ist. Und wenn er an den ersteren Dingen, auch wenn sie ihm notwendig erscheinen, wenigstens als Dichter nicht mitwirken kann, fühlt er allerdings um so klarer und unerschütterlicher in sich die Pflicht und den Glauben, an der inneren Wiedergeburt mitzuarbeiten.

[...]

[164] Wann aber wäre dieses Wort des Dichters dem deutschen Volk je notwendiger – eine Not wendend! – gewesen als heute? Heute, wo die Sprache von Schwätzern verzerrt, von Skribenten versudelt ist? Wann wäre es bedeutungsvoller gewesen als heute für das deutsche Volk, daß einige wenige unbeirrt um Beifall oder Schmähung oder eisiges Schweigen das deutsche Wort halten und verkünden?

Daß einige wenige dem deutschen Wort wieder zu seinem Gewicht und seinem Sinn verhelfen und einige wenige wieder lernen, es zu verstehen, zu werten, zu achten und zu ehren als das ewige und immer gegenwärtige sinnlich-übersinnliche Gut des Volkes, das ist Vorbedingung der inneren Wiedergeburt dieses Volkes selbst.

Denn wo sonst, muß man sich fragen, wo sonst kann gerade in dieser Zeit der Verwirrungen noch einmal das, was wir deutsch nennen, sich darstellen, rein, nicht außerhalb des Gegenwärtigen, aber aus dem Gegenwärtigen hinüberragend in das Ewigwerdende der Volkheit? Hier ist der Ort, wo Geist und Erde, Sinn und Gestalt, Freiheit und Gesetz sich finden können. Mögen die

Staatsmänner und Wirtschaftsführer richtig führen oder versagen, die letzte Entscheidung über die Zukunft unseres Volks fällt nicht in ihrem Reich. Sie fällt im Reich der Dichtung, im Reich des Wortes, weil im Wort sich alle Vergangenheit verbindet mit der Gegenwart, alle Erdhaftigkeit mit aller Helle, und alles Gesetz – Sprachgesetz und Kunstgesetz – mit aller freien Verwandlung durch die Schöpferkraft des Dichters. Denn das Politische, und erst recht das Wirtschaftliche, sind nur die oberen [165] Schichten des Lebens; der Bereich aber, in dem die Dichtung statthat und gehört wird, ist die tiefere Schicht des völkischen Lebens. Aufgabe der Politiker kann es sein, die Bahn dahin freizumachen; Aufgabe des Dichters muß es sein, durch sein Wort das Volk zu finden und schöpferisch zu formen, indem er ihm bildhaft seine eigene Seele zeigt und seine eigenen Werte gibt. Dies ist der Weg zur Entwirtschaftung und Befreiung der Volksseele von bloßer Parteipolitik.

„Innerlichkeit und Macht"

SCHAUWECKER, FRANZ, *Ein Dichter und die Zukunft, in: Des deutschen Dichters Sendung in der Gegenwart, Hrsg. H. Kindermann, Leipzig 1933, S. 218–228*

[226] Die Dichtung, wie alle Kunst, steht in der Mitte jener gegensätzlichen Spannung, in deren Ausgleich das Leben der Deutschen ruht: innerhalb der Spannung zwischen Innerlichkeit und Macht. Und zwar der Innerlichkeit, welche deswegen den unzerstörbaren Drang zur Macht in sich trägt, weil sie anders der eigenen Ohnmacht ebenso überantwortet ist wie jeder fremden Macht. Und zwar der Macht, die deswegen Macht und nicht plumpe Gewalt ist, weil sie der Innerlichkeit entspringt, aus welcher sie ihr Recht und ihre Kraft schöpft.

Hier liegen die Aufgaben des dichterischen Menschen. Hier berühren sich Musik, Malerei, Dichtung, alle Künste mit dem geschichtlichen Leben der Nation und mit Gott, der dem Leben der Nation untrennbar verbunden ist. Hier wirken die Mächte der Geschichte und der Religion, die keine metaphysische Spekulation ist. Mit anderen Worten: Ohne die Fugen Johann Sebastian Bachs hat der Hohenfriedberger Marsch seinen Sinn verloren, ohne den Schritt der preußischen Bataillone ist der „Faust" ein schönes Spiel im leeren Raum. Friedrich der Große ist ohne Goethe unmöglich. Luther ist nicht Luther ohne eines von beiden: ohne den Glauben und ohne die Tat. Die Heere des Weltkrieges hätten niemals marschieren können ohne Ekkehart, ohne Goethe, ohne Nietzsche, ohne Dürer.

[227] Im Brennpunkt der Spannung zwischen dem religiösen Deutschen, das heißt zwischen Ekkehart und Luther, und dem geschichtlichen Deutschen, das heißt Friedrich dem Preußen und Heinrich VI., steht der dichterische Mensch der deutschen Nation. Von hier aus mag er seinen Gang durch die Welt antreten, mindestens aber muß er von seinem Gang durch die Welt hierher zurückkehren. Denn der Deutsche muß erst durch die Welt hindurch, wenn er recht zu sich selber kommen soll. Zwischen der deutschen Innerlichkeit und der deutschen Macht aus dieser Innerlichkeit sind alle Schwierigkeiten der ganzen Welt aufgetürmt. Es ist keinem andern Volk der Welt so schwer gemacht wie dem deutschen. Darum wird das Ziel und das entscheidende Werk der Deutschen, nämlich das Reich, das gewiß schwierigste, aber – wenn es gelingt – das größte, herrlichste und beständigste der Welt sein. Es wird das Reich sein, das die endgültige Ordnung der Welt verbürgt. Es wird das Reich sein, in welchem Friedrich der Preuße und Goethe der Deutsche eines sind. Die unmögliche, die verhinderte Begegnung zwischen Bismarck und Nietzsche wird dann eine vollzogene Tatsache sein, an welcher jeglicher Angriff feindlicher Mächte scheitern wird.

„Seher und Prophet"

WEHNER, JOSEF MAGNUS, *Der Dichter und sein Volk. Kleine Rede im Goethejahr, in: Des deutschen Dichters Sendung in der Gegenwart, Hrsg. H. Kindermann, Leipzig 1933, S. 229–235*

[233] **Durch den Dichter hat ein Volk teil am Geiste.** Dieser Satz muß ohne weitere Erklärung verstanden werden, er muß einleuchten. Denn es ist nicht möglich, hier vom Geiste zu predigen, der die Welt schafft und erhält. Dieses Mittleramt des Dichters, das sich natürlich nicht auf die religiösen, priesterlichen Dinge bezieht, sondern auf die seelischen Tiefenkräfte,

macht ihn zuweilen zum Seher und Propheten eines Volkes, immer aber opfert er sich und sein Leben zwischen dem Volke und der Gottheit auf einem unsichtbaren Altare.

Das Volk bedarf des Dichters als seines verwandelten Selbst. Und der Dichter **will** auch so gesehen werden. Er **will** der Volkheit, nicht dem Einzelnen dienen als Licht, als Berater und Helfer in den wichtigsten Entscheidungen des Lebens und des Todes. Niemand kennt das Volk und die Welt so wie er. Die Menschenkenntnis ist sein Beruf, abgesehen von seiner Teilhabe am Geiste, die ihm den Sinn und Gang der Geschichte in stillen Stunden offenbart. Frankreich hat dieser Erkenntnis Rechnung getragen, indem es Dichter und Schriftsteller in hohe und weithin sichtbare Stellungen seines Staatswesens berief, von Victor Hugo bis auf Paul Claudel, den Mysteriendichter, der nebenbei ein ausgezeichneter amerikanischer Botschafter ist. In Deutschland würde ein solcher Mut Befremden erregen, denn bei uns gilt der Dichter immer noch als Dachstubenbewohner und Außenseiter. Deshalb hat unsere Politik innen und außen auch so wenig Phantasie, dafür aber eine Fülle von Fehlgriffen psychologischer Art gezeigt. Anderseits würden sich die meisten Dichter bei uns [234] mit Händen und Füßen gegen diese Art einer kalten Säkularisation wehren und ihre Dachstube vorziehen. Aber es kommt hierbei auf den Geist an. Und bei uns fehlt dieser Geist der öffentlichen Anerkennung des Dichterischen als einer wirklichen, lebendigen und unentbehrlichen Macht. Dichter sind bei uns Luxusgeschöpfe, keine Staatsgestalten oder Heilige des Volkes oder Männer des Reiches. Das Volk erkennt die ungeheure Verantwortlichkeit seiner Dichter noch nicht recht an, wir sind erst wieder, seit Goethes Tode, auf dem **Wege** zu einer dichterischen Kultur.

„Magische Zusammenhänge"

WAGGERL, KARL HEINRICH, *Dichtung und Journalismus, in: Des deutschen Dichters Sendung in der Gegenwart, Hrsg. H. Kindermann, Leipzig 1933, S. 254–256*

[254] Unser literarisches Zeitalter ist durch den Einbruch des Journalismus in die Literatur gekennzeichnet.

Ich verstehe unter Journalismus nicht Publizistik im eigentlichen Sinn, nicht die Macht und den immer noch wachsenden Einfluß der Presse. Journalismus ist keine Erscheinung, die einen bestimmten kulturellen Raum einnimmt, sondern eher ein Vorgang, eine stetige Veränderung der geistigen Ausdrucksform, so etwa wie das Jüdische weit über die nationale oder religiöse Einheit des Judentums hinaus charakteristisch für eine gewisse geistige und sittliche Haltung des Kulturmenschen ist. Zweifellos entspricht der Journalismus einem Bedürfnis, vielleicht einer Schwäche der Zeit, es wäre müßig, das zu beklagen. Aber immerhin mag der Versuch gerechtfertigt sein, ihn auf einem Gebiet genauer zu umschreiben, das er in kurzer Zeit unmerklich und unaufhaltsam erobert hat, nämlich im Bereich der Dichtung.

Aller Journalismus ist zeitgebunden. Er ist gewissermaßen zweidimensional, eine Oberflächenkunst. Die unverrückbare Wesenseinheit aller Dinge und Geschehnisse, die tieferen Zusammenhänge bleiben ihm unzugänglich. Das Konkrete, das Sinnfällige der Erscheinungen ist ihm nicht nur Anlaß, sondern Zweck der Darstellung. Selbst wenn er Stoffe der Geschichte behandelt, setzt er sie in unmittelbare Beziehung zum Augenblick und sucht sie in der Denkweise der Gegenwart zu gestalten.

Alle Dichtung ist zeitlos, weil das Wesen der Dinge zeitlos ist. Natürlich kann ein Ereignis der Gegenwart ebensogut wie ein historisches Gegenstand der Dichtung sein, niemals aber um [255] seiner selbst willen, sondern nur als Anlaß, als Symbol. Der Journalismus stellt fest, die Dichtung stellt dar.

Journalismus ist stoffbedingt. Was immer den Inhalt eines journalistischen Werkes ausmacht, es unterscheidet sich, wie Konfektionsware, nur im Stofflichen von allen anderen, die Machart ist unverkennbar dieselbe.

Dichtung ist formbedingt. Von Anbeginn her sind ihre Vorwürfe gleichgeblieben, und dennoch ist jede echte Dichtung einmalig, unwiederholbar. Erst der Guß macht die Glocke.

Journalismus ist immer realistisch, in Stoff und Gestalt ein Plagiat an der Wirklichkeit. Er wuchert parasitisch aus der Welt der Erscheinungen, indem er sie zugleich erstickt. Er ist der Chronist, der den Niedergang eines Geschlechts beschreibt, er ist der Biograph, der das Bekenntnis des großen Menschen aus-

schlachtet, er ist der Historiker, der die ernste und gewissenhafte Arbeit des Geschichtschreibers zum Roman umfälscht. Er
saugt sein eigenes Leben aus dem Lebendigen.

Die Dichtung aber lebt von selbst. Sie ist ein Organismus,
wie jedes lebendige Gebilde voll von magischen Zusammenhängen und Geheimnissen, unerforschlich und unerschöpflich selbst
für seinen Schöpfer. Wahre Dichtung ist immer idealistisch. Sie
entstammt vielleicht der einfachen Erkenntnis, daß die Welt
nicht für uns Menschen geschaffen wurde. Darum haben wir
den Dichter, er erschafft eine Welt, die nur für uns Menschen
da und gültig ist. Das dichterische Bild der Erscheinung muß
nicht immer richtig, aber es wird immer wahr sein.

„Organisch gewachsene Frucht einer Gemeinschaft"

SCHUMANN, GERHARD, *Politische Kunst? in: Schumann, Gerhard,
Ruf und Berufung. Aufsätze und Reden, München 1943, S. 10–14.
Erstveröffentlichung als Leitaufsatz im „SA-Mann", 1937*

[13] Die Darstellung aller Lebensäußerungen von einer bestimmten Schau aus, nämlich von der Welt-an-Schau des Nationalsozialismus, gibt nationalsozialistischer Kunst das Gepräge.

Ein nationalsozialistischer Künstler macht nicht halt an den
Schranken des im engeren Sinn Politischen; er hat in seiner Gestaltung alle Bezirke des Seins einzuschmelzen, er hat in sich zu
reißen und aus sich herauszustellen **das Leben in seiner Ganzheit,** er hat die harte Größe unserer heroischen Zeit ebenso zu
gestalten wie die Stille deutscher Landschaft, das Wunder deutschen Menschentums, das Suchen deutscher Seele nach Gott, das
Persönliche ebenso wie das Allgemeine. Denn gerade der Nationalsozialismus faßt das Kunstwerk nicht auf als das mechanische
Produkt eines Kollektivs, sondern als die organisch gewachsene
Frucht einer Gemeinschaft.

Und wir Nationalsozialisten wissen, daß eine Gemeinschaft
eben gerade nur aus Persönlichkeiten zusammenwächst und
nicht sich aus einer „Masse Mensch" zusammensetzen läßt.

[14] So verstanden ist der nationalsozialistische Künstler
politisch: **nicht öder Dogmatiker eines Parteiprogramms, sondern glühender Verkünder einer das ganze Sein umfassenden
Weltanschauung.**

„Wer ist nun also nennenswert?"

BÖHME, HERBERT, *Deutsche Dichtung der Gegenwart, in: Deutsche Kultur im Leben der Völker. Mitteilungen der Akademie zur wissenschaftlichen Erforschung und zur Pflege des Deutschtums / Deutsche Akademie, 14. Jg., 1939, S. 421–424*

[422] Wer ist nun also nennenswert von den Lebenden?

Viele Namen klingen schon hoch, denen nur noch die Ehrfurcht begegnet, den Weitschauenden, sie haben die Augen längst von dem Wegteil gewandt, den wir augenblicklich beschreiten, der unerforschte ist eingefangen von ihrem Blick.

Fragt einmal unsere Kinder nach Antwort darüber. Die Namen, die sie noch nennen werden, beginnen zu gelten. Wir können nur sagen, wer heute sich müht. Und es mühten sich vor uns viele schon, die wir noch sahen.

Ich denke an Eckart,[1] an Lersch.[2] Ich liebte Heinrich Lersch wie einen klugen Freund. Er erhämmerte sich die Gesetze des Lebens mit schlagendem Herzen. Weil er ein Dichter war, blieb er solch ein Mensch. Hans Friedrich Blunck, gütig sah ich ihn und zornig. Wer ihn nie zornig sah, kennt diesen lächelnden Weisen nicht. O, wie er die schnellfertigen Schwätzer seiner Zeit, die widerwärtig Großsprecherischen haßt, die sich mühen, die eigenen Scheuern zu füllen statt die Scheuern der anderen Herzen. Denn der Sehende hat keine Zeit zu schürfender Rast, er ist [423] immer ein Stürzender, vorwärts, aufwärts, auch abwärts, wenn er ausglitt, dann aber gefährlich abwärts stürzend, daß er immer eine Welt dabei in Atem hält. Wir denken an Nietzsche und Grabbe. Urgründiges Schicksal der Berufenen. Es lebte noch kein Olympier unter den Menschen, denn auch Goethe stürzte. Kleist aber war ein Rasender. Soll ich die Mutigen der Lebenden noch weiter nennen, die sich zum Reich bekannten, als das Chaos es restlos zu verschütten drohte? Seher und Dichter Kol-

---

1 Eckart, Dietrich, 23. 3. 1868–26. 12. 1926, früher Mitkämpfer Hitlers, schrieb hauptsächlich Schauspiele, berühmt wurde sein Gedicht »Sturm, Sturm, Sturm«.

2 Lersch, Heinrich, 12. 9. 1889–19. 6. 1936, vorwiegend Lyriker, der bedeutendste der nationalsozialistischen „Arbeiterdichter".

benheyer und Carossa,[3] Künder und Kämpfer, Eckart und Anacker,[4] der große und gütige Hanns Johst, kein Drama der Gegenwart hat mich so ergriffen wie das seine, vielleicht noch „Der Hochverräter" von Langenbeck, da muß ich ehrlich sein. Das ist große deutsche Kunst, aus dem Vollen geschöpft, das Zukünftige gestaltet. Schau und Gesetz. Von den Sternen heruntergerissen, Gesetz, Stück des Ganzen.

Da müssen wir Jüngeren noch sehr bescheiden sein. Können Besessene bescheiden sein? Diese Frage richte ich an die soeben Genannten, nicht Ehrfurchtlosigkeit zu nennen, was Ungeduld ist. Unser Ruf gehörte dem Tag, der Gegenwart, mit der wir auf Tuchfühlung standen in des Wortes erster Bedeutung, sie anzustoßen und ihr zu zeigen, wo die Zukunft steht, wortgewordene Sehnsucht für den einfachsten Kameraden, daß er es begriff, das Reich. So schrieben Anacker, von Schirach und Menzel.[5] Die nahe Zukunft verdichteten sie zu gläubiger Gegenwart. Eine handvoll Gedichte war das vollendete Werk dieser Zeit, das andere war der Kampf selber. Nun aber, da diese Zukunft unsere Gegenwart wurde, sind wir die Stürzenden. Zu diesen Kündern und Kämpfern meiner Generation, wie ich sie einmal in meiner zweiten Anthologie „Gedichte des Volkes" nannte, zu Schumann und Nierentz[6] noch, kamen die Kameraden wie Baumann,[7] der junge und schon geniale Liederdichter, Ludwig Friedrich Barthel[8] mit seinen zündenden Hymnen auf Tannenberg und das

3 Carossa, Hans, 15. 12. 1878–12. 9. 1956, Lyriker und Erzähler, an Humanismus und Klassik orientiert, lebte während des Dritten Reiches zurückgezogen, konnte jedoch einige Zugeständnisse an das Regime nicht vermeiden.

4 Anacker, Heinrich, geb. 29. 1. 1901, Lyriker, schrieb vor allem SA- und HJ-Gedichte, erhielt verschiedene Preise.

5 Menzel, Herybert, 10. 8. 1906–Feb. 1945 (gefallen), Lyriker und Erzähler, dichtete hauptsächlich über das „Grenzlanddeutschtum", erhielt verschiedene Preise.

6 Nierentz, Hans Jürgen, geb. 15. 9. 1909, schrieb hauptsächlich Gedichte und chorische Dichtungen, zeitweilig Schriftleiter bei Goebbels' »Angriff«, später Reichsfilmdramaturg.

7 Baumann, Hans, geb. 22. 4. 1914, schrieb hauptsächlich Gedichte und Lieder für die HJ, seit 1934 Mitglied der Reichsjugendführung.

8 Barthel, Ludwig Friedrich, 12. 6. 1898–14. 2. 1962, Lyriker, Erzähler, Essayist.

Vaterland. Er lebt in der Vision wie einst Hölderlin, ein Bildner des Wortes. Die Zukunft wird entscheiden, wer das Feuer trägt, weil es ihn zu solcher Läuterung selber opfernd verbrannte. Gestürzt und gehoben stehen wir auf der Woge der Zeit. Was gilt uns der Ruhm des Augenblicks? Wir stehen unbeirrbar in der Treue zu unserem Auftrag, geloben sie dem Schöpfer allein, dem wir seine Flamme hüten für unser Volk.

Alle anderen Namen nennen, die nennenswert gleichermaßen wären, wer vermöchte es schon in so geringem Raume. Die Kriegsdichter etwa, die das Reich blutend ersehnten, Dwinger,[9] Britting,[10] Wehner und alle die Tapferen, die Otto Paust[11] sich müht in der „Mannschaft" kameradschaftlich zu betreuen, die Traumdichter vom Reich, ich sehe in das offene Gesicht meines Freundes Heinrich Zerkaulen,[12] der genau so wie Max Barthel[13] und Karl Bröger[14] unsterbliche Verse aus dem großen Krieg heimgesandt hat, ich sammelte sie alle ja in den „Rufen in das Reich". Auch der Kampfdichter jüngster Zeit, der Österreicher und [424] Sudetendeutschen, sei hier gedacht. Bruno Brehm[15] erhielt als solcher in diesem Jahre den Staatspreis. Ich denke dabei aber besonders an Jaksch-Bodenreuth,[16] eine Gestalt unter

---

9 Dwinger, Edwin Erich, geb. 23. 4. 1898, berühmt wegen seiner Romane über Kriegsgefangenschaft und Freikorpskämpfe in Rußland während und nach dem ersten Weltkrieg.

10 Britting, Georg, 17. 2. 1891–27. 4. 1964, Lyriker und Erzähler, schilderte meist Schicksale von Menschen seiner bayerischen Heimat.

11 Paust, Otto, geb. 27. 5. 1897, Erzähler, Schriftleiter verschiedener nationalsozialistischer Periodika.

12 Zerkaulen, Heinrich, 2. 3. 1892–13. 2. 1954, Lyriker, Erzähler, Dramatiker, schrieb Werke über seine rheinische Heimat und historische Romane.

13 Barthel, Max, geb. 17. 11. 1893, Lyriker und Erzähler, wichtigster Roman »Das unsterbliche Volk« (1933).

14 Bröger, Karl, 10. 3. 1886–4. 5. 1944, Lyriker und Erzähler, wie Lersch „Arbeiterdichter".

15 Brehm, Bruno, geb. 23. 7. 1892, schrieb vor allem Romane über das alte Österreich und den ersten Weltkrieg, 1939 Nationaler Buchpreis.

16 Jaksch-Bodenreuth, Friedrich, geb. 4. 4. 1894, Erzähler, schrieb vorwiegend sudetendeutsche Heimatromane.

ihnen, männlich hart und vom Idealismus fanatisch besessen, daß man in seiner Gegenwart selber zu glühen beginnt, ich traf ihn auf der Dichtertagung in Weimar und schätze mich stolz ob seiner Freundschaft.

Kompromißlos. Stürzende, Drängende, Zukünftige. Einerlei, wohin sie stürzen, drängen, aus ihnen allen verdichtet sich das Leben zur Schau in das Überirdische, in das Gesetz. Gott wird nahe den Menschen.

So sieht es auf dem Gebiete der Dichtung aus; das Drama sucht der Zeit im Gleichnis vorauszuschauen. Nicht Menschenschicksale erscheinen dabei der Gestalt wert, sondern das Gesetz spiegelnde, zumeist geschichtliche Gestalten werden bevorzugt. Seherisch schreitet Kolbenheyer voraus, voll dramatischer Spannung der Ostmärker Ortner,[17] genial erscheinen mir in der Behandlung der Stoffe Hanns Johst und Kurt Langenbeck, wie ich eingangs erwähnte.

Nicht anders ist es vorerst mit dem wahrhaftig überzeitlichen Roman bestellt. Der Zeitroman geht auf lahmen Füßen. Die Nähe der Ereignisse läßt ihre Entwirklichung nicht zu. Zwanzig Jahre mußten vergehen, bis das deutsche Volk zu seinen Kriegsromanen fand. Nicht viel weniger brauchen wir auch für den Roman der Bewegung. Aber große Chronisten wie Hans Zöberlein[18] sind schon am Werk. Ganze Liebe hat das Volk zu Knut Hamsun. Ihm selbst ist noch kein Hamsun geschenkt, es fehlt ihm noch die große Stunde des Traumes. Es steht mitten im Kampf, ruft inbrünstig nach seinem Gott. Aber Gott wird in Deutschland nicht schweigen. Ein Volk hat soviel Kultur, wie es Sehnsucht hat; ein Deutscher sein, heißt aber, ein Sehnsüchtiger sein und gläubig, tief gläubig dazu, dies lehren ihn ewig die Dichter.

---

17 Ortner, Hermann Heinz, 14. 11. 1895–18. 8. 1956, Dramatiker, versuchte mittelalterliche und barocke Dramenformen neu zu beleben.
18 Zöberlein, Hans, 1. 9. 1895–13. 2. 1964, Erzähler, Blutordensträger der NSDAP, erhielt mehrere Preise, berühmt wurde sein Roman »Der Glaube an Deutschland« (1931).

2. VOLKHAFTE DICHTUNG

„Primitiver Kunstinstinkt"

JOHST, HANNS, *Ich glaube! Bekenntnisse, München 1928*

[89] Vergegenwärtigen Sie sich die literaturgeschichtlichen Eindrücke, die Ihnen begegnet sind, und Sie werden erschreckt sein, bis zu welchem Grad sich Deutschland an Bildung und Vorbildung auf einem Gebiet verriet, das seinem innersten Wesen nach doch gerade restlos getragen sein müßte von dem Erlebnis der begnadeten Natur und der natürlichen Gnade.

Klopstock, Lessing, Goethe, Hölderlin, um einige scharf profilierte Silhouetten aus der organischen Folge unserer Klassiker herauszugreifen, wie wenig sind sie ohne das Gerüst der Bildung zu denken? Es führt kein naiver Weg der Hingabe zum Messias Klopstockscher Prägung; man muß die französische Aufklärung kennen, um die Notwendigkeit eines Nathan einzusehen; man braucht die Luft der Antike in sich, um Iphigenie atmen zu sehen, und ein Hölderlin gar zerbricht in der dämonischen Hingabe an den Geist der Fremde.

Die kanonischen Gebilde vergangener Zeiten und ferner [90] Völker bestimmen die Melodie der deutschen Seele, und die eigene völkische Bestimmung tönt nur insoweit mit, als die unerläßliche deutsche Sprache dazu zwingt. Die Literatur wurde bereits eine internationale Angelegenheit. Und so wie man eine Erfindung über die Grenzen gibt, so erstreben heute die Vorposten der Intellektuellen – nur als endgültiger Ausdruck des aufgezeichneten Weges – eine Art Esperantoweltliteratur.

Spricht man in Deutschland von nationaler Dichtung, so wird höhnisch „Herzog[1], Bloem[2]" genannt, von denselben „Köpfen",

---

1 Herzog, Rudolf, 6. 12. 1869–3. 2. 1943, hatte mit seinen in großen Auflagen verbreiteten historischen Unterhaltungsromanen Erfolg vor allem beim national eingestellten Bürgertum.
2 Bloem, Walter, 20. 6. 1868–19. 8. 1951, vorwiegend Erzähler, schrieb vielgelesene militant-nationalistische Romane.

die, um die nationale Dichtung Griechenlands befragt, natürlich „Homer, Sophokles" erwidern. Auf diese Weise der Bildung hat das Volk, als Blutgemeinschaft und Rasseneigenart, jedes naive Gefühl für seine ihm eigene, ihm wahrhaft entsprechende Kunstform verloren. Es schämt sich seines primitiven Kunstinstinktes und mußte Surrogaten der Kunst verfallen, weil völkische Kunst nicht mehr existierte durch den Hochmut der Bildung.

„Biologische Bedeutsamkeit"

KOLBENHEYER, ERWIN GUIDO, *Unser Befreiungskampf und die deutsche Dichtkunst, München 1932.*
Rede, gehalten an deutschen Hochschulen im Frühjahr 1932.

[23] Der einzelne braucht aus seiner logisch bewußten Tageswelt ins Jenseits des triebhaften Lebens der Gemeinschaft Brükken, und er braucht zugleich eine **Instanz,** die ihm die Sicherheit dafür bietet, daß sein Leben innerhalb des unübersehbaren Überindividuellen richtig, d. h. biologisch artförderlich, eingestellt sei. Und diese Brücken und Instanzen bilden seine Gefühlserlebnisse. – Je entwickelter ein Volk, desto vielfältiger der Wirkungszusammenhang, um so empfindlicher der Reaktionskomplex des Gefühlslebens und um so notwendiger dessen Läuterung, um so leichter auch seine Gefährdung.

Nun ist aber dem Menschen kein Mittel gegeben, das eindringlicher und bildnerischer auf sein Gefühlsleben einwirken könnte, als die Kunst, und unter aller Kunst besonders die Dichtkunst. Die Dichtkunst vermag durch das logische Mittel der Sprache in jedem Hörer und Leser, der sich ihr zu eröffnen weiß, ein Gefühlserlebnis zu erschaffen und dieses Erlebnis durch Inhalt, Rhythmus, Wortwahl, Satzbau zu einer Spannung zu steigern und durch die Spannung hindurchzuführen, daß mit der Lösung der Spannung ein Ordnungsimpuls auf **den** Teil der Gefühlswelt ausgeübt wird, der durch die Dichtung inhaltlich berührt wurde. Darum kann Kunst und besonders Dichtkunst das Gefühlsleben eines Volkes ebenso wohl in arterhaltender, menschheitlich steigernder Weise fördern, als sie das Gefühlsleben zu ermatten und zu verwüsten imstande ist.

Wenn wir uns der hohen biologischen Bedeutsamkeit bewußt bleiben, die wir für die Welt der Gefühle in Anspruch nehmen mußten, so werden wir jetzt auch ermessen können, was die Dichtkunst in der gegenwärtigen Lebens- und See- [24] lenlage dem deutschen Volke bedeutet. Die Dichtkunst ist eine **Lebensmacht,** deren heilvoller oder verderblicher Gebrauch den Daseinswert unseres Volkes nach dem Ausgange dieses mächtigen Anpassungskampfes der weißen Rasse mitbestimmen wird. –

Europa wird nur **mit** dem deutschen Volke leben, aber **wie** es leben wird, das wird davon abhängen, ob das deutsche Volk seine Art behauptet. Ein Volk, das seine Dichtkunst mißbraucht, sie der Erregung des primitiv Sexuellen und primitiv Alimentären zuordnet, nicht aber den subtilen Formen eines überindividuellen Erlebens, die aus der Menschheit erst die Kulturmenschheit gemacht haben, ein solches Volk wird auch die anderen Bestände seiner Lebensmächtigkeit verwüstet haben; seine Stimme wird in der neuen Anpassungswelt der weißen Rasse verloren gehen.

Wir haben also in der deutschen Dichtkunst ein Lebensgut zu verteidigen, das über unser Volk hinauswirkt. In den letzten Jahrzehnten war dieses Lebensgut gefährdet und im letzten Jahrzehnt äußerst gefährdet. – Wir können es als ein Zeichen dafür nehmen, daß unser Volk erstarkt, da sich hierin ein Umschwung zu bereiten beginnt. Er muß vom Volke herkommen. Denn Kunst muß ein bereites Volk finden. Was durch Mißbrauch deutscher Dichtkunst dem Volke an Lebenshilfen verloren schien, ist bald wiedergewonnen, wenn die Bereitschaft wächst, deutsche Dichtkunst zu empfangen, und um so bälder gewonnen, wenn die Jugend den Lebenswert der Dichtkunst erkannt hat und von den Dichtern Verantwortung vor dem Leben fordert. –

BLUNCK, HANS FRIEDRICH, *Volkstum und Dichtung, in: Des deutschen Dichters Sendung in der Gegenwart, Hrsg. H. Kindermann, Leipzig 1933, S. 180–205.*
Vortrag, gehalten vor deutschen Studentenschaften im Frühjahr 1932.

[189] **Der stärkste** – nicht der einzige, [190] aber der **stärkste** bindende Ausdruck **eines Volkstums ist seine Sprache; die Erhebung dieser Sprache, wie sie sich in der Dichtung, in der profanen und in der religiösen, vollzieht, ist also Steigerung des Volkstums in eine seiner höchsten Lebenskräfte.**

Wir kommen damit aus dem rein Betrachtlichen zu den Dingen der Gegenwart, und die Frage drängt sich uns auf: Hat die Dichtung sich dieser Verantwortung bewußt gefühlt, ist sie und ist etwa unser Volkstum bereit zu jener Rechtfertigung über Weg und Wesen, die ihnen obliegt?

Säubern wir vorab den Begriff der Dichtung von allem Tand, mit dem ihn die Zeitströmungen von heute überhängt haben – von der Reportage also und von den Versen der Reportage, von der breitgetretenen Erotik, vom Spott des Schmocks über Niedergang und Niederlage, von der Zertrümmerung all dessen, was im Menschen, gleichgültig welchen Glaubens er sei, Opfer, Liebe und Hingabe weckte.

Auch dann, fürchte ich, werden Sie mir entgegenhalten: Haben nicht diejenigen, die sich ihrem Volkstum hätten schenken sollen, hat nicht gerade die Dichtung der letzten Jahrzehnte uns oft einsam gehen lassen? Da gab es eine Zeit, wo die Kunst sich von ihrem Inhalt zu lösen suchte, wo sie der Form allein den Preis zusprach. Es war die Zeit der *l'art pour l'art,* die blutleer und schemenhaft wurde, weil sie das Wesen der Dinge über der Form vergaß. Da war die Zeit der Expressionisten, die ihre Gefühle in die Welt hinauszustreuen suchten, aber nur das Erlebnis und den Laut ihrer Einsamkeit kannten. Da war die Zeit der Gesinnungsdichtung – trivial auf der Linken, hohl auf der Rechten, die beide unserem Volke keinen Halt gewährten; da war die Zeit der Sachlichkeit, die an der Oberfläche der Gefühle blieb und nichts weniger vermochte, als die Menschen gleichen Volkstums zu binden und hinzureißen.

[...]

[200] Unser aller Schaffen ist Auftrag, und das Volkstum ist der Kreis, den zu erfüllen uns vom Schicksal gewiesen wurde. Und weil die Schöpfung wohl gewußt hat, warum sie die Völker unterschied gleich den brennenden Farben des Regenbogens, und nicht eine einzige Menschheit schuf, dienen auch wir ihr, wenn wir das Eigenartige unseres Volkstums, wenn wir das Reine, das Einmalige unseres Wesens pflegen und hervorkehren. Weil nicht die Mengung der Farben, welche ein .Grau ergibt, sondern die klare Gestaltung unseres Wesens fruchtbares Werk am Aufbau der Erde ist.

[...]

[202] Es sind große Ziele, die uns, unserem Volkstum und den Völkern gestellt sind, aber nur die kleinen Geister haben das Recht, vor ihnen zu scheuen. Berufung der Dichtung ist dabei, die Einheit deutscher Volkheit wachzuhalten, sie im Glauben zu erheben und ihren glühenden Geist nach dem Wort der Schöpfung, die sie berief, zu schützen und tragen zu helfen.

„Gestaltung der Wesens-Werte"

SCHUMANN, GERHARD, *Die Freiheit der Kunst, in: Schumann, Gerhard, Ruf und Berufung. Aufsätze und Reden, München 1943, S. 6–10.*
Ansprache in Budapest und Belgrad zur Eröffnung der Deutschen Buchausstellung 1937.

[7] Kunst ist die durch Begabung, Begnadung und unermüdliches Ringen in einzelnen großen Menschen zur Form gewordene Gestaltung der Wesens-Werte, der innersten und letzten Kräfte eines Menschen, eines Volkes, einer Epoche. Sie ist in ihrem Ursprung wie in ihrer Gestalt gebunden an das blutsmäßige und geistige Erbgut eines Menschen und einer Gemeinschaft [8] und entsteht, wenn immer sie wirkliche bleibende Kraft haben soll, nur aus solcher Bindung heraus.

Für jede Kunst ist Können und Beherrschung aller Mittel selbstverständliche harterarbeitete Voraussetzung. Kunst ist aber immer zugleich auch das Bekenntnis einer Haltung, eines Glaubens, einer bestimmten Weltschau, eine bestimmte innere Antwort auf die mannigfaltigen Gegebenheiten und Anrufe des Lebens, ein Bild, Musik oder Wort gewordenes Ja oder Nein zum Leben insgesamt oder zu einer seiner Erscheinungsformen.

Es gibt keine Kunst an sich, ruhend in einer absoluten Sphäre der Schönheit. Es gab und gibt keine standpunktlose Kunst, keine Kunst ohne eine bestimmte Weltschau, ohne ein bestimmtes Weltverhalten.

Ob wir nun an die strahlenden, in göttliche Ordnung ruhevoll gebetteten Schöpfungen des griechischen Geistes, ob wir an die machtvolle, über das Sichtbare sich hinaus steigernde Gläubigkeit mittelalterlicher Dome, ob wir an die von der Gipfelhöhe menschlicher Persönlichkeit zeugenden Werke deutscher Klassik denken – immer sehen wir die Kunst herausgewachsen aus einer Weltanschauung, sich runden um einen Standpunkt . . .

Und auch die zum Programm erhobene Standpunktlosigkeit und Bindungslosigkeit des Liberalismus und seines ungeratenen Kindes, des Marxismus, ist ja ein Standpunkt, allerdings ein sehr unsicherer und gefährlicher.

Es gibt also keine Freiheit der Kunst, wenn damit gemeint sein soll schrankenlose Ungebundenheit, absolute Losgelöstheit, Schweben in zeitlosen Sphären, sondern immer ist die menschliche Kunst aufs innigste gekettet an die menschliche Welt-Schau, an die völkische [9] Gemeinschaft, an die Epoche; und man wird sogar so weit gehen dürfen, zu sagen, je umfassender, großartiger und einbeziehender eine **Welt-Schau** ist, um so gewaltiger wird auch die **Weltgestaltung** in der Kunst einer solchen Epoche sein.

Jede Kunst ist von ihrer Weltanschauung genährt, die wiederum herauswächst aus der blutsmäßigen Substanz der Geschichte und der lebendigen Gegenwart des Einzelnen und des Volks. Das menschliche Leben ist aber immer und insbesondere ein politisches und vollzieht sich in der Gemeinschaft. Jede Freiheit ist nur möglich in einer selbstgewollten und selbstbejahten Ordnung.

So wird sich echte Kunst nie im Gegensatz zu einer echten, organisch gewachsenen politischen Führung befinden, die den Höchstwert des Allgemeinwohls vertritt, während sie sich natürlich immer in unbeugsamem Gegensatz befinden müßte zu Willkür und Despotie.

Kultur kann sich nicht abkapseln vom gesamten menschlichpolitischen Leben, nicht nach der oft betonten Eigengesetzlichkeit werden und wachsen, sondern als die höchste Aufgipfelung menschlichen Seins überhaupt muß sie aufs engste in das gesamte Leben eines Volkes eingebettet sein und von ihm und für es getragen und befruchtet werden.

[...]

[10] So glauben wir die Freiheit der Kunst recht verstanden zu haben, nämlich als eine solche, die sich bewußt einordnet in die Gesetze des Lebens selbst, eine Freiheit, die freiwillig und stolz sich dienend einfügt in das Schicksal der Gemeinschaft.

„Offenbarung der Art"

BURTE, HERMANN, *Worte an Bartels*[1], *in: Sieben Reden von Burte, Straßburg 1943, S. 173–188.*
Vortrag, gehalten anläßlich des 80. Geburtstags von Adolf Bartels auf dem Deutschen Dichtertreffen in Weimar am 9. 10. 1942.

[181] Wie ein Forscher den Erreger und Träger einer Seuche, so verfolgten Sie den Feind, bis in seine Tarnungen und Blendungen hinein. Sie wagten etwas, was noch unerschaut und unerhört war, Sie schieden in unbedingter ehrlicher Sichtung **Deutsche und Juden in der Dichtung.** Es war eine Tat entsprungen, aus einem richtigen Gedanken. Wenn der Mönch im „Götz" sagt, es sei eine Wollust, einen großen Mann zu sehen, so dürfen wir es vor Ihrem Angesicht aussprechen: Es ist eine hohe Freude, einen reinen Mann zu sehen! Reine Männer sind seltener als große.

Sie sahen, daß alle Geschichte ein Kampf von Rassen ist; Sie bemühten sich, den Begriff der Rasse und ihren Einfluß auf das Volkstum festzustellen und erkannten, daß Rasse im letzten Sinne eine bestimmte Richtung des Geistes und Willens ist, ein innerster Wunsch und Trieb, [182] so zu sein und nicht anders, daß hier Müssen und Wollen zusammenfällt.

1 Bartels, Adolf, 15. 11. 1862–7. 3. 1945, Literaturkritiker, schrieb auch Gedichte und Romane (»Die Dithmarscher«, 1897), militanter Antisemit, siehe unten S. 111 ff.

Sie erkannten, daß in der Dichtung sich die Rasse durch das Wort am unbedingtesten offenbart, daß der Geist einer Dichtung viel mehr von der Rasse enthält und offenbart, als es sinnfällige, körperliche Merkmale tun, ja, daß in der Dichtung geradezu die Essenz einer Rasse manifest wird, daß die Dichtung eine unvergleichliche Offenbarung der Art ist, und daß es im volklichen Sinn die innere, urige Aufgabe und das unbewußte Ziel der Dichtung sein muß, nicht nur Art zu offenbaren, sondern Art zu bewahren und zu schaffen! Dichtung ist das Nationalste, was ein Volk zu geben und zu leisten hat, das Bezirkte und Begrenzte in der Erscheinung, das Unbegrenzte und Ungehemmte in der Wirkung auf die Welt, das einer Rasse innewohnende ewige **Urbild,** vom Geist nach außen geworfen.

Wird dieses **eingeborene Urbild** durch feindliche Einflüsse im Wachstum verändert, verkümmert, gebrochen, so ändert sich ihm nach im Niedergange die Rasse, das Volk, der Mensch. Eine lebenswichtige Quelle ist die Dichtung; wird sie getrübt, erkrankt das Volk, das ihr Wasser trinkt.

Das weiß der Jude, der böse Feind des Menschengeschlechtes, wie ihn Tacitus nannte, schon jahrtausendelang, also suchte er hier zu wirken, um uns zu verderben. Sie, Adolf Bartels, wehrten seinem Angriff als einer der Ersten und Stärksten ab, aus Liebe zu Ihrem Volke wagten Sie diesen schweren Kampf, zunächst allein, ohne Bünde, Gruppen, Verlage, Parteien oder gar Gewalten hinter sich: Aber ein Mann mit Gott war wieder einmal in der Mehrheit und – Sie haben gesiegt, **doch gesiegt!**

3. WEIHEDICHTUNG

„Mysterium einer übersinnlichen Weltanschauung"

JOHST, HANNS, *Ich glaube! Bekenntnisse, München 1928*

[16] Das Drama ist mir die naturgemäße Stätte, auf der ich alle Möglichkeiten in Berührung mit meiner Annahme, mit meinem Gesicht des Persönlichen bringen kann, auf der ich die Kraft der Adhäsion und der Kohäsion zu überprüfen vermag.

So ist das Drama für mich nicht die Stätte, in der Weltanschauungen demonstriert, sittliche Forderungen bewiesen werden, sondern das Drama ist Kultstätte eines heroischen [17] Gefühles, das sich gezwungen sieht, sich mit dem phantastischen Spiel aller Begegnisreize auseinanderzusetzen. Diese Auseinandersetzung in ihrer Notwendigkeit und Demut wird gestaltet, dargestellt. Innere Forderung des Werkes: daß es nicht Mitleid als Selbstzweck birgt, sondern ein Mitleid im Zuschauer auslöst, das zu leben beginnt, wenn das tragische Spiel des Gefühles, des Gesichtes, des umrissenen Konfliktes erlosch.

Für mich haben die Weltanschauungsdramen, die ethischen Parteiwerke, die sozialen Thesenstücke das Schmerzliche, daß in ihnen alles dergestalt ausgekämpft wird, daß wir während der Aufführung bezwungen, logisch, sophistisch, ja dichterisch überredet werden, um am Ende eine Art Urteil zu vernehmen. Der Dramatiker – ich erinnere an Ibsen – als Arzt, Prediger, Richter betrügt meines Erachtens seinen Beruf um seine Krone, wenn er so oder so orthodox wird.

Die Strenge der Gesinnung, die seelische Forderung, der konsequenteste Austrag, der metaphysische, schöpferische letzte Akt muß im Zuschauer spielen.

[. . .]

[30] „Die Masse wird einsam sein," verheißt Jeremias, „bis daß der Geist aus der Höhe ausgegossen wird."

Die Masse ist einsam, und der Geist aus der Höhe wird einen Kult bringen, um dessen Stätte uns nicht zu bangen braucht! Das neue Drama wird aus übersinnlichen Quellen springen, und es wird national sein, wie es das griechische Drama war, und es wird übernational werden, wie es das griechische wurde.

Ein solches Drama ist kein Programm. Programm wird bestenfalls anständige Literatur, internationales Theaterstück. Ein solche Drama bedeutet – Gnade!

[...]

[36] Das Drama war zuletzt am augenscheinlichsten die Stätte der Zersetzung, der Auseinandersetzung, der Materialismen, der Parteilichkeit.

Das kommende Theater wird Kult werden müssen oder das Theater hat seine Sendung, seinen lebendigen Ideengehalt abgeschlossen und wird nur noch als eine Art versteinte Fossilie in den Kulturschiebungen mitgeführt.

Das kommende Drama wird leben!

Die Not, die Verzweiflung, das Elend unseres Volkes braucht Hilfe. Und Hilfe kommt letzten Endes und tiefsten Sinnes nicht aus Betteleien an Banknoten der Hochvaluta, sondern die Hilfe kommt aus der Wiedergeburt einer Glaubensgemeinschaft.

[...]

[38] Sie sehen wie weit wir uns den Werkstätten einer naturalistischen oder auch nur realistischen Epoche entfremdeten. Statt vor einer vernunftgemäßen Dramaturgie stehen wir vor einer gefühlsmäßigen. Aus diesem Wesensgegensatz [39] mögen Sie ersehen, wie ich zu der Forderung nach dem schöpferischen, metaphysischen, letzten Akt gelangte, der im Hinzuschauer zu spielen hat.

Das Theater will wieder, wie bei allen Naturvölkern und bei den Völkern der für uns größten Kulturen (den Griechen etwa) die Gemeinschaft der Handelnden und Aufnehmenden bis vor das Mysterium einer übersinnlichen Weltanschauung führen.

Diese Schau eröffnet ihre Gnade aber nur hinter verschlossenem Auge dem Menschen, der seinen Blick nach innen wendet.

Das Wissen um das menschliche Spiel und Gegenspiel verstummt, und das Gewissen spricht seine eigene, lautlose, unfaßbare, jeder Kunstform entrückte Sprache, die Kind und Greis, Weiser und Tor gleichermaßen eingeht, wenn erst der gute Wille wachgerufen wurde! Die Einfalt, die Naivität dieses guten Willens aus einem verschütteten Schlaf zu retten, den Betrieb unserer Epoche für Stunden abzustellen, um den Trieb aufwärts zu befreien, das müht sich der Griff des modernen Dramatikers.

Der Dramatiker nun muß kein Christ sein, aber er muß fromm sein, er kann der Welt gehören, aber er muß seinem Volke dienen. Er muß in seinem Volke die Kraft sehen, die seiner Vorstellung von der Gottheit am nächsten kommt. Denn so will es das Grundgesetz der Liebe, daß wir, was wir lieben, verherrlichen und in den Himmel heben.

Der neue Dramatiker liebt das Leben seines Volkes und so wird er dieses Leben in das Mysterium seiner leidenschaftlichen Liebe zwingen.

[...]

[74] Das Theater ist die letzte Stätte einer unvoreingenommenen, volksgemäßen, lebendigen Gemeinschaft. Wo ein jeder auch herkomme, und was ein jeder auch immer an innerem Ballast mitbringe, jedermann wird überdunkelt, ballt sich mit allen gemeinsam zu namenlosem Chor, wenn das Spiel beginnt.

Dieser primitive, seelische Zustand hat heute wieder wesentliche Geltung und nicht die illusions-spielerische, die raffinierte Bühne, die dem geschmeichelten Zuschauer, der sich ständig seines bezahlten Platzes stolz bewußt bleibt, Einblicke in die Reize aller möglichen und unmöglichen Spielarten des Lebens gewährt und gewährleistet.

Nicht der bloße Vorgang der Szene hat für uns noch Geltung, sondern die Eindringlichkeit seiner Transparenz in das dichterisch Metaphysische, in die Welt der Ideen. Wir trachten wieder darnach, mehr im Theater zu erleben als Bühnenvorgänge und Bühnenbilder, wir wollen uns in Beziehung gesetzt sehen zu einer Weltanschauung, zu dem Ideengehalt der Welt. Wir wollen erhoben sein, wir wollen einem Stück Seele Gefolgschaft leisten, die uns befreit, die uns mit sich emporreißt in den Flug eines neuen, unvergleichlichen Wohlgefühls.

[...]

[75] Das Schöne, das Gute als Erlebnis, das ist die neuerwachende Sehnsucht des Theaters.

Wir tragen alle Schicksal zu unseren Häuptern, wir treiben alle im rasenden Wirbel unfaßbaren Getriebes, und deshalb benötigen wir dieses Erlebnis als Bestätigung dessen, was wir in dem ununterbrochenen, aufreibenden täglichen und alltäglichen Existenzkampfe umsonst erhofften, als jähe wunderbare Auflösung aller Materie, unter deren Gesetzmäßigkeit wir eben noch umzukommen drohten.

Je mehr wir in der verzerrten Wirklichkeit des Tages die Erwartung auf eine derartige ideelle Erleichterung und Erlösung enttäuscht sehen, nur um so naturnotwendiger will die Seele am Abend auf Augenblicke in der Gemeinschaft Gleichgesinnter, Gleichgestimmter, Gleichgläubiger diesen Traum als vorgespielte, vorgesehene Wahrheit erleben.

„Kultischer Ausdruck des Massengefühls"

MÖLLER, EBERHARD WOLFGANG, *Die Wendung des deutschen Theaters. Ein Aufriß zum Spiel auf Thingplätzen, in: Das deutsche Volksspiel. Blätter für Jugendspiel, Brauchtum und Sprechchor, Volkstanz, Fest- und Freizeitgestaltung, 1. Jg., 1933/34, S. 147–152*

Das Erlebnistheater des Thingplatzes

[149] Es ist von vornherein klar, daß das neue tragische Theater, wenn es ein Theater des Volks sein soll, nicht auf den üblichen Bühnen vor sich gehen kann, sondern auf Stätten, wie sie jetzt überall im Reich eigens dazu geschaffen werden. Das sind Plätze, auf denen das Volk im Halbkreis oder auch ganz im Kreis um die Spielfläche herum sitzt. Daraus ergibt sich eine ganz andere Art zu spielen, als man sie bisher vom Theater gewöhnt ist. Die Spieler stehen völlig ungedeckt zum Publikum. Keine Wand, keine Kulisse täuscht etwas vor, was nicht wirklich da ist. Keine äußerliche Technik kann mit äußerlichen Mitteln eine Stimmung erzielen, die nicht aus dem Vorgang selbst und aus dem unmittelbaren Wort kommt. Dieses Theater ist also unmittelbarer, gegenwärtiger, gleichsam wirklichkeitsnäher als das Theater der intimen Bühne. Seine Handlung muß sich hier auf diesem Schauplatz, offen und abgegrenzt vor aller Augen und nirgendwo anders vollziehen. Sie beginnt, wenn die Handelnden einzeln oder in Gruppen einziehen. Hier erwächst das Drama unmittelbar aus dem Aufzug der Trommeln und Fahnen, der Gruppen und ihrer Sprecher, [150] der Rede und Gegenrede. Hier wird das Drama zwangsläufig aus den Gegebenheiten der Plätze und der Massen heraus wieder dramatisch und kann sich nicht mehr darauf beschränken, nur eine Stimmung, nur ein Milieu abschildern zu wollen, wie man es in der Zeit des sogenannten Naturalismus versuchte. Das Drama wird auf seine Grundelemente zurückgeführt, auf die

Auseinandersetzung, auf den Kampf, auf das Ringen der Massen und der Persönlichkeiten, aber auch auf den festlichen Vorgang, auf den Reigen, den Tanz, das gelöste Spiel feiernder Menschen und den Aufzug als Feier. Man sieht: Vorbild und Anregung waren zweifellos die großen Aufmärsche und Versammlungen der letzten Vergangenheit. Die Formen des neuen Dramas sind die gleichen Formen, in denen sich die Volkwerdung vollzog.

Damit ist keineswegs gesagt, daß die Vorgänge der letzten Jahre unbedingt die Stoffe des neuen Schauspiels sind. Ja, man kann sogar behaupten, daß das noch gar nicht möglich ist. Man weiß aus der Geschichte der Literatur, daß sich erst zehn Jahre frühestens nach einem Vorfall die Dichter an die Gestaltung des Stoffes wagen konnten. Die jüngste Vergangenheit als Geschichte und geschichtlichen Stoff zu wählen, ist aus einer Reihe innerer und äußerer Gründe nicht glücklich. Daraus ergibt sich eine doppelte Gefahr für den Willen der Dichter, das Erlebnis der Gegenwart zu gestalten. Das Volk will selbstverständlich dieses Erlebnis gestaltet sehen. Auch ist das ja gerade die seelische Grundlage des neuen Schauspiels der Massen auf den Thingplätzen, daß weder von einem historisierenden noch ästhetisierenden Gesichtspunkt aus Bildungstheater um des Theaters willen gemacht wird. Das Theater, das wir wollen, soll Erlebnistheater sein. Dann erst kann es mehr als Pantomime, Tanz und Aufzug werden. Dann erst kann es zu wahrhaft kultischem Ausdruck des Massengefühls emporgestaltet werden.

„Heilige Kunst"

LANGENBECK, CURT, *Wiedergeburt des Dramas aus dem Geist der Zeit, in: Das Innere Reich. Zeitschrift für Dichtung, Kunst und deutsches Leben, 6. Jg., 1939/40, S. 923–957.*
Rede, gehalten am 29. 11. 1939 im Künstlerhaus in München bei einer Veranstaltung, zu der das deutsche Volksbildungswerk, Volksbildungsstätte München und das Kulturamt der Stadt München gemeinsam eingeladen hatten.

[930] Es geht um die Frage, ob eine Wiedergeburt des Dramas aus dem Geist unsrer Zeit möglich, d. h. ob sie notwendig

sei; denn was notwendig ist, ist nicht nur möglich, sondern ereignet sich ganz bestimmt. Man könnte in derselben Beziehung vom Roman, vom Wandbild, von monumentaler Bildhauerei, vom Oratorium oder der Sinfonie sprechen: die Resultate müßten und würden immer etwas grundsätzlich Gleichbedeutendes aussagen.

Nun steht aber außer Zweifel, daß eine Antwort auf die Frage, ob und wann ein Volk Tragödien hervorgebracht habe; als zugleich, ob und wann ein Volk genötigt sein werde, Tragödien hervorzubringen, eine durchaus unvergleichbare und unvergleichliche Bedeutung besitzt; denn es ist sicher und wird sich zeigen, daß an keiner anderen Kunst und Kunstform der Charakter eines Volks, das Wesen seines Glaubens, die Art seiner Gesinnung und das Stadium seiner Entwicklung so durchgreifend und eindeutig gezeigt werden kann wie an der Kunst der Tragödie – ob sie nun überhaupt bei einem Volk zum Vorschein kam oder nicht, oder ob sie vielleicht, wenn sie bis zu einer gewissen Zeit sich nicht gezeigt hat, erwartet werden dürfe: in allen drei Fällen ergeben sich bündige und aufschlußreiche Konsequenzen.

[. . .]

[933] Man kann über die Tragödie, ja vermutlich über gar keine Kunst etwas sagen außerhalb des Zusammenhanges mit der Religion. Da dieser Zusammenhang bei demjenigen Volk, das uns zuerst und am deutlichsten gezeigt hat, was eine Tragödie ist, nämlich bei den Griechen, ganz offenbar vor aller Augen liegt, so sehen wir uns gleich veranlaßt zu fragen, ob etwa die christliche Religion die Ursache des Verschwindens der Tragödie gewesen sei; ehe wir aber so fragen, müssen wir uns klar machen, warum griechische Religion und griechische Art mit dem Leben fertig zu werden, das Aufkommen der Tragödie nicht nur gefördert, sondern sogar bedingt und notwendig gemacht hat.

Hier scheint mir nun vor allem **eine** einfache Auskunft wichtig zu sein:

Daß nämlich die Griechen von der Einmaligkeit und Unwiederholbarkeit des persönlichen Daseins überzeugt gewesen sind. Sie mußten also innerhalb dieses einmal geschenkten Lebens mit dem Leben überhaupt in Ordnung kommen.

[. . .]

[936] Wir wollen aber nicht weiter dringen, ohne noch einmal, so gut wie möglich, die Bedingungen und den Sinn der Tragödie bezeichnet zu haben:

Die erste Bedingung: Der Mensch muß glauben, daß sein Leben vom Tode endgültig beschlossen wird; daß es weder das Nichts, noch ein Wiederkommen gibt. Es gibt dann aus dem Leben keinen Ausweg.

Die zweite Bedingung: Der Mensch muß gläubig, muß gottgläubig sein (Skeptiker, Stoiker, Nirwanaverehrer und Anarchisten bedürfen der Tragödie nicht).

Die dritte Bedingung: Der Mensch muß erfahren haben, daß Gottheit oder Götter weder gütig noch mitleidend, erst recht nicht mitleidig sind; sondern vielmehr gewaltsam, grausam, schön – hierin nicht unähnlich der Natur, ihren Gewalten und Gesetzen.

Die vierte Bedingung: der Mensch muß erkannt haben, wie gefährlich und bedroht in solchem Falle sein Dasein ist.

[937] Das sind die Bedingungen der Tragödie, ihrer Notwendigkeit und Existenz.

Was demnach die Tragödie leisten muß und geleistet hat, ist klar:

Sie hat denjenigen Menschen, die, wie beschrieben, dem Unheimlichen, dem Verhängnis, der Selbstzerstörung sich preisgegeben sehen, die Möglichkeit vorgebildet, wie man dieser gefährlichsten Gefahren dadurch Herr werden kann, daß man sie, durch und durch, erleidet und dabei den Glauben an die Götter nicht nur in sich bekräftigt, sondern erst recht erringt und in der eigenen Seele wie in der Welt begründet.

[...]

[948] Ich gebrauche das Wort „Verhängnis" hier nicht nur, um das gar zu oft mißbrauchte Wort „Schicksal" entbehren zu können. Wir sind ja, wenn wir etwas klar machen wollen, auf den Gebrauch bestimmter Begriffe angewiesen, die für uns mit einer ganz bestimmten Bedeutung befrachtet sind. Ich habe, wie Sie bemerkten, den Begriff „Schicksal" dem griechischen Drama vorbehalten, falls er nicht in Bezug auf eine geschichtliche Situation vorkommen mußte. Für unsere Betrachtungsweise ist also ein Schicksal mit den Göttern in Verbindung; mit anderen Worten: wenn über einen Menschen oder ein ganzes Geschlecht ein Schicksal herabgekommen ist, dann läßt es sich durch den

jeweils dazu berufenen Menschen nicht ohne die Weisungen und Forderungen der Götter in Ordnung bringen. Insofern ist Schicksal etwas dem Menschen von den Göttern Geschicktes, Zugeteiltes, und zwar so, daß es das Wesen einer Aufgabe hat und einen Befehl enthält. Eine Verschuldung oder ein direkter Frevel liegt solchem Geschick stets zu Grunde, folglich die Gefahr eines verfluchten Daseins und die Notwendigkeit des sühnenden Opfers. Wir können hierauf definieren, daß ohne Schicksal eine Tragödie nicht denkbar ist; diese Bestimmung ist enthalten in den Bedingungen des Zustandekommens einer Tragödie, die wir früher zu erkennen und zu formulieren versuchten.

Unterschieden von solchem Schicksal, aber ihm verwandt und zugehörig, möchten wir „Verhängnis" begreifen als etwas, das den Menschen zwar auch von der Gottheit her erreicht und befällt, aber so, daß der Mensch **nicht** durch eine bestimmte Religion zu dieser Gottheit in einer sicheren, namen- und gestaltgebenden Beziehung steht. Der Mensch im Verhängnis ist also viel tiefer verloren als der Mensch im Schicksal; und wenn er die Aufgabe, die sein Verhängnis ihm stellt, erfüllt, dann genügt er nicht einer unmittelbar ergangenen göttlichen Verfügung, auch nicht einem Befehl seiner gottgläubigen Seele, sondern dann kommt er allererst einmal auf den Weg zu Gott und zum Suchen nach einer Gottgestalt; **genügen** kann er dabei zunächst nur sich selbst und einer Zukunft, die in seiner Ahnung und in seinem Bewußtsein des Notwendigen begründet war.

[...]

[954] Zum Ganzen des Problems wird abschließend gesagt werden dürfen, daß wir zwar an Schiller und Kleist uns ausrichten und kennen lernen sollen, daß aber aus dem, was diese und die ihnen beigeordneten Dichter geleistet haben, die „Wiedergeburt des Dramas" **nicht** erfolgen kann, weil nämlich diese Männer noch nicht fähig waren und noch nicht nötig hatten, zwischen den Griechen und Shakespeare, zwischen der „heiligen Kunst" (wie Goethe sie nennt) und der pandaimonischprofanen sich für das Neue zu entscheiden – so wie wir heute, durch geschichtlichen und seelischen Zwang aufgerufen, uns entscheiden müssen.

Ich glaube zur Genüge erklärt zu haben, warum Shakespeare **nicht** unser Mann ist; warum also seine Form nicht unsre sein kann; sondern daß wir, vorstoßend zu einer uns eigentümlichen Gestalt des Dramas, uns mit den Griechen auseinandersetzen müssen, dem einzigen Volk, das, bis auf den heutigen Tag, sein Verhängnis durch tragisches Wissen und durch gestaltete Tragödie ergriffen hat, und das insofern gegenwärtig uns näher steht als irgendeine mit uns gleichzeitig lebende Nation. Ist es aber nicht schön und verheißungsvoll, bei entscheidenden Begebenheiten der Weltgeschichte zu erfahren, daß 2500 Jahre sind wie ein Tag?

4. HELDISCHE DICHTUNG

„Der Rufer"

Böhme, Herbert, *Junge deutsche Dichtung*, in: *Der Deutsche Student. Zeitschrift der Deutschen Studentenschaft*, 2. Jg., *1934*, S. *632–635*

[634] Unsere Dichtung ist Ausdruck der Gemeinschaft geworden; unsere Dichtung deutete die Sicht in die Welt, und sie wird heute oder morgen sich in diese Sicht hineinstellen und zünden und unseren Glauben verkünden, den Glauben eines verjüngten, nach Reinheit strebenden und somit seiner Unsterblichkeit gewiß bleibenden Volkes.

Die aber das große Wort aus dem Kampf heraus zu dichterischer Gestaltung kommen ließen, sei es in dem heldischen Ringen vor Langemarck, sei es im Angesicht des Blutstromes vor der Feldherrnhalle oder unter den knatternden Fahnen der völkischen Auferstehung, haben nichts von jenen Gepflogenheiten derer übernommen, die des Volkes Dichter genannt wurden. Der Geist der Kameradschaft kann in diesem Sinne nicht das Wort auf die Schöpfer der jungen Dichtung anwenden; hier sucht der kämpferische Geist einer jungen Gefolgschaft nach einer neuen Bezeichnung, die das ausdrücken soll, was in der neuen Art der Dichtung schon begründet liegt, und es ist wohl nichts zutreffender, als daß wir für alle Zukunft nicht nur von dem Cornet und dem Sturmführer, sondern auch von **dem Rufer** sprechen, dessen Rufe wie Fanfarenstöße, die junge Gefolgschaft anspornend, in das neue Reich herüberklangen. Die ersten Rufer fielen vor Langemarck; der große Rufer Dietrich Eckart unterlag den Verfolgungen und nicht der letzte Rufer ist der große Sturmführer Horst Wessel gewesen, dessen Sturmlied das Siegeslied der Deutschen wurde. Der Geist von Langemarck wiederholt sich in jeder jungen, von der Idee besessenen Seele unsichtbar täglich von neuem und die Rufe, die seit Langemarck in das neue Reich ertönten, sind Eigentum der ganzen Gefolgschaft geworden. Hier offenbart sich das große Unter- [635] schiedliche: Der Lyriker gestaltet aus der Einsamkeit und kommt schlechthin von der göttlichen Befruchtung her und gibt sein Werk dem Volk, das sich irgendwie damit auseinandersetzen muß.

Der Rufer steht in der Kameradschaft und Gefolgschaft der Idee und des Führers und gestaltet aus dem Schwung der Begeisterung diese seine Liebe zu Führer und Fahne in seinen Rufen und den Weg in das neue Reich voraus. Damit ist nicht gesagt, daß der Lyriker den Rufer ausschließt oder aber der Rufer nun zur einzig möglichen Gestalt der deutschen Dichtung geworden ist. Hier ist aus der Kraft der Bewegung und dem vom Führer gegebenen faszinierenden Wort eine neue Berufung erwachsen, die in der Zeit des Sturmschrittes eine ungeheure Aufgabe erfüllt hat. Vermag der Rufer den Weg in das neue Reich soweit in die Bildkraft seines Wortes und seiner Gedanken zu gestalten, daß er die Tore des inneren Reiches einstürmt, so wird seine Dichtung das Erlebnis der inneren Schau erfahren und dabei zur Verkündigung des neuen Reiches werden.

Damit wächst aus dem Rufer der Bewegung **der Künder**, und, da dieses innere Reich das Reich eines neuen Glaubens sein wird, **der Prophet** des kommenden Jahrhunderts.

„Heroische Gesinnung und Tragödie"

LANGENBECK, CURT, *Über Sinn und Aufgabe der Tragödie in unserer Epoche, in: Völkische Kultur. Monatsschrift für die gesamte geistige Bewegung des neuen Deutschlands, 3. Jg., 1935, S. 241–252*

[244] Unsre Epoche, nicht beschützt von religiösem Glauben, ist von lebendig gewordner tragischer Gefahr erfüllt und bestimmt.

Es gibt aber vorzüglich zwei Mächte, die ihr offen und praktisch begegnen können; die erste zeigt sich bei Gelegenheit auswegloser Not; die zweite ist darüber hinaus vorbeugend und erziehend: Heroische Gesinnung und Tragödie.

Die Tragödie als Kunstwerk, geschaffen von einzelnen, die in den Ursprüngen wohnen, ist nicht nur in Zeiten der Umwälzung möglich und nötig, sondern sie bannt auch, zum Heil des wachgehaltenen Volksgeistes, den Dämon, welcher immer auf der Lauer liegt und nur dann nicht verheerend auszubrechen weiß, wenn die Dichter stark genug sind, fortwährend mit ihm zu kämpfen und nie aus dem Zauber der Gestalt, in welcher sich die elementaren Kräfte gehorsam ordnen, ihn entrinnen zu lassen.

Die Tragödie gibt also warnend gestaltetes Beispiel eines Äußersten, das gerade in der Wirklichkeit des Lebens sich **nicht** ereignen sollte, welches aber die Menschen erleben **müssen,** weil es gilt, eben mit Hilfe der das ganze Wesen packenden Tragödie, immer aufs neue mit ihm sich zu messen – sonst entfesselt es sich und durchwütet zerstörend die menschliche Welt, den Fluch der Ungestalt furchtbar nutzend.

Aus heroischer Gesinnung leistet der Mensch **das** wirklich, was die Tragödie mitreißend im Bild vollbringt. Ein Mensch, der „auf verlorenem Posten" steht oder zu stehen glaubt und dabei einem **Gesetz** treu ist, z. B. dem völkischen Gesetz der Ehre, kann sich zu heroischem Verhalten durchringen. Er gibt sich auf, aber kämpfend, und hat in diesem Augenblick das Feld der tragischen Auseinandersetzung bereits durchlaufen. Nicht aber nur im Waffenkampf, dessen Ende sicherer Untergang sein wird, zeigt und bewährt sich der heroische Charakter, sondern auch und gerade überall [245] da, wo die Gewißheit des Untergangs als die der Aussichtslosigkeit sich darstellt. Wenn jemand die Erfahrung der Gott- und Sinnlosigkeit des Daseins macht, deshalb von ungültig gewordnen orthodoxen Glaubenssätzen sich nicht beschützen läßt, außerdem das Erklärenwollen des Unbegreiflichen ebenso verachtet wie das trostlos wagemutige Gedankenspiel mit Pessimismus und Verzicht – aber mit einem „Trotzdem" in gläubiger Anerkennung übermächtigen Schicksals dennoch ausharrt, stolz und hart einem verborgenen Ganzen dienend: der ist und verhält sich heroisch.

MÖLLER, EBERHARD WOLFGANG, *Dichtung und Dichter im natio-nalsozialistischen Staat, in: Völkische Kultur. Monatsschrift für die gesamte geistige Bewegung des neuen Deutschlands, 4. Jg., 1936, S. 5–10*

[6] In seiner Kunst gestaltet sich ein Volk selbst. Ist es fähig zu einer heroischen Haltung, so wird es eine heroische Kunst haben; ist es aber nicht fähig, so helfen alle Ermahnungen, alle Vorbilder, alle von außen herangetragenen Maßregeln nichts. Ist es wahrhaft imstande, den Anspruch auf Weltgeltung zu er-heben, so wird seine Kunst diesen Anspruch unter Beweis stel-len; ist es aber nicht imstande und täuscht es sich über seinen eigenen Zustand, so wird man diese Täuschung sogleich an der Haltung seiner Künstler bemerken.

Wir haben allen Anlaß zu glauben, daß wir uns nicht täu-schen. Seit der nationalen Revolution liegt ein Segen der Fruchtbarkeit über unserem Volke, und wenn wir nur ein Ge-biet betrachten wollen, die Dichtung, so sehen wir eine Fülle der verschiedenartigsten und doch gleichstrebenden Talente am Werke, die in der kurzen Zeit nicht nur ihren guten Willen, sondern auch ein überraschendes Können gezeigt haben. Nie-mand hat sie gerufen, ja, niemand hätte geglaubt, daß man nach ihnen hätte rufen können, weil man sie wünschte. Sie er-standen ganz plötzlich und nicht nur deshalb, weil man organi-satorisch die günstigsten Vorbedingungen für das künstlerische Schaffen schuf, sondern offenbar aus jenen gleichen Urgrün-den, aus denen auf allen Gebieten die Erneuerung erwuchs. Sie zeigten sich auch nicht nur als Talente, welche einem allgemei-nen Schaffensdrang gehorchen und die Reihe jener beziehungs-losen und spielerischen Artisten der vorletzten literarischen Entwicklung fortzusetzen suchten, sondern als Männer, die ihrem Wesen gemäß sogleich an die größte seinerzeit abgeris-sene und längst verschüttete Tradition anzuknüpfen bereit wa-ren und sich nicht nur ihrer Stellung in diesem Augenblick des Jahrhunderts, sondern auch ihrer Funktion und Aufgabe im Volksganzen bewußt waren.

Diese Funktion und Aufgabe der Dichter ist eine politische in dem Sinne, in dem der Nationalsozialismus das Wort gebraucht, das heißt eine Aufgabe, die sich auf das Ganze erstreckt und vom Ganzen her [7] zu verstehen ist. [...]

Überhaupt geht die Diskussion um eine neue Bewertung der Dichtung und des Dichters im ganzen und ihr Ziel wird sein, eine allgemeine Umwertung aller der tragenden Begriffe vorzunehmen und durchzusetzen, die heute noch von früheren Gesichtspunkten her falsch übernommen, falsch verstanden und falsch angewandt werden.

Dazu bedarf es freilich einer längeren Zeit. Niemand kann annehmen, daß Vorurteile in einer kürzeren Spanne durchbrochen und neue Maßstäbe schneller aufgestellt werden könnten, als der Nationalsozialismus selbst für die Durchsetzung seiner Weltanschauung gebraucht hat.

Wenn man das, was oben von der Eigengesetzlichkeit der Kunst gesagt wurde, richtig verstanden hat, dann wird man wissen, daß das Gebiet der Künste nichts anderes als ein kleiner Staat im Staate, sozusagen ein Nationalsozialismus im Nationalsozialismus bedeutet und daß es zumindest der gleichen 14 Jahre Kampf, Überzeugung und Entschiedenheit im Kulturellen bedarf, deren es im Politischen bedurfte. Kurz also: Wenn schon heute die Gesichtspunkte des Nationalen, des Völkischen, des Rassischen allgemein und unverrückbar feststehen, so sind die Gesichtspunkte für die Bewertung des Künstlerischen oder wie man früher sagte, die neuen ästhetischen Maßstäbe nur sehr zum Teil erst gefunden und anerkannt. Hier kommt es darauf an, erst den ganzen ungeheuren ästhetischen Schutthaufen des vorigen Jahrhunderts wegzuräumen, welcher der Entwicklung der Dichtung im Wege liegt. Denn die Dichter schaffen zwar aus einer inneren Notwendigkeit heraus und ohne sich um irgendwelche dramaturgischen Zwangsjacken zu kümmern, aber das unterscheidet sie gerade von ganzen Generationen Früherer, daß sie nicht nur dem einzelnen Leser gefallen, daß sie nicht nur schön schreiben wollen, sondern auch gut und richtig. D. h. sie wenden sich nicht mehr an den privaten subjektiven Geschmack, sondern an das objektive Verständnis. Ihre Dichtungen sind nicht mehr Unterhaltungen, sondern öffentliche Maßnahmen, und hier sind sie darauf angewiesen, daß ihnen die öffentliche Diskussion den Weg bereitet.

[...]
[8] Der große Prozeß der Zusammenschweißung aller Volks-

glieder erfaßte auch die Dichter. Sie wurden entweder völlig ausgestoßen oder völlig einbezogen in die Gemeinschaft, die ihnen nun von sich aus Stellung und Aufgabe anwies.

Es ist ein Wunder, wie schnell die verhältnismäßig kurze Zeit des Kampfes, in der es nichts als den politischen Kampf gab, praktisch mit falschen Bewertungen aufgeräumt hat. Die Literatur-Klüngel zerstoben vor dem Ansturm der braunen Bataillone; die sich exklusiv ge- [9] bärdenden Dichter mußten wohl oder übel einsehen, in welchem luftleeren Raum sie schwebten. Die Gemeinschaft nahm nur das noch an, was ihr nützlich und notwendig erschien, und wir sehen, wie sich hier das wahre Talent erweisen konnte. Alles das, was sich aus seiner Vereinsamung nicht zu lösen vermochte, fiel zurück; alles das aber, was die Größe der Stunde begriff, begann ihr Ausdruck zu geben, angefangen vom Kampflied bis zur Gestaltung der Feiern der Gemeinschaft. Wenn man die Ernte der letzten Jahre betrachtet, so wird man bemerken, daß hier nicht nur Dichtungen von stärkstem Gesinnungswert entstanden, sondern solche, die sich auch formal nach ihrer Kunst des Reimes, des Verses und des Aufbaues getrost an die Seite der Klopstock, der Hölderlin, der Schiller und der Kleist stellen können, ja mehr, die an jene große sogenannte klassische Tradition unmittelbar anknüpfen, als wären hundert Jahre der Verwirrung, der Unsicherheit, der falschen Zielsetzungen und der falschen Maßstäbe nie gewesen.

[...]

Von jenen ersten Anfängen einer deutschen Nationalliteratur bis zu dem Augenblick, wo ein Hebbel einsam und umbrandet von den Wellen der oberflächlichen und materialistischen Literaturmoden die große handwerkliche dramaturgische Tradition aufzunehmen und zu erhalten versucht, um sie dann schließlich dem gänzlich isolierten Paul Ernst weiterzureichen, gibt es einen stillen Kampf der Größten um die letzthinnige Gestaltung und Ausprägung der deutschen Seele.

Es ist ein Schöpfungsprozeß ungeheuerlichen Ausmaßes, der freilich in den letzten hundert Jahren von fremden Einflüssen überwuchert wurde, und er zielt auf nichts anderes hin, als auf die Durcherschaffung [10] einer großen geistigen deutschen Welt, in der es alles das gibt, was im Laufe der Entwicklung scheinbar absichtslos und vereinzelt sichtbar geworden ist:

neben den blühenden Gärten Eichendorffs die Hoheit Hölderlins, neben der kämpferischen Leidenschaft Schillers die sanfte und gemütvolle Idyllik der Goetheschen Epen, Mörikes, Gottfried Kellers, neben den politischen Manifesten Kleists die Phantastik Hoffmanns und so überhaupt das Große neben dem Kleinen, das Verträumte neben dem Gesammelten, das Bestimmte neben dem Ungewissen, das Zärtliche neben dem Erhabenen der deutschen Welt.

Eine solche Welt, wenn sie erst einmal rund und vollgestaltet dasteht, ist nicht nur ein schöner Luxus des Volkes, sondern wir wissen heute, daß sie weit mehr bedeutet. Wir wissen, daß sie ein wichtiges und notwendiges Instrument unseres völkischen Geltungsanspruches ist. Daß sie eine Waffe ist, mit der wir unsere Ansprüche nach allen Seiten hin durchsetzen können. Daß sie also unmittelbar ein Vortrupp der völkischen Hauptmacht ist. Es ist erstaunlich, daß alle heute schaffenden Talente instinktiv zu dieser Einsicht gekommen sind und daß überhaupt von hier aus alles, was sich an schöpferischen Kräften regt und was an Geschaffenem da ist, zu verstehen ist. Die gesamte junge deutsche Dramatik kennt nur diese eine Ausrichtung, sei es, daß sie unsere soldatischen Begriffe auf das Forum des Weltinteresses stellt, sei es, daß sie die Erkenntnisse unserer Geschichte zu Erkenntnissen der Welt machen will, oder sei es auch, daß sie in der Gestaltung eines idealen deutschen Typs den für alle Welt verbindlichen Typ der männlichen Haltung schaffen möchte. Die gesamte junge deutsche Lyrik hat nur dieses eine Ziel, die große Bewegung des Jahrhunderts zu feiern und über das Zufällige hinaus das Ethos des Nationalsozialismus zum Ethos der Weltöffentlichkeit zu machen. Und auch im Roman regen sich bereits Kräfte, welche mit voller Absicht die naturalistischen Grundsätze der bloßen Lebensnachahmung und der Darstellung der platten Wirklichkeit vergessen und zur Gestaltung der Ideale, besser noch, zur idealischen Erziehung der Völker beitragen wollen. Wenn man zusammenfaßt, so sieht man, daß an die Stelle des psychologischen und nachschaffenden, also epigonischen Prinzips ein Prinzip des Vorstoßes, das ist der geistigen Kolonisation, getreten ist, und daß wir, wenn wir wollen, eine deutsche Kunst haben werden, welche nicht nur der Ausdruck unseres Wesens, sondern auch ein Instrument der Durchdringung der Welt sein wird.

„Kriegsdichtung"

Schumann, Gerhard, *Krieg – Bericht und Dichtung*, in: *Deutsche Kultur im Leben der Völker. Mitteilungen der Deutschen Akademie*, 17. Jg., 1942, S. 389–400.
Vortrag, gehalten beim Großdeutschen und Europäischen Dichtertreffen in Weimar 1942.

[389] Wie der Krieg die höchste und äußerste Entfaltung aller menschlichen Kräfte, der leuchtenden und der dämonischen, erzwingt und ermöglicht, so verlangt er auch in seiner Darstellung das Äußerste und Tiefste an Kraft und Einsatz. So wird der **Kriegsbericht** mit seinem klirrenden Schritt die letzte Vereinfachung und härtest gehämmerte Form des Berichtes überhaupt sein und sein müssen. Und die **Kriegsdichtung** – und darunter wird einmal nicht nur [390] die stofflich bestimmte Kriegsdichtung, sondern überhaupt das Werk der durch den Krieg gehärteten, geläuterten und geformten Dichter zu verstehen sein – die Kriegsdichtung also wird die wahrhaftigste und tiefste Formung dieser in Geburtswehen zuckenden Zeit und ihrer sterngleich heraufsteigenden Erfüllung sein. Sie wird in sich vereinen das furchtbar Größte und das Stillste in einer gehärteten, geprägten Soldatenform.

Wer hat denn die wesentlichen Werke einer neuen volkhaften Dichtung geschaffen? Niemand anders als die im ersten Weltkrieg geprüften und bewährten Soldaten! Und so wird es auch in diesem Kriege sein.

[...]

[393] Und damit kommen wir unserer Grundfrage nahe: **kann es heute überhaupt schon eine Kriegsdichtung geben?** Ist wahrhaftige Dichtung überhaupt möglich mitten im unüberschaubaren Grauen und erbarmungslosen Ablauf des Krieges? Verletzt der Dichter, der jetzt schon versucht, zu gestalten, nicht eben jene Schweigepflicht, jene Wartepflicht vor dem Übergroßen? Gilt der Satz, daß im Lärm der Schlachten die Musen schweigen, in einem ganz besonderen Sinne für ihn, den schöpferischen Menschen? Daß die Musen in der Heimat nicht schweigen dürfen, daß eine Pflege der Dichtung, aller Künste im Krieg mehr als je notwendig ist, darüber ist jedes Wort zuviel. Dichtung, Musik und Bildwerk schenken dem hart arbeitenden und treu opfernden Volk Entspannung, Kraft, Trost

und Auferbauung. Freilich – ich glaube, daß die Musen gerade heute oft noch mehr der Tiefe als der Oberfläche dienen dürften, mehr der Sammlung als der Zerstreuung, mehr der Haltung als der Unterhaltung ...

Der Krieg ist die große Bewährungsprobe für jeden Menschen und doppelte Bewährungsprobe für einen Menschen, der Stimme sein will für viele, Deuter einer Zeit, Verkünder ihres Wollens und Vollbringens.

[...]

[394] In einem Raum der Ehrfurcht bewegt sich der schöpferische Mensch, der Dichter, wie immer so besonders im Kriege, der alles Menschliche in seine höchsten Aufgipfelungen hinauftreibt, im Guten wie im Bösen. Ja, im Krieg steht er in der innersten Herzkammer der Ehrfurcht, in diesem furchtbar heiligen Fegefeuer, das nur verzehrt oder härtet, das nie ein Sowohl-als auch, immer nur ein Entweder-oder zuläßt, nie einen Kompromiß, immer die Entscheidung fordert. Schweigende Ehrfurcht wird um ihn sein vor dem unendlichen Leid in dieser Welt, vor der stillen Größe des Opfers der Soldaten und der Heimat, vor der stummen Majestät des Todes. So wird der Dichter schweigen müssen und seine Pflicht tun, sich bewähren als Mensch, als Mann, als Soldat. Sich bewähren im dumpfen Takt der Märsche, im brausenden Sturm der Angriffe, in der Todes- [395] einsamkeit vorgeschobener Sicherungen, sich bewähren vor der zuckenden Qual der verwundeten und sterbenden Kameraden. Sich bewähren aber auch vor dem stummen Leid der Kreatur, die in dumpfer Angst durch rauchende Trümmer irrt, sich bewähren vor den erstorbenen Augen in diesen zerbrochenen, hoffnungslosen Larven des Ostens, die zum Gesicht zu wandeln, in einem neuen Reich wieder zu Menschen zu erheben er als tiefen Sinn und Auftrag dieses Krieges brennend erkennt.

Dies alles wird er mit zuerst tief erschrockenen Augen sehen, dann wird sein Blick härter werden und sein Herz fester. Und er wird schauen mit einem heilig nüchternen Blick und alles still in sich hineinnehmen. Und dann kommt vielleicht eines Tages ein innerer Befehl. Er ist nicht zu überhören. Man ist so still geworden, so hellhörig, so scharfsichtig mit dem wachen Spürsinn für das Notwendige. Da kommt dann eines Tages der innere Befehl: das Hereingenommene will heraustreten, das Angeschaute will Bild werden, das Bestandene will Bestand haben, das Leben will verdichtet sein. Dann, und nur dann darf einer den Mund öffnen zum entscheidenden Wort, **einer der bewährt ist im Kampf und den inneren Befehl erhalten hat.**

Ehe ich nun etwas zu den **Gattungen** der Dichtung, die sich der Gestaltung des gegenwärtigen Kriegserlebens mehr oder weniger darbieten oder entziehen, sage, möchte ich **eine Darstellungsweise** von vornherein und grundsätzlich als dem soldatischen Erlebnis nicht gemäß zurückweisen: Soldatische Konflikte, Haltungen und Entscheidungen kann und darf man nicht zerfasern, psychologisierend auflösen, sezieren und in Spiritus setzen.

Gleich neben einer schamlos schnüffelnden seelischen Analyse steht der Zerfall, neben der nervösen Zerfaserung die Zersetzung, neben der vorwitzigen Fragerei die Infragestellung!

Wohin diese **seelische Atomzertrümmerung führt,** die ihre großen Meister in den Zweigs, Werfels, Remarques und Genossen hatte, und wessen Geistes Kind sie letzten Endes ist, das wissen wir nur zu gut!

Aber verstehen Sie mich bitte richtig: Keiner Vergewaltigung der seelischen Vorgänge, keinem billigen und oberflächlichen den Kopf-in-den-Sand-stecken vor der gewaltigen menschlichen Problematik des Krieges wird hier das Wort geredet. Nur: der innere Kampf, der Entschluß, die Haltung des Soldaten sind wortkarg, herb und keusch. Und nur wortkarg, herb und keusch, zusammenraffend und **zusammenschauend** kann sein Erlebnis geformt werden.

Es geht nicht um Analyse, sondern um Ganzheit. Es geht um **Entscheidungen von Männern, nicht um Konflikte von Hysterikern!**

[396] Wenn wir uns nun fragen, welche **Gattungen der Dichtung** sich dem also bewährten und berufenen Dichter bei der demütigen Gestaltung des ungeheuren Erlebnisses Krieg darbieten, so werden wir finden, daß sich dieses Erlebnis einer **epischen Gestaltung** zunächst entzieht. Ich habe zwar einige Romane und Erzählungen gelesen, in denen der jetzige Krieg Schauplatz oder Mitspieler des Geschehens war. Jedoch war mir sofort klar, daß hier der Krieg nur zum Anlaß genommen wurde, die Darstellung von Fragen und Konflikten ganz anderer Herkunft mit dem Anreiz besonderer Aktualität und spannender Gegenwartsnähe zu versehen. Solche Darstellungen sind

deshalb absolut nicht von vornherein abzulehnen. Nur sind es nicht Kriegsdichtungen im eigentlichen Sinn. Der Krieg wetterleuchtet in solchen Darstellungen nur als **Randerlebnis**, ist nicht die glühende **Substanz schlechthin.** Er wirft wohl seinen flakkernden Schein auf das Geschehen, ist aber nicht das Brennen selbst. Und das hat seinen tiefen Grund im **Formgesetz** des Epos, des Romans, der Erzählung. Das Gesetz des Epos ist das Gesetz der Vergangenheit. Der epische Stoff muß abgeschlossen sein, muß gleichsam stillstehen, um in allen Bezügen und Zusammenhängen, Höhen und Tiefen und von allen Seiten mit dem Überblick der Entfernung geschaut werden zu können. Die riesigen Konturen dieses vulkanischen Weltwandlungsprozesses und seine unterirdischen Feuerherde können höchstens geahnt, noch nicht aber umrissen und gestaltet werden.

Nur in der **Novelle**, die ja dem Drama und seinem Gesetz benachbart ist, und eine einmalige eigentümliche Begebenheit in einem notwendigen Ablauf gibt, mag durch diesen Ablauf eines Einzelgeschicks wie durch einen Blitz die dunkle gewitterige Nachtlandschaft des Krieges für einen Augenblick erhellt werden, und so das Besondere ein ahnungsvolles Bild des Allgemeinen werden. Ebenso ist es möglich, in der knappen, auf eine überhöhende Pointe hinzielenden **Anekdote** wenigstens ein Stück des Ganzen aufblitzen zu lassen.

Die großen epischen Werke der Soldaten des ersten Weltkrieges bestätigen diese Ansicht. Die Bücher eines Hans Grimm[1], Brehm[2], Dwinger[3], Wehner, Beumelburg[4], Euringer[5] – um nur ein paar Namen herauszugreifen – entstanden nach Abschluß des Kriegs und oft erst 10 und 20 Jahre nachher. Das hat, wie schon gesagt, seine Gründe im Gesetz der Form.

1 Grimm, Hans, 22. 3. 1875–27. 9. 1959, Erzähler, wurde berühmt durch seine afrikanischen Novellen und den Roman »Volk ohne Raum» (1926).
2 Brehm, Bruno, siehe oben S. 35, Anm. 15.
3 Dwinger, Edwin Erich, siehe oben S. 35, Anm. 9.
4 Beumelburg, Werner, 19. 2. 1899–9. 3. 1963, schrieb hauptsächlich Romane über den ersten Weltkrieg und über historische Themen, bekannt wurde der Kriegsroman »Die Gruppe Bosemüller« (1930).
5 Euringer, Richard, 4. 4. 1891–29. 8. 1953, Lyriker, Erzähler, Dramatiker, 1934 erster Träger des Nationalen Buchpreises für »Deutsche Passion 1933«.

Eine **dramatische** Gestaltung des neuen Kriegserlebnisses wurde, soviel ich weiß, erst in vereinzelten Fällen versucht. Doch kommt das Formgesetz des Dramas einer Gestaltung des brennend Gegenwärtigen durchaus entgegen, denn sein Gesetz ist das der stärksten Vergegenwärtigung und Bewegung. Im außerordentlichen Schicksalsaugenblick kämpfende Menschen durch den Zusammenprall der Kräfte in das Notwendige zu führen: Türen zu welch gewaltigen [397] Aufgaben öffnen sich heute hier für den Berufenen! Auch wenn zunächst vielleicht erst das Einzelschicksal auf dem geahnten und angedeuteten Hintergrund des titanischen Weltkampfes geformt zu werden vermag, noch nicht die Kräfte selbst in ihrer umfassenden Größe und Tiefe Gestalt werden können, noch einmal: welche Aufgaben für den Dramatiker! Welches Weltdrama rollt ab! Darum ein volles Bekenntnis zum mutigen Zeitstück, das freilich dramatisches Schicksal, nicht theatralischer Leitartikel sein soll!

Allein in der Lyrik, die unter dem Gesetz der Unmittelbarkeit, der Entflammung steht, hat sich in einigen Versen das Wesen dieses Weltentscheidungskampfes, das Wesen seiner entschlossenen Kämpfer, schon gültig ausgesprochen. Eine ähnliche Erscheinung können wir übrigens an der Lyrik des ersten Weltkrieges beobachten. Ich nenne nur die Verse eines Lersch[6], Binding[7], Flex.[8] –

Wie im zusammenschießenden Kristall vor dem schauenden Auge die bauende Ordnung des ganzen Weltalls zu erstehen vermag, so vermag unser Herz im Gedicht, das aus der erschütterten, entflammten Lebensmitte heraufbricht, das Wesen des Erzeugers dieser Erschütterung, des Krieges zu empfinden. Denn die Glut und Kraft des herausgeschleuderten und geformte Lava gewordenen Gefühls läßt die schaffende Gewalt und Tiefe des Vulkans selbst erkennen.

Dem Wesen dieses Krieges gemäß, der bei aller Vollendung

---

6 Lersch, Heinrich, siehe oben S. 33, Anm. 2.
7 Binding, Rudolf G., 13. 8. 1867–4. 8. 1938, Lyriker, Erzähler, Essayist, stellvertretender Präsident der Deutschen Akademie der Dichtung, hatte ein zwiespältiges Verhältnis zum Nationalsozialismus.
8 Flex, Walter, 6. 7. 1887–16. 10. 1917, schrieb schlichte, aber auch pathetische Gedichte über den ersten Weltkrieg. Berühmt wurde sein Buch »Der Wanderer zwischen beiden Welten«.

der technischen Waffen und bei allem wilden, früher unvorstellbaren Ungestüm so hart und verhalten, so schweigsam und unerbittlich ist, wird die Form dieser Dichtungen weniger im Schwung und ausladenden Prunk der **Hymne** sich ausströmen, als vielmehr der zusammengefaßten sparsamen letzten Einfachheit des **Volksliedes** sich nähern. Einer Einfachheit freilich, die im Angesicht des Todes alles Beiwerk abgestoßen und zur Notwendigkeit gefunden hat.

Als wesentliche Merkmale dieser Gedichte, in denen die Urlaute der menschlichen, der deutschen Seele heutige Gestalt gewinnen – Abschied, Trennung, Grauen, Durchhalten, Aufschwung, Sieg, all dieses zuckende Ringen des Herzens zwischen Tod und Leben – als wesentliche Merkmale sind hier zu beobachten die schweigsame Entschlossenheit, die heilige Nüchternheit, die Bändigung des Gefühls, die **gleich weite Entfernung vom Hurra-Patriotismus wie von bürgerlicher Sentimentalität, statt dessen: verhaltene Härte und gläubige Innigkeit.**

[...]

[398] Ein Wort noch zu einer außerkünstlerischen und nur zeitbedingten **Begrenzung in der Darstellung von Kriegsstoffen.** Nicht jeder Stoff eignet sich schon während des Existenzkampfes der Nation zur Darstellung, zu mindest aber nicht zur Veröffentlichung. Der Dichter selbst wird sich vor seinem völkischen Gewissen die Grenze schweigend ziehen, die durch die politische Psychologie bedingt ist. Hier kann der Maßstab einzig und allein die Frage sein: bedeutet das gestaltete Werk eine Stärkung der Kampfkraft der Nation in einem allerdings ganz umfassend verstandenen Sinn? Oder aber könnte von dem Werk eine Schwächung, eine Unsicherheit ausgehen? Im letzteren Fall wird der volksverantwortliche Dichter – gesetzt er ist von einem Schicksal erschüttert und zur Gestaltung aufgerufen, dieses Werk erst dem Volk vorlegen, wenn es den Kampf auf Leben und Tod siegreich bestanden hat.

Heute also wird das Starke, das Tröstliche, das Gläubige, das stille feste Dennoch im Mittelpunkt der Verkündigung des Dichters stehen, alles Grauen der Tiefe wird schweigsam darinnen sein, wird nicht etwa billig wegdiskutiert oder oberflächlich übersehen werden. Doch Gegenstand und Mittelpunkt einer Gestaltung wird heute nicht etwa, um einige Beispiele zu nennen, das Zerbrechen einer Ehe am Krieg, die Verzweiflung und der Untergang eines Schwerverwundeten, der ausweglose Konflikt in der Brust eines Soldaten sein können.

Wenn der Endsieg errungen ist, dann wird es sogar sicher notwendig sein, zu zeigen und nicht vergessen zu lassen, aus welchen Untergängen und Abgründen auch der Stern der neuen Freiheit und Menschlichkeit aufgestiegen ist. Und wenn der Dichter heute berufen ist, Besinnung und Trost, Kraft und [399] Gläubigkeit zu verschenken, so wird er dereinst Mahner und Rufer, ewiger Unruhestifter sein müssen gegen Sattheit und Zufriedenheit wie gegen öde Anbetung von Materie und Fortschritt, Organisation und Macht.

Das folgende Kapitel ist *Ernst Jünger* und *Gottfried Benn* gewidmet; es erfordert aus verschiedenen Gründen einige Vorbe-
merkungen.

Jünger wie *Benn* können aufgrund ihres intellektuellen und
künstlerischen Niveaus sowie wegen ihres besonderen Verhältnisses zum Nationalsozialismus mit den bisher dokumentierten
Schriftstellern nicht auf eine Ebene gestellt werden. Ihre laten-
ten ideologischen bzw. kurzfristigen politischen Verbindungen
mit dem Nationalsozialismus unterscheiden außerdem die beiden Autoren voneinander; was sie im Hinblick auf ihre Affinität zum Nationalsozialismus verbindet, ist ein spezifischer ideo-
logisch-literarischer Irrationalismus, in dem sich vitalistische
Grundanschauungen auf jeweils verschiedenartige Weise mit
einem in Theorie und Praxis hochentwickelten Ästhetizismus
verbinden.

Jünger liierte sich persönlich nie mit den Nationalsozialisten,
mit denen er allerdings eine Reihe von Ideologemen – vor allem
den heroischen Vitalismus – teilte, wenn er nicht gar zur Präzisierung entsprechender nationalsozialistischer Vorstellungen
beitrug. Seine Bücher über den ersten Weltkrieg paßten jedenfalls in das propagandistische Konzept des Dritten Reichs.[1]
Benn, der aufgrund seiner expressionistischen und später als
,entartet' diffamierten literarischen Vergangenheit weit weniger
für nationalsozialistische Ideologeme prädisponiert schien, bekannte sich 1933 – für viele überraschend – zum Nationalsozialismus und versuchte, sich mit dem neuen Regime zu arran-
gieren, allerdings nur kurze Zeit. Er gewann später wieder kla-
reren Blick für manche Sachverhalte.[2]

Was nun im folgenden dokumentiert werden soll, ist nicht so
sehr die ,reine' Dichtungstheorie der beiden Schriftsteller; deren

---

1 Vgl. hierzu im Zweiten Teil S. 146 f., sowie die Kurzbiographie
  Jüngers im Anhang.
2 Vgl. hierzu im Zweiten Teil S. 147 ff., vor allem auch Anm. 153.

Darstellung bedarf eines eigenen Rahmens. Dies gilt vor allem für *Benn*[3], der seine ästhetischen Positionen nach 1945 weiter ausarbeitete bzw. präzisierte, wobei gleichwohl einiges für die These spricht, daß auch sein reines ‚Artisten-Evangelium' etwas mit seiner Verstrickung des Jahres 1933 zu tun hat[4]. Der hier gegebene Rahmen zwingt zur Beschränkung auf Zeugnisse, in denen Äußerungen zur Kultur im allgemeinen – eher denn speziell zur Literatur – in unmittelbarem Zusammenhang mit politischen und ideologischen Auffassungen stehen, welche nationalsozialistischen Ideologemen mehr oder weniger nahe kommen. Die ausgewählten Texte sind daher keine literaturtheoretischen im engeren Sinn, sie unterscheiden sich außerdem voneinander nach Art und Entstehungszeit entsprechend der verschiedenartig aktualisierten Affinität *Jüngers* und *Benns* zum Nationalsozialismus: Beide Texte von *Benn* stammen aus dem Jahr 1933 und dokumentieren sein Bekenntnis zum Nationalsozialismus. Seine Argumentation wirft Licht auf die Problematik der von ihm vertretenen ästhetischen und ideologischen Positionen, welche ihrerseits aufschlußreich sind für die Gründe seines ‚Falls'. *Jüngers* Äußerungen umfassen dagegen einen Zeitraum von zehn Jahren, der von der Zeit nach dem ersten Weltkrieg bis kurz vor die Machtübernahme *Hitlers* reicht; sie dokumentieren in erster Linie einige seiner Anschauungen, welche ihn während dieser Zeit in ideologische Nähe zum Nationalsozialismus brachten, obgleich er zu Partei und Regime vor und nach 1933 politisch stets Abstand hielt.

Ernst Jünger

Von den Werken, die hier zur Illustrierung des *Jüngerschen* Standorts herangezogen werden, ist das jüngste vierzig Jahre alt, das früheste ein halbes Jahrhundert. Man sollte meinen, ein solcher Zeitraum ermögliche die Distanz historischer Betrachtung, unter Umständen selbst für den Autor. Die Tatsache jedoch, daß im vorliegenden Buch der Abdruck von Passagen aus

3 Der Dichtungstheorie Benns ist ein besonderer Band in der Reihe *Literatur als Geschichte* vorbehalten; siehe: Ewig, S., Benn und die neue Lyrik, München 1973.
4 Siehe unten S. 150 f.

diesen Werken nicht ermöglicht werden konnte, macht deutlich, daß einer solchen Betrachtung immer noch Schwierigkeiten entgegenstehen; es zeigt sich daran außerdem wieder, daß das hier zur Diskussion stehende Kapitel deutscher Literatur- und Ideologiegeschichte noch nicht völlig abgeschlossen ist, sondern mit seinen Nachwirkungen bis in unsere Gegenwart reicht.

Eine Dokumentation hat unter anderem den Zweck, dem Leser Texte unverstellt vor Augen zu führen und sie in erster Linie für sich selbst sprechen zu lassen. Selbstverständlich setzt der Herausgeber bei seiner Auswahl Gewichte nach den ihm wichtig erscheinenden Kriterien, aber innerhalb der Texte interveniert er nicht mit seiner Interpretation, und wenn die Passagen lang genug und einigermaßen in sich geschlossen sind, kann ihm auch nicht der Vorwurf des ,aus dem Zusammenhang gerissenen' Zitats gemacht werden. Da eine solche Art des Dokumentierens bei *Jüngers* Werken nicht möglich ist, müssen die ausgewählten Texte in Kommentaren vorgestellt werden, wobei einzelne Zitate nur als Belege dienen können[5].

Der Kampf als inneres Erlebnis, Berlin 1922

Der Kampf als inneres Erlebnis war *Jüngers* zweites Buch; nach seinem Kriegstagebuch *In Stahlgewittern* (*1920*) stellte er hier allgemeine Betrachtungen an über den Krieg und seine Bedeutung für Individuum, Gesellschaft und Kultur. Das Buch ist von besonderem Interesse, weil hier Erfahrungen, die *Jüngers* ganzes späteres Denken entscheidend bestimmten, nicht mehr nur geschildert werden, sondern bereits auf die Ebene der Selbstreflexion gehoben sind. Diese Erfahrungen ordnen sich alle unter die große Überschrift ,Krieg'; und *Jünger* läßt von Anfang an keinen Zweifel daran, daß für ihn das Kriegserlebnis existenzzentralen Rang angenommen hat, daß der Krieg sein Le-

---

5 Dem Leser, der sich mit den entsprechenden Texten eingehender beschäftigen möchte, wird angeraten, jeweils die Erstausgaben zu benützen, da Jünger in späteren Auflagen, vor allem auch in der Ausgabe *Werke* (siehe Literaturverzeichnis) einzelne Änderungen vorgenommen hat, zum Teil zwar unerhebliche, zum Teil aber auch einschneidendere.

ben grundlegend – und positiv – veränderte und daß er es auch weiterhin bestimmen werde: „Und immer, solange des Lebens schwingendes Rad noch in uns kreist, wird dieser Krieg die Achse sein, um die es schwirrt. Er hat uns erzogen zum Kampf, und Kämpfer werden wir bleiben, solange wir sind."[6]

Doch *Jünger* bleibt nicht dabei stehen, seine Erfahrungen lediglich im Hinblick auf seine persönliche Existenzproblematik auszuwerten; ihr Eindruck ist offenbar so überwältigend, daß sie für ihn repräsentativen Charakter annehmen und seine Reflexionen allgemeingültige Aussagen zum Ziel haben. So erscheint ihm der Krieg nicht nur als Existenzprinzip, sondern auch – als „aller Dinge Vater"[7] – als der große Beweger im Auf und Ab der Menschheitsgeschichte: „Durch Krieg erst wurden große Religionen Gut der ganzen Erde, schossen die tüchtigsten Rassen aus dunklen Wurzeln zum Licht, wurden unzählige Sklaven freie Männer. Der Krieg ist ebensowenig eine menschliche Einrichtung wie der Geschlechtstrieb; er ist Naturgesetz, deshalb werden wir uns niemals seinem Banne entwinden."[8]

Die eben zitierten Sätze stammen aus dem Kapitel „Pazifismus", in dem *Jünger* auf dem Boden seiner Auffassung vom Wesen des Kriegs kulturkritische Überlegungen anstellt. *Jünger* sieht in der Zeit nach dem ersten Weltkrieg der Kultur, ja der Existenz des ganzen Volkes eine große Gefahr drohen: die „starke pazifistische Tendenz"[9]. Er versagt zwar einem Pazifismus, der idealistischen Beweggründen entspringt, nicht seine Achtung, der Pazifismus aus „Blutscheu"[10] jedoch ist nach seiner Ansicht „ein Sturmzeichen nahen Untergangs"[11]: „Eine Kultur mag noch so ragend sein – erlischt der männliche Nerv, ist sie Koloß auf tönernen Füßen."[12] Aus diesem Grund kann es für *Jünger* nicht genügen, die Kultur auf einen höchstmöglichen Stand zu entwickeln; ohne gleichzeitige Machtentfaltung ist sie in seinen Augen auf Sand gebaut. „Gerade deshalb ist heilige Pflicht der höchsten Kultur, die stärksten Bataillone zu ha-

6 Jünger, Ernst, Der Kampf als inneres Erlebnis, Berlin 1922, S. 2
7 Ebd.
8 Ebd., S. 36
9 Ebd.
10 Ebd.
11 Ebd., S. 37
12 Ebd.

ben."[13] Seine Auffassung vom Krieg als Naturgesetz verbindet *Jünger* mit der umfassenderen Vorstellung von Kultur und dem sie tragenden Volk als organischer Entität, wobei er bezeichnenderweise ein Bild aus der physikalischen Natur und einen Vergleich aus der Tierwelt verwendet: „Betrachten wir eine Kultur oder ihren lebendigen Träger, das Volk (jedes Volk hat seine eigene Kultur, auf deren scharf umgrenzten Boden seine Möglichkeiten einzig gedeihen können. Redet man trotzdem z. B. von einer abendländischen Kultur, so tut man das mit demselben Recht, mit dem man eine Reihe von Tieren als Insekten bezeichnet) als ständig wachsende Kugel, so ist der Wille, / der unbedingte und rücksichtslose Wille zu wahren und zu mehren, das heißt: der Wille zum Kampf, magnetisches Zentrum, durch das ihre Struktur gefestigt und immer neue Teile herangerissen werden. Verliert dieses Zentrum seine Kraft, muß sie in Atome zerrieseln."[14]

Feuer und Blut. Ein kleiner Ausschnitt aus einer großen Schlacht, Magdeburg 1925

Auch dieses nächste Buch *Jüngers* beschäftigte sich mit dem Krieg; *Jünger* kehrte hier wieder zur unmittelbaren Schilderung des Kriegsgeschehens zurück, die daran angeknüpften Reflexionen illustrieren jedoch, ebenso wie der Stil seiner Schilderung, wie sich die Verbindung von Kunst und Kultur mit dem von ihm vertretenen kämpferischen Lebensprinzip aktualisiert.

Der Grundton seiner Betrachtungen wird wieder bestimmt durch die Vorstellung vom Krieg als etwas Naturgegebenem und Schicksalhaftem, auf das man letztlich keinen Einfluß besitzt und angesichts dessen Urgewalt und Größe die menschlichen Akteure auf dem Schlachtfeld zu „ganz kleinen Ziffern"[15] werden. Heldentum im Stil literarischer Tradition kann es hier nicht geben; eine neue Art des Heldentums sieht *Jünger* jedoch darin, das Gegebene zu akzeptieren und „in dem, was das

13 Ebd.
14 Ebd., S. 37 f.
15 Jünger, Ernst, Feuer und Blut. Ein kleiner Ausschnitt aus einer großen Schlacht, Magdeburg 1925, S. 48

Schicksal will, auch noch unseren eigenen, persönlichen Willen [zu] sehen"[16]. Die neuen Helden, die solcherart ihren Willen mit dem identifizieren, was geschieht, und sich dem Geschehen handelnd einordnen, dürfen freilich „keine Grübler über Recht und Unrecht"[17] sein. Sie erringen dafür nach *Jüngers* Ansicht den anderen Wert eines höheren Lebensgefühls; es wird ihnen möglich, sich daran zu „freuen, das harte Werkzeug eines harten Schicksals zu sein"[18]. Der Preis dieses Heldentums liegt jenseits der Frage nach Recht und Unrecht; er ist Schönheit. Der Mutige wird im Gegensatz zum Schwächling in die Lage versetzt, „im Gefährlichen das Schöne zu sehen"[19]; und *Jünger* wird nicht müde, in seinen Schlachtbeschreibungen die Schönheit des Schrecklichen zu beschwören: „Und laßt das Bild der großen Schlacht aus dem Rausch aufschießen wie eine blutrote Orchidee, mit goldenen Feuerstreifen geflammt. Das ist ein Kunstwerk, wie es Männern Freude macht. Das müssen wir schon gestalten, das ist für unsere Künstler kein Stoff."[20] Der Kampf selbst wird so zum Kunstwerk, zumindest in den Augen des Tapferen, der ihn bewußt zu genießen versteht. Folgerichtig schätzt *Jünger* unter den literarischen Kunstwerken solche besonders, die Kampf und Krieg zum Gegenstand haben. „Hier kann man verstehen, daß das größte Gedicht aller Zeiten den Kampf zweier Völker behandelt, daß unsere frühesten Schriftdenkmäler heldischen Ursprungs sind, und daß unser erster und größter Roman aus einem Kriegserlebnis heraus entstanden ist."[21]

Es wurde schon verschiedentlich darauf hingewiesen, daß der Heroismus *Jüngers,* der sich in der Lust am Schönen entfaltet und auf einer nihilistischen Grundhaltung beruht, ein Phänomen der Dekadenz ist[22]. Der bisweilen sich artikulierende ‚Wille

16 Ebd., S. 49
17 Ebd.
18 Ebd., S. 48
19 Ebd., S. 51
20 Ebd., S. 49
21 Ebd., S. 50
22 Vgl. etwa: Gruenter, Rainer, Formen des Dandyismus. Eine problemgeschichtliche Untersuchung über Ernst Jünger, in: Euphorion, Bd. 46, 1952, S. 170–201; Geißler, Dekadenz und Heroismus, S. 121 ff.

zur Macht' widerspricht dem inhärenten Nihilismus nicht, denn er entspringt einem elitären Selbstgefühl des heroischen Kämpfers, das sich im Rahmen des fraglos akzeptierten Kriegsmechanismus von Leben und Tod entfaltet; der Tod selbst wird so durch ästhetische Zelebration Ausdruck des eigenen Machtwillens. „Heute berauschen wir uns am Wein und morgen an der Macht, morgen wachsen wir herrisch empor als Verkünder über Leben und Tod. Leben und Tod in der Hand zu halten, das ist für den Mann ein mächtiges Gefühl, und in der Schlacht gibt es keine Gesetze mehr außer den ewigen Gesetzen der Natur."[23] Die von *Jünger* häufig betonte Rauschhaftigkeit der kämpferischen Existenzform ist symptomatisch für das Fehlen ihres *Logos;* Verständnis dessen, was vorgeht, wird nicht erstrebt oder gar für unmöglich gehalten: „Hier lernt man das Blut schätzen und den Intellekt verachten, wenn man der Feuerprobe gewachsen ist."[24] Worauf es ankommt, ist dieser Existenz gewachsen zu sein und sie durchzustehen, indem man ihr die Schönheit des Außerordentlichen abringt.

Jüngers Heroismus ist der lasziven Untergangsstimmung des *fin de siècle* verwandter, als er selbst vielleicht wahrnimmt. Der *poète maudit* geistert durch seine Schriften dieser Zeit, und der Verweise auf *Baudelaire, Rimbaud* und *Verlaine* mangelt es nicht. Der ästhetische Nihilismus, die absolute Negation im Gewand der Schönheit läßt schließlich den Tod über das Leben triumphieren. „Heute müßten wir jenes göttliche Gedicht vom trunkenen Schiff von Arthur Rimbaud, der ein Kerl von unserem Schlage war, am Tische haben, um es laut zu lesen, und die große Bewegung zu verehren, die sich mit rasendem Schwung in einer glühenden und fabelhaften Landschaft erschöpft. Er war zwar ein Franzose, aber das macht uns nichts aus, denn sicher stehen wir dem Feinde von Rasse näher als jeder Pazifist und Internationalist. Und sicher leisten wir, indem wir uns hier töten, etwas Wichtigeres, als wenn wir zu einem großen Brei zusammenfließen würden. Wir schaffen an **einem** Werk, und unsere gemeinsame Werkstatt ist die Schlacht."[25]

23 Jünger, Feuer und Blut, S. 51
24 Ebd., S. 50
25 Ebd., S. 52

Der Arbeiter ist *Jüngers* letztes Buch, das vor Anbruch des Dritten Reichs erschien. Es ist der Entwurf einer neuen Existenzform innerhalb einer neuen Gesellschaftsordnung und präsentiert insofern die Resultate des *Jünger*schen Denkens und seines ideologisch-politischen Wegs zwischen dem ersten Weltkrieg und der Machtübernahme *Hitlers,* eines Wegs, der einerseits einzelgängerisch verlief, andererseits sich mit verschiedenen Gruppen der sogenannten ‚Konservativen Revolution‘ kreuzte. *Der Arbeiter* hat nicht mehr den Krieg zum Gegenstand,ˋ aber die Überzeugungen, die *Jünger* aus seinem Kriegserlebnis gewonnen hat, bilden das massive und nicht zu übersehende Fundament seines Existenzmodells.

Der Arbeiter, den *Jünger* zur Idealgestalt der neuen Ordnung macht, hat nichts zu tun mit einer bestimmten Gesellschaftsklasse; diese Gestalt, die mythische Züge annimmt, umfaßt den Unternehmer ebenso wie den Soldaten und Künstler, sofern sie einem Charakterbild entspricht, das *Jünger* in seinen Kriegsschilderungen entworfen hat: Der Arbeiter ist der elitäre und heroische Kämpfer des Weltkriegs, vom Schlachtfeld in die ‚Produktionslandschaft‘ versetzt. Auch in diesem Lebensbereich wie in jedem anderen herrscht nach *Jüngers* Ansicht das Grundprinzip des Kampfes; das Bild der ‚Werkstatt‘, das er in dem zuletzt zitierten Satz aus *Feuer und Blut* für die Schlacht gebrauchte, benützt er auch zur Beschreibung der neuen Umgebung des Arbeiters: „Wir leben in einer Welt, die auf der einen Seite durchaus einer Werkstätte, auf der anderen durchaus einem Museum gleicht. Der Unterschied zwischen den Ansprüchen, die diese beiden Landschaften stellen, ist der, daß niemand gezwungen ist, in einer Werkstätte mehr als eben eine Werkstätte zu sehen, während in der musealen Landschaft eine Erbauungsstimmung herrscht, die groteske Formen angenommen hat."[26]

Die zweiseitige Verwendung der Werkstatt-Metapher ist Beleg, daß sich nach *Jüngers* Ansicht auch in der Produktionslandschaft eine Schlacht abspielt, in der der Arbeiter einen Kampfauftrag besitzt. Der zu überwindende Gegner repräsen-

---

26 Jünger, Ernst, Der Arbeiter. Herrschaft und Gestalt, Hamburg 1932, S. 197

tiert sich in den überlebten „sogenannten Kulturgütern", dem ihnen anhängenden „historischen Fetischismus"[27] und seinen „Konservatoren"[28], die *Jünger* schon in *Feuer und Blut* als „die geistigen Vertreter eines / bürgerlichen Zeitalters"[29] ausgemacht hatte. Die Lust des Kriegers am Zerstören findet ihre neuen Objekte in den überkommenen Kulturgütern. „Die nachfühlende und nachahmende Durchdringung dieser Güter, das heißt der Kunst-, Kultur- und Bildungsbetrieb hat einen Umfang / angenommen, der eine Gepäckerleichterung notwendig erscheinen läßt, die man sich gar nicht gründlich und umfassend genug vorstellen kann."[30] Was *Jünger* an der tradierten Kultur stört, ist ihre „völlige Abgestorbenheit"[31], und was er vermißt, ist die ‚Urkraft des Elementaren'. „Es wird hier mit den Schatten der Dinge gespielt und für den Begriff einer Kultur Reklame gemacht, der jeder Urkraft entfremdet ist. Dies geschieht in einer Zeit, in der das Elementare wieder mächtig in den Lebensraum dringt und an den Menschen seine unzweideutigen Anforderungen stellt."[32]

Der von *Jünger* entworfenen Gestalt des Arbeiters ist ein „neues Verhältnis zum Elementaren" gegeben[33], und aus diesem Grund ist sie zum Führertum in einer neuen Zeit befähigt. „Ein Einschnitt, der tief genug ist, um uns der alten Nabelstränge zu entledigen, kann in der nötigen Schärfe nur gezogen werden durch ein starkes Selbstbewußtsein, das in einer jungen und rücksichtslosen Führerschaft verkörpert ist. Je weniger Bildung im üblichen Sinne diese Schicht besitzt, desto besser wird es sein."[34] Hinter den Gestalten dieser neuen Führer wird wieder das Vorbild der Frontsoldaten sichtbar, wie sie von *Jünger* gesehen werden: Kämpfernaturen, in denen sich heroisches Selbstgefühl mit Verachtung des Intellekts paart. Die allzustarke Betonung der ‚Urkraft' und des ‚Elementaren' jedoch verleiht diesem Entwurf etwas Artifizielles und macht ihn im Hinblick auf

27 Ebd.
28 Ebd., S. 198
29 Jünger, Feuer und Blut, S. 49 f.
30 Jünger, Der Arbeiter, S. 197 f.
31 Ebd., S. 198
32 Ebd.
33 Ebd., S. 203
34 Ebd.

Jünger selbst unglaubwürdig. Denn *Jünger* war zwar im Weltkrieg der mutige und todesverachtende Soldat, der einen Teil
seines Bildes ausmacht, aber andererseits war er gerade das, was
man einen Intellektuellen nennt, er besaß Bildung, und durchaus auch „im üblichen Sinne". Einem Intellektuellen aber, der
ein artifizielles Gedankenspiel mit den ‚Urkräften' treibt, kann
die Realität böse Überraschungen bereiten: Die „rücksichtslose
Führerschaft", die einige Monate nach Erscheinen des *Arbeiters*
die Macht übernahm, besaß in der Tat wenig „Bildung im üblichen Sinne"; aber so hatte es sich *Jünger* wohl nicht vorgestellt.

Es ist geradezu eine Ironie der Geschichte, daß im Dritten
Reich der *Jünger*sche Entwurf in einer ganzen Reihe von Punkten – besonders auch im Bereich der Kunst – dem Buchstaben
nach erfüllt wurde, auch wenn das dann offenbar *Jüngers*
‚eigentlichen' Vorstellungen nicht entsprach, wie man aus seinen
Reaktionen schließen kann. (Dieser Tatbestand zeugt für die
Bedenklichkeit und Realitätsferne seiner Spekulation.) *Jünger*
scheint durch den Nationalsozialismus unmittelbar beim Wort
genommen zu sein, wenn er seiner Führergestalt des Arbeiters
anrät, sich davor zu hüten, „durch / seine Anteilnahme den politischen Systemen des Liberalismus neue Nahrung zuzufüh-
ren"[35], und ihn ermahnt, es liege „in seinem Interesse, sich an
dem, was heute unter Kunst verstanden wird, nicht zu beteili-
gen"[36]. Denn *Jünger* sieht in der Kunst und vor allem in der
Literatur „eine bedeutende Umwälzung" kommen, „Verände-
rungen ersten Ranges"[36], die nach seiner Ansicht in keinerlei
Kontinuität mit der bisherigen künstlerischen Tradition stehen
werden. Eine „Kontinuität des künstlerischen Mediums" nämlich kann für ihn dort nicht mehr aufrechterhalten werden, „wo
die Elementarkraft eruptiv zu werden beginnt"[37]. „Hier treten
andere Arten der Zerstörung und andere Möglichkeiten des Zu-
wachses auf. Hier ist die Kunst nicht Mittel, sondern Objekt der
Veränderung. Ebenso wie der Sieger die Geschichte schreibt, das
heißt, sich seinen Mythos schafft, bestimmt er, was als Kunst zu
gelten hat."[38] *Jüngers* Zukunftsvision wird so zur Wahrsage des

35 Ebd., S. 203 f.
36 Ebd., S. 204
37 Ebd.
38 Ebd.

unmittelbar Kommenden: „Jedenfalls ist vorauszusehen, daß nicht nur ganze Kategorien der künstlerischen Produktion ihre Bedeutung verlieren werden, sondern daß andererseits auch diese Produktion sich Gebiete unterstellen wird, von denen man das heute nicht einmal zu träumen wagt."[39] Doch diese Prophezeiungen wurden von einer Wirklichkeit eingeholt, die anders aussah, als sie *Jünger* erträumte.

„Das anthropologisch Tiefere"

BENN, GOTTFRIED, *Der neue Staat und die Intellektuellen, Stuttgart-Berlin 1933*
Erstveröffentlichung in: Berliner Börsenzeitung, 25. 4. 1933.
Rede, über den Berliner Rundfunk gesprochen am 24. 4. 1933.

[9] Der neue Staat ist gegen die Intellektuellen entstanden. Alles, was sich im letzten Jahrzehnt zu den Intellektuellen rechnete, bekämpfte das Entstehen dieses neuen Staates. Sie, die jeden revolutionären Stoß von seiten des Marxismus begeistert begrüßten, ihm neue Offenbarungswerte zusprachen, ihm jeden inneren Kredit einzuräumen bereit waren, betrachteten es als ihre intellektuelle Ehre, die Revolution vom Nationalen her als unmoralisch, wüst, gegen den Sinn der Geschichte gerichtet anzusehen. Welch sonderbarer Sinn und welche sonderbare Geschichte, Lohnfragen als den Inhalt aller menschlichen Kämpfe [10] anzusehen. Welch intellektueller Defekt, welch moralisches Manko, kann man schon an dieser Stelle hinzufügen, nicht in dem Blick der Gegenseite über die kulturelle Leistung hinaus, nicht in ihrem großen Gefühl für Opferbereitschaft und Verlust des Ich an das Totale, den Staat, die Rasse, das Immanente, nicht in ihrer Wendung vom ökonomischen zum mythischen Kollektiv, in diesem allem **nicht** das anthropologisch Tiefere zu sehen! Von diesen Intellektuellen und in ihrem Namen spreche ich nicht.
[...]
[13] Für [14] den Denkenden gibt es seit Nietzsche nur **einen** Maßstab für das geschichtlich Echte: sein Erscheinen als die neue typologische Variante, als die reale konstitutionelle Novität,

39 Ebd.

also kurz gesagt als der neue Typ, und der, muß man sagen, ist
da. Die typologische Majorität – wer könnte bezweifeln, daß
sie vorhanden, auf seiten des neuen Staates vorhanden ist? Ne-
gativ wie positiv vorhanden: in dem, was sie bekämpft, und
in dem, was sie errichtet. Eine echte neue geschichtliche Bewegung ist vorhanden, ihr Ausdruck, ihre Sprache, ihr Recht beginnt sich zu entfalten, sie ist typologisch weder gut noch böse,
sie beginnt ihr Sein. Sie beginnt ihr Sein, und es tritt ein in ihr
Sein die Diffamierung von seiten aller sich zu Ende neigender
Geschlechter, **die** Kultur ist bedroht, **die** Ideale sind bedroht,
das Recht, **die** Menschheit ist bedroht, es klingt wie Echo: aus
der Lombardei, aus Ungarn, aus Versailles, als die Gallier kamen, die Goten, die Sansculotten, klang es schon so. Sie beginnt ihr Sein, und alles Feine, Abgestimmte, zu was Gelangte
wirft sich ihr entgegen; aber es ist die Geschichte selber, die
diese Angriffe entkräftet, ihr Wesen, das nicht abgestimmt und
demokratisch verfährt. Die Geschichte verfährt nicht demokratisch, sondern elementar, an ihren Wendepunkten immer elementar. Sie läßt nicht abstimmen, sondern sie schickt den neu-
en biologischen Typ vor, sie hat keine andere Methode, hier
ist er, nun handele und leide, baue die Idee deiner Gene- [15]
ration und deiner Art in den Stoff der Zeit, weiche nicht, handele und leide, wie das Gesetz des Lebens es befiehlt. Und dann
handelt dieser neue biologische Typ, und natürlich werden dabei zunächst gewisse Gesellschaftsverhältnisse verschoben, gewisse erste Ränge leergefegt, gewisse Geistesgüter weniger in
Schwung gehalten; aber meistens richten sich derartige Bewegungen doch auch gegen eine Gesellschaft, die überhaupt keine
Maßstäbe mehr schafft, kein transzendentes Recht mehr errichtet, und verdient denn eine solche Gesellschaft etwas anderes
als Joch und neues Gesetz?

Joch und neues Gesetz – da krümmt sich der Liberale, daß
die Weltgeschichte nicht der Boden des Glückes sei, das geht
ihm nicht ein; Freiheit – das ist sein Begriff oder was er darunter versteht: Unumschränktheit in Geschäften und Genuß.
Zwei Vorwürfe oder zwei Forderungen erhebt er nun aus seinem Liberalismus gegen den neuen Staat, soweit dieser Liberalismus überhaupt noch Kraft hat, irgend etwas zu erheben,
und nicht längst gerichtet ist durch eine neue Art von Intelli-
genz. Die erste Forderung heißt: der Staat solle verpflichtet

sein, die Qualität als solche zu schützen, intellektuelle und künstlerische Qualität. Plötzlich nämlich gibt es für den Liberalen absolute Qualität, plötzlich sieht er Gut und Böse, plötzlich stellt er sich, als ob er Wurzel und Substanz besäße, die reine Gesetzestafel. Unser Gedanke antwortet ihm aber sofort, es gab niemals eine Qualität, [16] die außerhalb des Historischen stand. Es gibt im Menschen, soweit wir seine Geschichte übersehen, gewisse formale Grundlagen von Dauer, gewisse Anordnungsforderungen seiner ästhetischen Anschauung, gewisse Wirkungsfolgen in ihm bei bestimmter quantitativer Gliederung, aber eine absolute inhaltliche Qualität gab es nie. Die inhaltliche Qualität schuf immer die Geschichte. Ja, es wäre eine schwächliche geschichtliche Macht, die sich nicht unterfinge, die Qualität zu bestimmen, die Qualität zu bilden, sie überzuleiten in neue inhaltliche Bindungen, sie zu prägen, sie zu richten. Im Grunde hat immer nur die Geschichte gedacht. [. . .]

[17] Wie sollte man also von einer neuen revolutionären Bewegung fordern können, daß sie alte Qualitäten schütze, die Bewegung tritt ja auf, sie erscheint ja, um eine neue anthropologische Qualität und einen neuen menschlichen Stil zu bringen, um aus ihrem politischen Grundbegriff heraus neue intelligible und ästhetische Formen zu entwickeln, sie selber in dem unendlichen Zug geschichtlicher Verwirklichungen.

Die zweite Forderung, mit der der liberale Intellektuelle an den Staat herantritt, heißt Geistesfreiheit. [. . .] [18] Geistesfreiheit –: daß an sie überhaupt die Entstehung von Kultur gebunden sei, daß diese Entstehung überhaupt an eine bestimmte Staatsform, eine bestimmte soziale Staatsstruktur gebunden sei, ist eine gänzlich erkenntnislose Betrachtung: alles, was das Abendland berühmt gemacht hat, seine Entwicklung bestimmte, bis heute in ihm wirkt, entstand, um es einmal ganz klar auszudrücken, in Sklavenstaaten. Säule, Tragödie, kubischer Raum, Geschichtsschreibung, erste Selbstbegegnung des Ich: Ägypten, Hellas, Rom: es handelte sich um eine Oberschicht, oft eine sehr geringe, und dann die Heloten. Man könnte mit Beispielen fortfahren; die Geschichte ist reich an Kombinationen von pharaonischer Machtausübung und Kultur; das Lied darüber ist drehend wie das Sterngewölbe; der Vers von heute lautet: Geistesfreiheit, um sie für wen aufzugeben? Antwort: für den Staat!

„Bekenntnis zum Irrationalen"

Benn, Gottfried, *Antwort an die literarischen Emigranten, in: Deutsche Allgemeine Zeitung, Berlin, 25. 5. 1933, S. 1–2. Offener Brief, von Benn am 24. 5. 1933 im Berliner Rundfunk verlesen als Erwiderung auf einen Brief, den Klaus Mann am 9. 5. 1933 aus Le Lavandoux in Südfrankreich an ihn gerichtet hatte.*

[1] Ich glaube, Sie kämen weiter, wenn Sie endlich diese novellistische Auffassung der Geschichte hinter sich ließen, um sie mehr als das Elementare, das Stoßartige, das unausweichliche Phänomen zu sehen: Ich glaube, Sie kämen den Ereignissen in Deutschland näher, wenn Sie die Geschichte nicht weiter als den Kontoauszug betrachteten, den Ihr bürgerliches neunzehntes Jahrhundert-Gehirn der Schöpfung präsentierte, – ach, sie schuldet Ihnen ja nichts, aber Sie ihr alles, sie kennt ja Ihre Demokratie nicht, auch nicht Ihren vielleicht mühsam hochgehaltenen Nationalismus, sie hat ja keine andere Methode, sie hat ja keinen anderen Stil, als an ihren Wendepunkten einen neuen menschlichen Typ aus dem unerschöpflichen Schoß der Rasse zu schicken, der sich durchkämpfen muß, der die Idee seiner Generation [2] und seiner Art in den Stoff der Zeit bauen muß, nicht weichend, handelnd und leidend, wie das Gesetz des Lebens es befiehlt. Natürlich ist diese Auffassung der Geschichte nicht aufklärerisch und nicht humanistisch, sondern metaphysisch, und meine Auffassung vom Menschen ist es noch mehr. Und damit stehen wir vor dem Kern unseres alten Streites: Ihr Vorwurf, ich kämpfte für das Irrationale.

In Ihrem Brief lautet die Stelle so: „Erst kommt das Bekenntnis zum Irrationalen, dann zur Barbarei, und schon ist man bei Adolf Hitler." Das schreiben Sie in dem Augenblick, wo doch vor aller Augen Ihre opportunistische Fortschrittsauffassung vom Menschen für weiteste Strecken der Erde Bankerott gemacht hat, wo es sich herausstellt, daß es eine flache, leichtsinnige, genußsüchtige Auffassung war, daß nie je in einer der wahrhaft großen Epochen der menschlichen Geschichte das Wesen des Menschen anders gedeutet wurde als irrational, irrational heißt schöpfungsnah und schöpfungsfähig. Verstehen Sie doch endlich dort an Ihrem lateinischen Meer, daß es sich bei den Vorgängen in Deutschland gar nicht um politische Kniffe handelt, die man in der bekannten dialektischen Manier verdrehen und zerreden könnte, sondern es handelt sich um das Hervortreten eines neuen biologischen Typs, die Geschichte mutiert und ein Volk will sich züchten. Allerdings ist die Auffassung vom Wesen des Menschen, die dieser Züchtungsidee zu Grunde liegt, dahingehend, daß er zwar vernünftig sei, aber vor allem ist er mythisch und tief. Allerdings denkt man hinsichtlich seiner Zukunft so, daß man ihn unten am Stamm okulieren muß, denn er ist älter als die französische Revolution, schichtenreicher als die Aufklärung dachte. Allerdings empfindet man sehr weitgehend ihn als Natur, ihn als Schöpfungsnähe, man erlebt ja, er ist weit weniger gelöst, viel wundenvoller an das Sein gebunden, als es aus der höchstens zweitausendjährigen Antithese zwischen Idee und Realität erklingt. Eigentlich ist er ewiges Quartär, schon die letzten Eiszeiten feuilletonistisch überladener Hordenzauber, diluviales Stimmungsweben, tertiäres *Bric & Brac;* eigentlich ist er ewiges Urgesicht: Wachheit, Tagleben, Wirklichkeit-locker konsolidierte Rhythmen verdeckter Schöpfungsräusche. Wollen Sie, Amateure der Zivilisation und Troubadoure des westlichen Fortschritts, endlich doch verstehen, es handelt sich hier gar nicht um Regierungsformen, sondern um eine neue Vision von der Geburt des Menschen, vielleicht um eine alte, vielleicht um die letzte großartige Konzeption der weißen Rasse, wahrscheinlich um eine der großartigsten Realisationen des Weltgeistes überhaupt, präludiert in jenem Hymnus Goethes „An die Natur" –, und wollen Sie auch das noch in sich aufnehmen, über diese Vision entscheidet kein Erfolg, kein militärisches oder industrielles Resultat, wenn zehn Kriege aus dem Osten und aus dem Westen hereinbrächen, um diesen deutschen Menschen zu vernichten und wenn zu Wasser und zu Lande die Apokalypse nahte, um seine Siegel zu zerbrechen, der Besitz dieser Menschheitsvision bliebe vorhanden, und wer sie verwirklichen will, der muß sie züchten, und Ihre philologische Frage nach Zivilisation und Barbarei wird absurd vor soviel Legitimation als geschichtlichem Sein.

6. KUNST UND MACHT

„Kampf gegen den kulturellen Niedergang"

Rosenberg, Alfred, *Kampf gegen den kulturellen Niedergang!* in: Rosenberg, Alfred, *Blut und Ehre. Ein Kampf für deutsche Wiedergeburt. Reden und Aufsätze von 1919–1933*, Hrsg. Thilo v. Trotha, München 1934, S. 231–234. Erstveröffentlichung im „Weltkampf", Mai 1928. Der Artikel berichtet über Gründung und Ziele der „Gesellschaft (oder des Bundes) für deutsche Kultur" (später „Kampfbund für deutsche Kultur") und ruft zur Mitarbeit auf.

[231] Wir stehen heute vor der Tatsache, daß Hand in Hand mit dem von volksfeindlichen Kräften geförderten politischen Niedergang auch ein planmäßiger Kampf gegen sämtliche deutschen Kulturwerte geführt wird. Rassefremdes Literatentum, verbündet mit den Abfällen der Großstädte, gefördert und finanziert durch gleichgerichtete, schmarotzende Emporkömmlinge, hat sich mehr denn je zusammengetan, um dem deutschen Charakter seine letzte Widerstandskraft gegen ihm feindliches Wesen zu rauben. Zu diesem Zweck wird durch tausende bezahlte Federn alles Arteigene des Deutschen lächerlich gemacht, werden andererseits dank des international verbundenen Presserings wirklich wertschaffende Kräfte auf allen Gebieten totgeschwiegen, werden ferner Männer besoldet, um das Wesen der deutschen Großen zu fälschen, zum Zweck, neben der Gegenwart und einem Glauben an die Zukunft uns auch den Stolz auf die Vergangenheit zu rauben. An Stelle des Volksgemäßen tritt auf allen kulturellen Gebieten der internationale Bastard offen in den Vordergrund, selbstbewußt gemacht durch die Kenntnis der Macht der hinter ihm stehenden finanzkapitalistischen Kräfte und der internationalen, nur zufällig noch deutsch-geschriebenen Presse. An Stelle der germanischen Werte von Mut, Ehre, Rechtlichkeit werden bereits nahezu ohne jede Gegenwirkung Pazifismus, Feigheit, Schiebertum als fortschrittlich und geistig gepriesen. Eine ungeheure Anzahl niederträchtiger Wochen- [232] blätter und Monats-

schriften „erotischer" Natur geht außerdem zielbewußt darauf aus, auch das heranwachsende Geschlecht seelisch zu vergiften und es zur Führung einer deutschen Wiedergeburt unfähig zu machen.

„Rassische Bedingtheiten"

HITLER, ADOLF, *Rede auf der Kulturtagung des Reichsparteitags der NSDAP 1933 in Nürnberg, in: Nürnberg 1933. Der erste Reichstag der geeinten deutschen Nation, Berlin 1933, S. 84–90*

[86] Der Mensch, der zur Befriedigung und Ausfüllung seines Lebens nichts benötigt als Essen und Trinken, hat nie Verständnis besessen für den, der lieber am täglichen Brote kargt, um den Durst seiner Seele und den Hunger seines Geistes zu stillen. Es ist dabei auch falsch, zu denken, daß der Mensch jemals fähig sein wird, zu begreifen oder zu fassen, was selbst zu fassen die Vorsehung nicht in seine Art gelegt hat. So wie aber zur Aufrechterhaltung jeder menschlichen Gesellschaft gewisse Prinzipien vertreten werden müssen ohne Rücksicht darauf, ob alle einzelnen sich damit einverstanden erklären, so muß auch das kulturelle Bild eines Volkes geformt werden nach seinen besten Bestandteilen und dank ihrer Art einzig dazu geborenen Trägern der Kultur. Was aber den dazu nicht Geborenen dann an innerem Verständnis fehlt, was sie an Herz und Seele nie zu fassen vermögen, das muß durch bewußte Erziehung sie zum mindesten in scheuen Respekt versetzen. Im übrigen müssen sie ja nur lernen, diese Lebensäußerungen der einen Seite ihres Volkes genau so anzuerkennen, wie die andere sich auch mit ihrer Mentalität abfinden muß.

Es haben daher zu allen Zeiten die Weltanschauungen nicht nur das Wesen der Politik, sondern auch das Bild des kulturellen Lebens bestimmt. Die Dichter haben Helden besungen, wenn heldische Zeitalter diese in Erscheinung treten ließen, oder sie stiegen in die Niederungen des alltäglichen Lebens, wenn die Zeit unheroisch wurde und ihr entsprechende Menschen den Ton angaben.

Denn niemals kann man die Kunst vom Menschen trennen. Das Schlagwort, daß gerade sie international sei, ist hohl und dumm. Wenn man schon andere Sektionen des Lebens noch irgendwie durch Erziehung angelernt erhalten kann, zur Kunst muß man geboren sein, das heißt: Die außer aller Erziehung liegende grundsätzliche Veranlagung und damit Eignung ist von entscheidendster Bedeutung. Diese Veranlagung aber ist ein Bestandteil einer Erbmasse. Nicht jeder braucht deshalb schöpferischer Künstler zu sein, weil er rassisch gesehen zu dieser befähigsten Art zu rechnen ist, wohl aber wird sich nur aus einer solchen das wirkliche Genie erheben können, und nur diese Rasse allein wird es empfinden und verstehen.

Es ist das Zeichen der grauenhaften geistigen Dekadenz der vergangenen Zeit, daß sie von Stilen redete, ohne ihre rassischen Bedingtheiten zu erkennen. Der Grieche hat nie international gebaut, sondern griechisch, das heißt, jede klar ausgeprägte Rasse hat ihre eigene Handschrift im Buche der Kunst, sofern sie nicht, wie zum Beispiel das Judentum, überhaupt ohne eigene künstlerisch produktive Fähigkeit ist. Wenn Völker aber eine artfremde Kunst kopieren, so ist das nicht der Beweis für die Internationalität der Kunst, sondern nur der Beweis für die Möglichkeit, etwas intuitiv Erlebtes und Geschaffenes abschreiben zu können.

Nur dort kann man von einem wirklichen verständnisvollen Eingehen eines Volkes in die Kunst eines anderen reden, wo über alle zeitlichen und sprachlichen Entfernungen hinweg ein und dieselbe rassische Wurzel vorhanden ist. Je mehr daher in einem Volke äußerlich eine Weltanschauung und damit innerlich tatsächlich ein bestimmter Rassenkern dominierenden Einfluß erhält, um so mehr wird dann nicht nur politisch, sondern auch kulturell gesehen sofort die Annäherung erfolgen an den Lebensausdruck rassisch ähnlich bedingter Völker und Staaten ohne Rücksicht auf die zeitmäßige Distanz. Denn was immer sich auch im äußeren Weltbild verändern mag, die innere Veranlagung der Rassen selbst verändert sich nicht. Jahrtausende sind einflußlos, solange nicht die Erbmasse selbst blutmäßig verdorben wird. Daher wird das Schönheitsideal der antiken Völker und Staaten unvergänglich sein, solange Menschen gleicher Veranlagung, weil gleicher Herkunft, die Erde beleben. Nicht der Stein oder die tote Form sind in ihrer Schönheit [87] unvergänglich, sondern nur die Menschen sind es, die ihre Herkunft derselben Wurzel verdanken. Es ist daher auch ein Irrtum, zu glauben, daß die schöpferische Urkraft einer Rasse die Form ihrer künstlerischen und kulturellen Äußerungen durch irgendein stilistisches Gesetz bestimmt oder reglementiert erhält. Nein: Nur das instinkt-unsichere, weil rassisch uneins gewordene Volk benötigt der Regeln, um nicht den wunderbaren Faden zu verlieren, den die unkomplizierten, weil natürlichen Repräsentanten einer begnadeten Rasse einst gefunden hatten. Es ist dabei lächerlich, zu meinen, daß man ohne weltanschauliche Erneuerung und damit rassische Klärung einen neuen „Lebens-, Kultur- und Kunststil" finden könnte, wie es lächerlich ist, anzunehmen, daß die Natur mit dieser hellseherischen Aufgabe jeden durchschnittlichen Stümper betraue.   [...]

[89] Die Kunst ist eine erhabene und zum Fanatismus verpflichtende Mission. Wer von der Vorsehung ausersehen ist, die Seele eines Volkes der Mitwelt zu enthüllen, sie in Tönen klingen oder in Steinen sprechen zu lassen, der leidet unter der Gewalt des allmächtigen, ihn beherrschenden Zwanges, der wird seine Sprache reden, auch wenn die Mitwelt ihn nicht versteht oder verstehen will, wird lieber jede Not auf sich nehmen, als auch nur einmal dem Stern untreu zu werden, der ihn innerlich leitet.

Die nationalsozialistische Bewegung und Staatsführung darf auch auf kulturellem Gebiet nicht dulden, daß Nichtkönner oder Gaukler plötzlich ihre Fahne wechseln und so, als ob nichts gewesen wäre, in den neuen Staat einziehen, um dort auf dem Gebiete der Kunst und Kulturpolitik abermals das große Wort zu führen. Ob die Vorsehung uns alle die Männer schenkt, die dem politischen Wollen unserer Zeit und seinen Leistungen einen gleichwertigen kulturellen Ausdruck zu schenken vermögen, wissen wir nicht. Aber das eine wissen wir, daß unter keinen Umständen die Repräsentanten des Verfalls, der hinter uns liegt, plötzlich die Fahnenträger der Zukunft sein dürfen. Entweder waren die Ausgeburten ihrer damaligen Produktion ein wirklich inneres Erleben, dann gehören sie als Gefahr für den gesunden Sinn unseres Volkes in ärztliche Verwahrung, oder es war dies nur eine Spekulation, dann gehören sie wegen Betruges in eine dafür geeignete Anstalt. Auf keinen Fall wollen wir den kulturellen Ausdruck unseres Reiches von diesen Elementen verfälschen lassen; denn dies ist unser Staat und nicht der ihre.

GOEBBELS, JOSEPH, *Die deutsche Kultur vor neuen Aufgaben, in:*
Goebbels, Joseph, Signale der neuen Zeit. 25 ausgewählte Re-
den, München 1934, S. 323–336.
Rede, gehalten bei der Eröffnung der Reichskulturkammer am
15. 11. 1933 in der Berliner Philharmonie.

[328] Die Kunst ist kein absoluter Begriff; sie gewinnt erst
Leben im Leben des Volkes. Das war vielleicht das schlimmste
Vergehen der künstlerisch schaffenden Menschen der vergangenen Epoche, daß sie nicht mehr in organischer Beziehung zum
Volke selbst standen und damit die Wurzel verloren, die ihnen
täglich neue Nahrung zuführte. Der Künstler trennte sich vom
Volk; er gab dabei die Quelle seiner Fruchtbarkeit auf. Von
hier ab setzt die lebenbedrohende Krise der kulturschaffenden
Menschen in Deutschland ein. Kultur ist höchster Ausdruck der
schöpferischen Kräfte eines Volkes. Der Künstler ist ihr begna-
deter Sinngeber. Es wäre vermessen, zu glauben, daß seine göttliche Mission außerhalb des Volkes vollendet werden könnte.
Sie wird für das Volk durchgeführt, und die Kraft, deren er
sich dabei bedient, stammt aus dem Volk. Verliert der künstlerische Mensch einmal den festen Boden des Volkstums, auf dem
er mit harten, markigen Knochen stehen muß, um den Stür-
men des Lebens gewachsen zu sein, dann ist er damit den An-
feindungen der Zivilisation preisgegeben, denen er früher oder
später erliegen wird.

Ist die eben überwundene deutsche Geistesepoche nicht ein
beredter Beweis dafür? Die deutsche Kunst, losgelöst von den
Kräften des Volkstums und nur noch einem individuellen Freiheitsbegriff huldigend, der sehr bald in der geistigen Anarchie
ausmündete, verlor sich im Gestrüpp des modernen Zivilisa-
tions-Taumels und war bald nur noch Experiment, Spielerei
oder Bluff. Sie hatte jede Kühnheit der Konzeption, jeden Mut
der Gestaltung und jede Verwegenheit des Stils verloren. Sie
sank herab zum bloßen Artistentum. Ihre Probleme waren
nicht mehr die Probleme, die die Welt erschütterten. Und das
war für ihren Fortbestand um so gefährlicher, je gefüllter die
Zeit mit großen Aufgaben war. Eine Kunst, die sich vom Volke
[329] trennt, hat kein Recht, sich darüber zu wundern, daß das

Volk sich von ihr trennt. Das Volk vergilt nur Gleiches mit Gleichem. Es geht seinen eigenen Weg und sucht auf die ihm eigene Art der Probleme Herr zu werden, die das Schicksal ihm aufgegeben hat.

Wenn die Kunst nur noch für die Kunst gilt, wenn ihre Gesetze nur noch dem künstlerischen Menschen verständlich sein sollen, dann verengert sich der Kreis ihrer Gläubigen in einem Umfange, daß ihre primitivste Existenzfähigkeit auf das tödlichste bedroht ist. Wenn die akuten Probleme des Lebens nicht mehr die großen Würfe sind, mit denen der künstlerisch schaffende Mensch nach der Unsterblichkeit zielt, dann hat er bereits seine eigentliche Sendung verspielt. Und es wird dann nicht lange mehr dauern, bis er sich in den Abwegen eines bloß artistischen Snobismus verirrt und damit dem tätigen Leben für immer verloren geht. Die, die berufen waren, dem Volk die geistigen Führer zu schenken, verbergen sich hinter dem Volk, statt vor ihm zu stehen. Sie überlassen das Volk sich selbst, das nun im öden Genußtaumel einen Ersatz für fehlende Kultur sucht, um am Ende vor der trostlosen Leere seines geistigen Daseins schaudernd zurückzuschrecken.

Damit ist die Klassenscheidung auch auf kulturellem Gebiet gegeben. Der Künstler, der Dolmetsch eines ganzen Volkes sein soll, stellt sich eindeutig auf die Seite von Besitz und Bildung. Er wird dem Volke fremd, so wie das Volk ihm fremd geworden ist. Der Liberalismus endet im Verfall des geistigen Lebens.

„Festigung des Nationalbewußtseins"

SCHIRACH, BALDUR V., *Die Jugend im Theater, in: Wille und Macht. Führerorgan der nationalsozialistischen Jugend, 6. Jg., 1938, Heft 22, S. 5–9.*
Rede, gehalten zur Eröffnung der Reichstheatertage der HJ 1938.

[7] Es sollte von der inneren Wandlung der Jugend die Rede sein. Einst Opposition, heute verantwortlicher Mitträger unseres Kulturlebens. Es gibt für euch keine schönere Anerkennung, meine Jungen und Mädel, als diese: Ihr habt freiwillig auf die Kritik verzichtet, um statt dessen aus eigener Kraft einen Bei-

trag zu liefern, das ist immer das beste. Das Theater des nationalsozialistischen Reiches ist für die Jugend eine Stätte innerer Erhebung und edler Begeisterung. Wir haben gerade während der Detmolder Grabbe-Tage erlebt, wie sehr sein „Hannibal", aber auch die „Hermannsschlacht" auch unserer Jugend heute noch Erlebnishöhepunkte bedeuten können. Das Für und Wider der Historiker oder Literaturhistoriker kann uns in diesem Zusammenhang nicht interessieren. **Das Theater soll unsere Jugend in ihrem Nationalbewußtsein festigen und stärken. Es soll ihr die großen Träger des geschichtlichen Geschehens so darstellen, daß sie vor ihrer Größe Ehrfurcht empfindet.** So reizvoll es den leider noch nicht ausgestorbenen sogenannten „Dramatikern" der Systemzeit erscheint, die Heroen der Menschheit aus der Perspektive des Kammerlakaien zu betrachten, wir lehnen dieses Verfahren ab und fordern, daß unsere Helden so auf der Bühne gestaltet werden, wie das notwendig ist, um aus der Masse der jugendlichen Zuhörerschaft heraus immer wieder die heldischen Herzen zu erwecken. **Für den Erzieher ist die Schaubühne stets eine moralische Anstalt.**

7. DIE ANDERE SEITE

„Vitalismus"

MUSIL, ROBERT, *Bücher und Literatur. (Paula Grogger[1]: Das Grimmingtor), in: Musil, Robert, Prosa, Dramen, Späte Briefe, Hamburg 1957, S. 605–613.*
Erstveröffentlichung in: Die Literarische Welt, Berlin, 26. 11. u. 17. 12. 1926

Das Heimatbuch

[...]

[609] Der Bauernroman hat in der Tat, so paradox das klingt, heute etwas von jenem »Schimmer der großen Gesellschaft« an sich, der sich andernorts bereits in die Magazinsliteratur für kleine Fräuleins zurückgezogen hat; nur besteht die Größe der Gesellschaft hier in Erdnähe, Gesundheit, Einfachheit und anderen moralischen Werten. Der Heimatroman geht von einer festen Tafel der Werte aus, und folgt man ihm darin, dann ist in der Tat kein Scherben so klein, daß sich nicht Gottes Sonne darin spiegeln könnte, um mich stilgerecht auszudrücken. Da hat es der Liebe kein Ende. Die Wichtigkeit von Form, Gipfel und Aufbau tritt vor dem Wert des Gegründeten zurück. Unsichere Probleme gibt es nicht, wo das Gute in Grundpacht steht. Allerdings wird Kleinkrämerei mit Gottesdienst und Dienst am Volk verwechselt.

Überzeugung gegen Überzeugung

Diese Überzeugungen sind allenthalben bekannt. Sie bilden einen Block, eine Lebensanschauung, einen ganzen Block von Lebensanschauungen; politisch aus verschiedenen Richtungen gestützt, wirtschaftlich von großem Gewicht auf dem Buchmarkt, sind sie ein Teil der allgemeinen Reaktion auf den vorangegangenen Liberalismus des Geistes, und ihre Anhänger-

---

1 Grogger, Paula, geb. 12. 7. 1892, schrieb hauptsächlich Erzählungen über Stoffe aus ihrer österreichischen Heimat, »Das Grimmingtor« (1926) war ihr bekanntester Roman.

schaft reicht demgemäß von deutschen Kraftnaturen, die zehn Glas Bier vertragen, bis zu den [610] stillen Männern, die schon das Reifen der Äpfel am Baum betrunken macht, und von den Lesern keiner Judenbücher bis zu den Lesern guter, gesunder Bücher überhaupt.

[...]

Vom Impressionismus zur Heimatkunst

[611] Wenn man die Urteile vornimmt, welche deutsche Heimatkunstwerke in ihrem eigenen Kreis finden, so stößt man hinter Eigenwuchs, Heimatduft und echtbürtigem Deutschtum fast regelmäßig auf zwei das Urteil bildende Gefühlslagen, die bewundernswert gut von dem einen Wort »heil« gedeckt werden; nämlich erstens auf den Gefühlskreis des Hellen und Frohen, Heilen und Günstigen, zweitens auf große, reine und wahre, ursprüngliche, ganze und einfache Gefühle, welche das Herz läutern; sie sind heil, aber auch heilig. Man bemerkt drittens eine Abneigung gegen Kritik; Kritik gilt als Zeichen der Zersetzung, man lehnt ein Kunstwerk entweder als artfremd sofort ab oder bejaht es freudig. Man sieht, das ist eine ganz bestimmte Art von Gläubigkeit, und könnte nun meinen, solche Gläubigkeit setze auch einen bestimmten Glauben voraus. Das ist aber falsch. Diese geistige Bewegung hat niemals einen geschlossenen ideologischen Ausdruck gefunden und wird ihn auch nie finden; das Aktive ist in ihr unvergleichlich schwächer als das Reaktive, sie ist keine Zielbewegung, sondern eine Haltung. Wo aber der ressentimentale Charakter überwiegt, dort hat man guten Grund, statt nach dem Ziel, nach den Ursprüngen zu fragen; lassen wir beiseite, was diese Haltung zur »Zwangshaltung« macht, suchen wir, wo sie im »normalen« Leben der Literatur schon vorgebildet war.

Das ist nicht schwer zu finden. Die Dichtung, von der wir hier sprechen, ist zwar ein abgeartetes, aber ein legitimes Kind der deutschen Literatur zwischen 1890 und 1910. Man kann von den besten Büchern jener Zeit sagen, daß sie verhältnismäßig wenig Intellektualität enthalten, und zwar aus Prinzip. Man verknüpft dieses Prinzip – nach den eigenen Worten jener talentvollen Spanne Literatur – mit den Vorstellungen Impression und Natur; nicht ganz mit Recht, denn zur Zeit der Höchstspannung gab es daneben noch die skeptischen, morbiden, dekadenten Neigungen des fin de siècle, welche zu einer weitaus reflexiveren, unnatürlicheren, aber auch geistigeren Dichtung geführt hätten, wenn sie durchgedrungen wären. Und was in der Endphase, nachdem sie verlorengegangen waren, entstand, könnte man vielleicht am besten – in Anlehnung an gleichzeitig in der Biologie auftretende, berühmt gewordene Grundsätze – als Vitalismus bezeichnen. [. . .] [612] In bewußtem Gegensatz zu den Methoden des Verstandes und Verstehens glaubte man, einer Fähigkeit alles wahrhaft Lebendigen sicher zu sein, sich unmittelbar mitteilen zu können und in seinem Wert unmittelbar evident zu wirken. Das war nichts anderes als eine Art ästhetischer Lebenskraft, mit der man praktizierte.

Dieses wahrhaft Lebendige sollte der Dichter einfach schildern; man verlangte von ihm, daß es »rein« in ihm »töne«; er sollte dem Leben »nah«, »erdnah« sein; er sollte ein »Vollmensch« sein, eine »Persönlichkeit«, und wenn es ihm nicht gegeben war, etwas Schönes und Reines zu finden, so durfte es etwas »Starkes« sein, das heißt eine Leidenschaft, aber ja kein Denken, weil Leidenschaft persönlich ist, Denken aber allgemein ist, weil Leidenschaft eine Person einer Erzählung zerstört und ein »Schicksalssturm« innerhalb einer sonst stabilen Wetterlage ist, Denken aber leicht die ganze gehoben-bürgerliche Zauber- und Windmaschine aus der Stimmung bringen konnte. Heute noch wird Nachdenken in der schönen Literatur oft für einen Mangel an Persönlichkeit gehalten und noch öfter Mangel an Denken für Persönlichkeit.

Ich behaupte – in solcher Weise von Denken und Leben sprechend – deshalb nicht, daß die Dichter jener Jahre etwa weniger klug gewesen seien als irgendwelche andere, sondern hebe nur als ziemlich geltendes Kennzeichen dieser Literatur hervor, daß ihre Klugheit sich auf verbindende und ausgleichende Gedanken, auf schicksalhafte Varietäten innerhalb einer gegebenen und gültigen Welt beschränkte. Der Dichter war der Lehensträger des Lebens; er konnte eine adelige Person sein, aber den Adel verlieh ihm das Leben, und dieses Leben war letzten Endes natürlich das der stabilisierten mäßig fortschrittlichen bürgerlichen Gesellschaft. Die Voraussetzung dieses Verhältnisses aber war jene »ästhetische Lebenskraft«, die Überzeugung von der »tiefen Sprache des Lebens«, die ohne weiteres und allgemein verstanden werden muß. Herz spricht zu Herzen, Gefühl zu Gefühl, Stimme des Bluts zur Stimme des Bluts: das war der ästhetische Grundsatz, auf dem viele Bücher damals ihre Zuversicht aufbauten, und der Erfolg bestätigte sie. Man kann dem aus allgemeiner Erfahrung hinzufügen, daß alles, was eine solche Fähigkeit haben soll, unmittelbar übertragen und verstanden werden zu können, einfach sein oder in durchsichtiger Weise auf bekannte Elemente zurückweisen muß. Die Sprache des [613] Gefühls ist konservativ, selbst wenn das Gefühl es nicht ist; denn sie ist schwerfällig wie eine Bilderschrift und setzt einen gewissen Kanon bekannter Erlebnisformen, Wertungen und Grundsätze voraus, mit dessen Hilfe sie verstanden wird. Vermeintlich war dieser Kanon ein ewig menschlicher, in Wahrheit der einer bestimmten Gesellschaft.

Von da an ist das literarhistorische Verwandlungskunststück nicht mehr zu verfehlen. »Meine Herrschaften«, vermöchte ein stilgerechter Desillusionist zu sagen, »hier haben Sie die Stimme des Bluts. Herz spricht zu Herzen. Was der Vollmensch tut, ist gut. Intellekt ist Mangel an Natur. Einfachheit ist zum Zeichen des ästhetischen Wohlverhaltens geworden. Und nun nehme ich hier anstatt des Kanons einer sich festigenden großbürgerlichen Welt den von einer andern Menschenschicht – eins zwei drei – adoptierten Kanon des Landheldentums, und schon sind sie dort, wo der ›moderne‹ Leser niemals glauben würde, immer gewesen zu sein, beim Heim- und Heimatbuch!« In der Tat, so klein war der Schritt und so sehr war er schon vorbereitet. Der entscheidende Irrtum lag nicht erst darin, daß ein weniger entwickeltes Leben zum Vorbild eines höher entwikkelten aufgeworfen wurde (wenn aber schlechtweg behauptet wird, das »gestuftere« Leben sei gar nicht das höhere, sondern sei das »zerrissene«, so ist neben anderem zu erwidern, daß auch dieses Argument des Zivilisationswehs längst in den Köpfen unseres literarischen Adels gespukt hat, ehe es in den Bundschuh fuhr); sondern der entscheidende Fehler wurde vorher schon dadurch begangen, daß Dichtung zum Leben in ein Verhältnis gebracht wurde, wo der Geist beim Leben, bei der Kunst aber die Natürlichkeit lag.

ROTH, JOSEPH, *Brief aus dem Harz*, in: *Roth, Joseph, Werke in drei Bänden, 3. Bd., Köln u. Berlin 1956, S. 415–419.*
Erstveröffentlichung in: Frankfurter Zeitung, 14. 12. 1930

[418] Auch mich rührt die steinerne Anmut der alten Kirchen, die gewölbte Kraft und Sanftheit der alten Portale, die edle natürliche Traulichkeit der alten Fenster, in denen sich auch dem Fremden die Ruhe des unbekannten Hausinnern zu spiegeln scheint – und mit gerührtem Blick verfolge ich die ewigen Spuren längst verdorrter gottesfürchtiger Künstlerhände im ewigen Stein. Aber ich muß Ihnen gestehen, daß ich keineswegs gesonnen bin, mich von einer schönen Vergangenheit über eine trostlose Gegenwart täuschen zu lassen und von den Zeugnissen einer verschwundenen großen Gesinnung über die einer lebendigen, kleinlichen und häßlichen. Kein Museum, keine Kirche kann mich für den unheilvollen Anblick entschädigen, den mir zum Beispiel das Schaufenster einer Buchhandlung in einer kleinen Stadt liefert: eine repräsentative Fülle von Dummheit, lyrischem Dilettantismus, mißverstan- [419] dener, idyllischer »Heimatkunst« und einer phrasenreichen Anhänglichkeit an eine «Scholle» aus Zeitungspapier und Pappendeckel, in der man höchstens einen Zylinder einpacken kann, die niemals ein Gefühl birgt, keinen Keim und keinen Samen. Aus einem gespenstischen, aber über Millionen Volksgenossen verbreiteten Halbdämmer steigt da eine Literatur ans Tageslicht, mit Namen schreibender Gespenster, die sich großer Auflagen erfreuen und die aller Gesetze gegen Schmutz und Schund spotten dürfen, weil sie die «Keuschheit» im Schilde führen und die vollbärtige «Männlichkeit», und weil sie die gesamte Zukunft des Dritten Reiches vorwegnehmen. Wieviel Gift in veilchenblauen Kelchen! Vom energiegeladenen Antlitz des welschen, aber großmütig dem Norden zugeneigten fascistischen Diktators, dessen Kinn an einen umgekehrten Stahlhelm erinnert, bis zu Adolf Hitlers Physiognomie, die alle Gesichter seiner Wähler vorweggenommen hat und in die jeder Anhänger sehen kann wie in einen Spiegel: alles ist da, alles auf Lager, der

Dinter[1] und der Lauff,[2] die Bestie und das Gemüt, der Gold-
schnitt und der Blutstreifen. Tischlein deck dich, Eslein streck
dich, Knüppel aus dem Sack! Nein, lieber Freund! Die adligen
Porträts längst verwester Kulturträger in den Galerien verschwinden vor der Fülle der lebendigen zeitgenössischen Gesichter, in denen lediglich der Leitartikel des hirnlosen Provinz-
blättchens seine Spuren eingegraben hat und über denen das
unausrottbare, kecke, grüne Hütchen wie der Gipfel einer kon-
fektionierten Natur aus wasserdichtem Lodenfilz schimmert.

„Niveau null"

TUCHOLSKY, KURT, *Brief an Walter Hasenclever, datiert: Zürich, 17. 5. 1933, in: Tucholsky, Kurt, Ausgewählte Briefe 1913–
1935, Reinbek 1962*

[259] Da kommen sie nun aus allen Löchern gekrochen, die
kleinen Provinznutten der Literatur, nun endlich, endlich ist
die jüdische Konkurrenz weg – jetzt aber! Will Vesper[1] in seiner *«Neuen Literatur»:* immer feste! (Ich werde nun langsam
größenwahnsinnig – wenn ich zu lesen bekomme, wie ich
Deutschland ruiniert habe. Seit zwanzig Jahren aber hat mich
immer dasselbe geschmerzt: daß ich auch nicht einen Schutz-
mann von seinem Posten habe wegbekommen können.) Binding[2] ist ein großer Mann. Dann: Lebensgeschichten der neuen
Heroen. Und dann: Alpenrausch und Edelweiß. Mattengrün
und Ackerfurche. Schollenkranz und Maienblut – also Sie machen sich keinen Begriff, Niveau null. Obgleich Vesper so an-

1 Dinter, Arthur, 27. 6. 1876–21. 5. 1948, versuchte ein vom Jüdischen ,gereinigtes', ,arisches' Christentum zu entwickeln. Berühmt
  wurde er durch »Die Sünde wider das Blut« (1917).
2 Lauff, Joseph, 16. 11. 1855–22. 8. 1933, Lieblingsliterat Wilhelms II.,
  Dramatiker und Erzähler historischer und heimatlich-rheinischer
  Stoffe.
1 Vesper, Will, 11. 10. 1882–11. 3. 1962, Lyriker, Erzähler und Literaturkritiker, spielte im literarischen Leben des Dritten Reichs eine
  wichtige Rolle als Herausgeber der führenden Literaturzeitschrift
  »Die Neue Literatur«.
2 Binding, Rudolf G., siehe oben S. 65, Anm. 7.

ständig ist, gegen Ewers[3] vorzugehen, hat der «*Horst Wessel*»
von diesem 90 Auflagen («*Hitler*» 383).

„Bleibt Gottfried Benn"

KRAUS, KARL, *Die Dritte Walpurgisnacht. Werke von Karl
Kraus, Hrsg. Heinrich Fischer, 1. Bd., München 1952.
Geschrieben im Sommer 1933, ursprünglich als Heft der „Fak-
kel" gedacht, von Kraus jedoch aus verschiedenen Gründen nicht
veröffentlicht.*

[66] Bleibt Gottfried Benn. Er ist erst hinterdrein zur Bewegung gestoßen, hat die vollkommene Wendung von links nach
rechts durchgemacht und wurde darum von emigrierten Intellektuellen angefochten, über die ich mir ja selten im Zweifel gewesen
bin, während er mir immer verdächtig war. Aber ein Neophyt
leistet noch wertvollern Dienst als der Philosoph,[1] der sich schon
vor dem Durchbruch des Gedankens angestrengt hat, und sein
Bekenntnis ist nicht nur für den Nationalsozialismus als Beweis
der Bekehrungsgewalt erheblich, als Sacrificium intellectus, als
Dokument einer Ungeistesgegenwart, die der Lage gewachsen ist,
sondern auch für den Außenbetrachter als Beispiel dessen, was
Literaten imstand sind. Daß sie bei arischer Herkunft noch mehr
leisten, ist eine alte Erfahrung, aber man wird sehen, daß Benn
trotz radikaler Abkehr von intellektuellen Lebensinhalten die
formale Schulung nicht verleugnet, sondern unversehrt ins neue
Haus bringt. [. . .] [67] Daß Benn in polemischer Hinsicht selbst
den Autor von »Juden raus!«[2] hinter sich läßt, springt vielleicht

3 Ewers, Hanns Heinz, 3. 11. 1871–12. 6. 1943, Erzähler grotesker
   und makabrer Erfolgsromane (berühmt »Alraune«, 1911); trotz seiner Anbiederungsversuche mit dem biographischen Roman »Horst
   Wessel« (1932) wurde er von vielen Nationalsozialisten als ‚Kon-
   junkturliterat' abgelehnt.
1 Vermutlich Anspielung auf Heidegger.
2 Leers, Johann von, geb. 25. 1. 1902, ungemein fruchtbarer antisemitischer Schriftsteller, veröffentlichte außer »Juden raus!« allein 1933
   folgende Werke: »Reichskanzler Adolf Hitler«; »Die große Aufgabe«; »Kurzgefaßte Geschichte des Nationalsozialismus«; »14 Jahre
   Judenrepublik«; »Juden sehen dich an!«; »Deutschlands Stellung in
   der Welt«.

aus dem Grund nicht in die Augen, weil er doch »viel auf Stil sieht« und die gedankliche Substanz ungleich nuancierter darbringt, nicht ohne sich mit einem reichen Vorrat an philosophischem, geschichtlichem, ja geologischem Wissen eingedeckt zu haben. Eine solidere geistige Basis und eine schmuckere feuilletonistische Form für das, was die Männer der Tat einstweilen verrichten, wird sich kaum auftreiben lassen. Benn ist sich ja keineswegs im Unklaren darüber, daß er es vor der Partei, deren Geistigkeit er vertritt, als Intellektueller nicht leicht hat, aber er scheint von der Hoffnung durchdrungen, daß entschlossener Fanatismus den Mangel wettmachen könne.

[...]

[70] Seine »Auffassung der Geschichte«, sagt Benn, sei eben nicht aufklärerisch und nicht humanistisch, »sondern metaphysisch«. Jenes stimmt, dieses bleibe dahingestellt. Und er nimmt den Vorwurf der Intellektuellen auf sich: er »kämpft für das Irrationale«. [Merkwürdig, daß diese Deutschen, noch wenn sie denken, kämpfen müssen: daß sie kämpfen, ist glaubhaft.] Endlich haben wir den Schlüssel. Denn:

irrational heißt schöpfungsnah und schöpfungsfähig.

Sie dort, ruft er jenen zu, »verstehen Sie doch endlich dort an Ihrem lateinischen Meer« [minderwertige Landschaft]:

Es handelt sich

– bei den Vorgängen in Deutschland –

um das Hervortreten eines neuen biologischen Typs, die Geschichte mutiert und ein Volk will sich züchten.

[...]

[71] Der Züchtungsidee jedoch, meint er, liege die Auffassung zugrunde, daß der Mensch »zwar vernünftig« sei,

aber vor allem ist er mythisch und tief.

Man denke »hinsichtlich seiner Zukunft« so,

daß man ihn unten am Stamme okulieren muß.

denn er sei »älter als die französische Revolution, schichtenreicher als die Aufklärung dachte«. Und nun folgt ein intellektuell-mythischer, abgründig seichter Schmus: man [72] empfinde »sehr weitgehend ihn als Natur, ihn als Schöpfungsnähe« und

man erlebt ja, er ist weit weniger **gelöst,** viel **wundenvoller an das Sein gebunden,** als es aus der höchstens zweitausendjährigen **Antithese** Idee und Realität **erklingt.**

Noch jüngern Datums ist die der unerlebten Zeitungsmetaphern. Wie sich aber der Typ dennoch entbunden und gelöst hat, wie wundenvoll es dabei zuging, das konnte man gleichfalls erleben. Doch Benn denkt ja nicht so, sondern irrational:

Eigentlich ist er **ewiges Quartär,** schon **die letzten Eiszeiten feuilletonistisch überladener Hordenzauber,** diluviales Stimmungsweben, **tertiäres Bric & Brac,** eigentlich ist er ewiges Urgesicht: Wachheit, Tagleben, **Wirklichkeitlocker konsolidierte Rhythmen verdeckter Schöpfungsräusche.**

Aber so etwas hat man noch nicht erlebt! Da staunt der geologische Fachmann und selbst der Laie wundert sich, der mit Recht vermutet, daß Irrnationales gezeigt wird. Denn wer hätte ahnen können, daß in Schöpfungsnähe schon der Waschzettel eines Berliner Verlagshauses zu sprechen anfängt, mag es auch heute verkracht oder gar gleichgeschaltet sein! Und alles das, um Greuelpropaganda zu entkräften? Welch eine Ideologie der Abmurksung, die keinem am lateinischen Meer Gebornen einfiele, dort wo man zur Erklärung der Vorgänge bloß »Retour au moyen age« annimmt! Wie irrational doch der Mensch zu denken vermag, wenn er ein Deutscher ist; wie weit er in die zeitliche Ferne schweift, ohne den so nahe liegenden Schwindel zu kriegen!

[. . .] [73] Benn vermutet, daß jenes Quartär, dessen Fortwirkung er für die deutsche Gegenwart annimmt und für die deutsche Zukunft erhofft, hinter »den letzten Eiszeiten« gelegen ist, an die man sich noch erinnern kann und deren Genossen er bereits für ausgewachsene Schmöcke zu halten scheint. Und erst recht hinter dem Tertiär, wo bekanntlich die Mastodonten erwacht sind. Soweit sie schon Rundfunk hören und Zeitung lesen, fällt ihnen nichts auf, wiewohl sich die ungefähre Reihenfolge dieser Perioden bereits herumgesprochen hat, während man hinsichtlich der Gegenwart noch im Dunkeln tappt. Wiewohl Benn jedoch nicht zuverlässig aussagen könnte, ob es in dem Zeitraum, den er mit dem avancierten Quartär verwechselt, schon Deutsche gegeben hat, ja nicht einmal bestimmt zu wissen scheint, was ein bric à brac bedeutet, das eben keine bodenständige Bezeichnung ist, so dürfte der Hordenzauber der Eiszeit, die er dem Quartär nachstellt [während das diluviale Stimmungsweben ihm tatsächlich folgte], doch an feuilletonistischer Überladenheit nicht mit der Ära zu ver- [74] gleichen sein, wo Wirklichkeitlocker konsolidierte Rhythmen verdeckter Schöpfungsräusche zur Verklärung von Vorgängen herangezogen werden, gegen die es in Chicago Polizeischutz gibt.

„Epigonentum und Dilettantismus"

DÖBLIN, ALFRED, *Die deutsche Literatur (im Ausland seit 1933). Ein Dialog zwischen Politik und Kunst, Schriften zu dieser Zeit I, Science et Littérature, Paris 1938*

[5] Seit 1933 ist die deutsche Literatur in zwei Stücke zerrissen, in eins, das weiter innerhalb der reichsdeutschen Grenzen existiert und schafft, oder zu schaffen versucht, und in ein anderes Stück außerhalb dieser Grenzen. Man soll dies zweite Stück nicht ohne weiteres Emigrationsliteratur nennen. Es ist, wie wir noch sehen werden, näherliegend, die im Lande verbliebene Produktion Emigrationsliteratur zu nennen. Wie sieht nun die zeitgenössische deutsche Literatur aus?
[...]
[6] Zur *konservativen* Gruppe, die altfeudalistische, aristokratische und großbürgerliche Züge trägt, gehören Autoren wie etwa Wilhelm von Scholz[1], Hermann Stucken[2], Binding[3], Wal-

---

1 Scholz, Wilhelm v., 15. 7. 1874–29. 5. 1969, Dramatiker, Lyriker, Erzähler neuklassizistischer Richtung.
2 Döblin meint vermutlich Stucken, Eduard, 18. 3. 1865–9. 3. 1936, Erzähler, Dramatiker, Lyriker, dichtete hauptsächlich über Stoffe aus Mythen und Sagen der germanischen Vorzeit, des Orients und fernen Ostens.
3 Binding, Rudolf G., siehe oben S. 65, Anm. 7.

ter von Molo[4], Carossa[5], Hermann Stehr.[6] Sie schwimmen als Prosaisten im Fahrwasser etwa des alten Goethe oder des Novellisten Heinrich von Kleist oder des österreichischen Erzählers Adalbert Stifter. Ich nenne hier noch Paul Ernst, Josef Ponten.[7] Bewußt, gar zu bewußt lokalisiert sich hierhin Wilhelm Schäfer[8], weniger sicher (und mit Grund) Kolbenheyer. Bevorzugt wird Idylle, vaterländische Geschichte, Pathos, Heroisches. Man liebt das Bild eines Deutschland des frühen Mittelalters, der Staufen, die Stufe der Zünfte und Stände, im Ganzen Patriarchalisches, Feudal-agrarisches, Geschlossenheit, dabei auch Zufriedenheit und Selbstgefühl. [. . .] Der ganzen Gruppe ist ein gewisses Epigonentum eigentümlich. Sie lebt, in ihren schwachen Exemplaren, völlig in Erinnerungen, im Rückblick, ohne sich geradezu von der [7] Umwelt und dem Heute abzutrennen. Sie beschäftigt sich, auf der tiefsten Stufe, damit, gute und akkredidierte Literatur auszumünzen. Ihr Haus hat bewährte Stützen. Oft gefällt man sich in einfacher Imitation dessen, was den Geschmack der Gebildeten anspricht und ohne weiteres Achtung garantiert. Man verehrt das normiert Schöne. Ich habe nicht nötig, auf den Unterschied zwischen Kunstschaffen und Kunstarrangieren aufmerksam zu machen.

[. . .]

[10] Man wird begreifen, daß Angehörige unserer konservativen und feudalistischen Gruppe geneigt sind, den Nazismus zu bejahen, denn sie werden bei ihm manches finden, was ihnen behagt, zum Beispiel Hohenstaufenträume, Neigung zum Ständischen, Ordensideen und anderes. Und sie werden im Lande

4 Molo, Walter v., 14. 6. 1880–27. 10. 1958, heroisch-idealistischer Erzähler des Lebens großer Männer, 1928–30 Präsident der Sektion für Dichtkunst der preußischen Akademie der Künste.

5 Carossa, Hans, siehe oben S. 34, Anm. 3.

6 Stehr, Hermann, 16. 2. 1864–11. 9. 1940, hauptsächlich Erzähler, bekannteste Romane »Der Heiligenhof« (1918) und »Peter Brindeisener« (1924), erhielt mehrere Preise.

7 Ponten, Josef, 3. 6. 1883–6. 4. 1940, schrieb hauptsächlich Romane und Reiseschilderungen, besonders auch über das Auslandsdeutschtum, erhielt während des Dritten Reiches mehrere Literaturpreise.

8 Schäfer, Wilhelm, 10. 1. 1868–19. 1. 1952, vorwiegend Erzähler, berühmt und vielgelesen wurden »Die dreizehn Bücher der deutschen Seele« (1922).

bleiben, – sofern sie dürfen. Immerhin werden sie über die Cali-
ban-Manieren des Nazismus schwer verdutzt sein. Die Diktatur
richtet sich auch gegen sie, die neue Staatshaltung gefällt ihnen
zwar durch ihre Totalität, aber sie hatten sich eine andere gedacht. Manche hatten sich das Ganze mehr dekorativ, wie die
Festwiese im 3. Akt der Meistersinger oder à la Parsifal mit oder
ohne Blumenmädchen vorgestellt. Sie merken, daß sie vorbei ge-
träumt haben.

[...]

[12] Gleichschaltung einer Literatur mit einer politischen Richtung, ob sie sich an die Macht setzt oder erst setzen will, ist nicht
möglich. Jede Dogmatik erlebt hier früher oder später ein Fias-
ko.

[...]

[13] *Während einer politischen Gleichschaltung befindet sich,
wie im Krieg, alle Literatur im Exil.* Es gibt auch innerhalb der
Reichsgrenzen Literatur nur in Gestalt von Exilsliteratur, d. h.
nur als versteckte und illegale. Wem ähnelt die Existenz innerhalb der Reichsgrenzen seit 1933 mehr als einem Kriegszustand,
wie wir Älteren ihn, mit Censur, Drohung, Vorschrift, Aufsicht
vor 20 Jahren erlebt haben? Im Krieg aber schweigen die Musen.
Sie tun es nicht aus Eigensinn, sondern weil die Kriegsdisziplin
«Ruhe im Glied» befiehlt und sie schafft.

Darum, welch Widersinn, bemüht man sich im Reich seit
Jahren – und natürlich umsonst – mit Preisen, Stellen, offiziellen
Aufmunterungen (wie wir sie im friedlichen demokratischen
Deutschland so herzlich und vergeblich erstrebt hatten), die Literatur zum Wachsen, Blühen und Gedeihen zu bringen. Aber sie
will nicht, denn sie kann nicht. Man kann eben nicht zwei Dinge
auf einmal haben: Kriegszustand und Kunst.

Daher sind auch die Reste der Literatur, die im Lande ver-
blieben sind, zu einem unnatürlichen Vegetieren verurteilt. Man
sage nicht, daß ein Staat in kriegerischer Bewegung wie das
Frankreich Ludwig des Vierzehnten aber doch hohe Literatur
hervorgebracht habe, und Michelangelo und andere haben sim-
pel und ohne zu zucken gewaltige Aufträge als Aufträge von
ihren Herrschern übernom- [14] men und großartig exekutiert.
*Hier war der Geist des Künstlers und dazu der allgemeine
Geist seiner Zeit konform mit den Auftraggebern.* Der Nazismus ist (und er weiß es) nicht konform mit dem Geist

des deutschen Volkes. Er hofft es zu werden; das ist ein anderes Thema; andere hoffen etwas anderes; er ist es nicht; daher
bringt er keine Literatur hervor, und muß sich mit Dilettantismus begnügen. (Es ist aber nicht nur kriegerisch-diktatorisch,
sondern provinzlerisch, – und das ist für die Kunst noch das
Schlimmste, wenn Krähwinkel die Censoren stellt.)

ZWEITER TEIL:
KRITIK UND FORSCHUNG

1. IM DRITTEN REICH

Die deutsche Germanistik verschrieb sich 1933 dem Nationalsozialismus mit größerem Eifer als alle anderen Universitäts-
disziplinen. Eine stattliche Reihe ihrer prominentesten Vertreter
begrüßte das neue Regime und seine Weltanschauung mit begei-
sterten Worten. Das war kein Zufall, ebensowenig wie der Nationalsozialismus selbst ein ‚Betriebsunfall‘ der deutschen Geschichte war. Für viele Literaturwissenschaftler galt, was *Thomas Mann* in einem Abschiedsbrief seinem langjährigen Freund
Ernst Bertram schrieb, der sich zum Nationalsozialismus bekannt hatte: „Das letzte, was man Ihnen vorwerfen kann, ist,
daß Sie den Mantel nach dem Winde gehängt hätten. Er hing
schon immer ‚richtig‘ [. . .].“[1]
Die Prädisposition der Germanistik für den Nationalsozialismus hatte verschiedene Ursachen: erstens wirkten dieselben
politischen, sozialpsychologischen und ökonomischen Voraussetzungen, welche zur generellen Anfälligkeit der sozialdomi-
nanten Mittelschichten beitrugen; zweitens war das intellektuelle Klima durch die deutsche Ideologietradition verdorben
und empfänglich für Irrationalismen; drittens kamen bei der
Literaturwissenschaft noch zusätzliche, fachspezifische Ursachen
mit eigenen Traditionslinien hinzu.
Signifikant für die ideologischen Entgleisungen der deutschen
Germanistik waren seit dem 19. Jahrhundert ihre Selbstinterpretation gegenüber anderen Wissenschaften und vor allem das
Verständnis ihrer Rolle innerhalb der Gesellschaft und ihrer Bedeutung für die Nation. Zum einen führte die Auffassung von
der Dichtung als Offenbarung verborgener und ewiger Wahrheiten dazu, daß auch die Disziplin, die sich mit diesem Gegenstand beschäftigte, als ein besonders erhabenes Amt verstanden
wurde. Zum anderen sah die Wissenschaft von deutscher Sprache
und Dichtung ihren Gegenstand national bestimmt, sie neigte

dazu, diese Komponente mit der ersteren zu amalgamieren und die ewigen Wahrheiten in Volksgeist und Volkstum verkörpert zu sehen. Daraus resultierte die Tendenz, als Generalnenner der wissenschaftlichen Bemühungen und eigentliches Forschungsziel das ‚Wesen des Deutschtums‘ zu betrachten. Die letzte Konsequenz war, die Germanistik als hegemoniale Wissenschaft vom deutschen Volk und seinen zentralen Konstituentien zu sehen und ihr entscheidende Bedeutung für das geistige, kulturelle, ja politische Leben der Nation zuzuschreiben.[2]

Ein solches Selbstverständnis wurde in bemerkenswerter Weise politisch relevant. Während des wilhelminischen Kaiserreichs neigte die Germanistik zur Affirmation des Bestehenden und zur Feier nationaler Erfüllung[2a]; in den Jahrzehnten vor dessen Gründung jedoch und dann wieder nach seinem Zusammenbruch, also in Zeiten nationaler Unzufriedenheit und politischer Schwäche Deutschlands, maß sie sich eine besondere Funktion bei. Für eine Wissenschaft, die sich als Erforscherin des völkischen Wesens und Hüterin der geistigen und kulturellen Kernbestände der Nation verstand, lag die Auffassung nahe, daß durch ihre Tätigkeit in solchen Zeiten die wahre Größe und Einheit von Volk und Nation gepflegt und bewahrt bleibe, wenn nicht gar deren konkrete politische Aktualisierung vorbereitet werde. Scheint dieses Selbstverständnis unmittelbar politisch geprägt zu sein, so äußerte es sich doch – scheinbar paradox – primär unpolitisch, unter Umständen sogar voller Ressentiment gegen praktische Alltagspolitik. Denn erstens bestand die literarisch-ästhetische Tradition, das „politisch Lied“ für ein „garstig Lied“ zu halten; und zweitens wurden die nationalen Belange, welche die eigentlichen zu sein schienen und denen man zu dienen meinte, in einer Höhenlage angesiedelt, die über das schmutzige Geschäft der Politik weit erhaben waren. So begegnete man voll Mißtrauen dem demokratischen Procedere und den zugrunde-liegenden Ideen von Gleichheit, Repräsentation und Regierungskontrolle, voll Unbehagen der pluralistischen Industriegesellschaft mit ihren Problemen, verstieg sich immer mehr im Verlangen nach der organischen Ganzheit der Nation als einer geradezu heiligen Größe, und verlor schließlich auf diese Weise jegliche Fähigkeit, der politischen und gesellschaftlichen Realität rational und pragmatisch zu begegnen.

Es war vom scheinbaren Paradox der politischen Seite des

germanistischen Selbstverständnisses die Rede: politisch war es in seiner Intention – allerdings in ganz spezifischer Weise –, apolitisch in seiner Artikulation. Eine apolitische Haltung der beschriebenen Art konnte jedoch massive politische Auswirkungen zeitigen. Manifest wurde dies 1933, das Paradox löste sich auf. Nun nämlich konnte man sich einer Bewegung anschließen, von der man glaubte, sie werde die Ziele verwirklichen, die man selbst als die höchsten ansah, sie werde die Einheit der Nation in organischer Harmonie etablieren, den wahren Werten des Volkstums zum Siege verhelfen, und dies zudem nicht im Stil des verächtlichen Zanks und Schachers der Vergangenheit, sondern im Zuge einer umfassenden Transformation der Nation. Das war der ausschlaggebende Grund für die vielfach begeisterte Zustimmung deutscher Literaturwissenschaftler zur Etablierung des nationalsozialistischen Regimes: Die eigenen lange gehegten Visionen schienen in einem metastatischen Akt in Realität umgesetzt zu werden, wobei die Überzeugung bestand, daß die eigentliche Transformation im Bewußtseinsakt lag und nur durch diesen die politische Veränderung erreicht werden konnte. So sprach *Heinz Kindermann* in dem „am Tag von Potsdam" datierten Vorwort zu der Aufsatzsammlung *Des deutschen Dichters Sendung in der Gegenwart* von „äußeren Zeichen eines politischen Wandels", der „als Ergebnis einer vorangegangenen seelischen Umkehr der Nation möglich" wurde, und von einem „Wandlungsvorgang, der metaphysischen Ursprungs ist, und dessen innere Werte verstandesmäßig nie voll erfaßt werden können".[3]

✻

Das Bewußtsein, das sich in den zitierten Äußerungen *Kindermanns* artikuliert, ist magisch. Eine solche Charakterisierung ruft häufig Befremden hervor; das rührt daher, daß die Erforschung der Magie, wie sie im Lauf der vergangenen hundert Jahre von Anthropologen, Psychoanalytikern, Religions- und Politikwissenschaftlern betrieben wurde[4], in anderen Disziplinen – wie etwa der Literaturwissenschaft – kaum rezipiert und die Tragweite ihrer Ergebnisse noch nicht genügend erkannt worden ist. Magie ist keine Erscheinung, die nur bei sogenannten ‚Primitiven' anzutreffen ist, sie ist vielmehr ein generelles psychisches bzw. Bewußtseinsphänomen, eine – wie *Freud* es formulierte – „allgemeine Überschätzung der seelischen Vorgänge, das heißt eine Einstellung zur Welt, welche uns nach unseren Einsichten in die Beziehung von Realität und Denken als solche Überschätzung des letzteren erscheinen muß".[5] Entscheidend ist, daß diese Verschiebung der Beziehungen von Realität und Denken kein spekulativer Akt ist, der politisch und sozial irrelevant wäre. Vielmehr folgt aus dem Glauben, der 30. Januar 1933 sei die Resultante einer „seelischen Umkehr" und ein Wandlungsvorgang „metaphysischen Ursprungs", mit innerer Notwendigkeit die Überzeugung, durch Imaginationen des Bewußtseins die Realität manipulieren zu können, es folgt – nach *Liftons* Formulierung – der „Versuch, durch innerliche oder psychologische Manipulationen, durch ein Verhalten, das von inner-psychischen Bedürfnissen determiniert wird, die keinen Kontakt mehr mit den Tatsächlichkeiten derjenigen Welt haben, die man beeinflussen will, Kontrolle über die äußere Umwelt zu gewinnen".[6] Wendungen wie „geistiger Gesamtorganismus unserer Nation", „seelisch-geistiges Leben der Nation", „Lebensganzheit unseres Volkes", „Thronerhebung der Volkheit"[7], die man bei *Kindermann* gehäuft und in ähnlicher Form bei anderen Autoren findet, sind Sprachsymbole für die Imaginationen, die weder der existentiellen Realität des Menschen adäquat sind, noch der politischen und gesellschaftlichen Wirklichkeit von 1932/33, die also keinerlei Realitätsstatus besitzen. Das magische Bewußtsein jedoch hält die gegenstandsförmlichen Realitätsbilder, die sich in den genannten Sprachsymbolen ausdrücken, für gegenständliche Realität, die in der äußeren Wirklichkeit verifizierbar ist[7a].

Die Metastase der alten, verdorbenen Gesellschaft zur „neuen Gemeinschaft"[8], die Verwandlung des bisherigen, unvollkommenen Menschen in „**den** neuen deutschen Menschentyp"[9], ist in erster Linie ein Bewußtseinsakt, ein „innerer Erneuerungsvorgang"[10]. Als Artikulations- und Manipulationsinstrument figuriert die Dichtung; welche Bedeutung der Dichtung als „Lebensmacht" und dem Dichter als Transformator von Bewußtsein und Gesellschaft von den Schriftstellern selbst zugesprochen wurde, zeigten bereits einige der vorne wiedergegebenen Texte.[11] In der Literaturwissenschaft fanden solche Auffassungen ihre Affirmation. *Kindermann* bekräftigte, daß die deutsche Gegenwartsdichtung „mithilft beim Neubau der deutschen Volkheit" und

„daß die Lebensfunktion der Kunst und im besonderen die der Dichtung gerade in diesen Zeiten einer volkhaften Selbstbesinnung, in dieser Epoche der hochgespannten Hoffnung auf einen neuen Aufstieg, von schwerwiegendster Bedeutung zu sein vermag"[12].

Besonders prägnanter Ausdruck wurde dem Glauben an die magische Funktion der Dichtung durch *Arno Mulot* verliehen, und zwar in den letzten Sätzen seines Werks *Die deutsche Dichtung unserer Zeit*: „Der deutsche Dichter ist heimgekehrt zu seinem Volk. Was er in der Gnade dieser Begegnung empfängt, schenkt er ihm in der deutschen, volkhaften Schau der Welt und Gottes wieder. Das Volk aber erkennt sich wieder in seiner Dichtung. Dichtung wird Lebensmacht; ihre Sprache, aus der Gemeinschaft geboren, schafft neue Gemeinschaft. Der Ring schließt sich: aus Begegnung wird Offenbarung, aus Offenbarung wird Anruf, aus Anruf wird Tat. Volkhafte Dichtung, der völkischen Wiedergeburt verpflichtet, wirkt ewiges Volk."[13] Die Passage ist voll von Termini, welche realitätsfremde Imaginationen und den metastatischen Glauben des Autors symbolisieren: „Gnade der Begegnung", „volkhafte Schau der Welt und Gottes", „Dichtung wird Lebensmacht", „neue Gemeinschaft", „Offenbarung", „völkische Wiedergeburt", „ewiges Volk". Von der Sprache der Dichtung wird angenommen, daß sie die Metastase von Mensch und Gesellschaft bewirkt: sie „schafft neue Gemeinschaft". Das „ewige Volk", Symbol für die Vision einer neuen und vollkommenen Existenz, konstituiert sich in einem magischen Akt durch die „volkhafte Dichtung". Die zwischen diesen Aussagen stehende Sequenz macht deutlich, wie das magische Bewußtsein den Bogen spannt von seinen Imaginationen zur Außenwelt: aus der „Offenbarung" wird schließlich „Tat". Damit werden die imaginativen Realitätsbilder sozialrelevant; sie stimulieren zur Aktion.

Gemäß der Auffassung, daß die Wissenschaft von der Dichtung letztlich denselben Zielen diene wie diese, partizipiert sie im Bewußtsein der Literaturwissenschaftler an der magischen Transformation. *Kindermann*, der von sich selbst sagte, er begreife „seine Literaturwissenschaft als volkhafte Lebenswissenschaft"[14], impliziert dies im hegemonialen Anspruch für seine Disziplin. Deutlicher wurde *Herbert Cysarz*, der in seinem 1942 erschienenen Buch *Das Deutsche Schicksal im Deutschen Schrift-*

tum schrieb: „Auch in den Wissenschaften des Worts werden die lautersten Erlebnis- und Einbildungskräfte, die persönlichen und überpersönlichen Formwerdungen des volklichen Lebens gehegt; wird die Gestaltbildung, die Geschichtlichkeit als ein Grundverhalten der Wirklichkeit überhaupt, das Schaffen als durchgehendes Gesetz der Welt erwiesen. Nicht ohne forschende Augen wären die Prägemächte der Rasse und der Landschaft, die Ströme der Zeitalter und die Zeugegarben des Volkstums leibhaftige Anschauungen geworden."[15] Die Erkenntnis der „forschenden Augen" wird hier als Faktor verstanden, der entscheidenden Anteil hat an der Durchsetzung dessen, was man für erstrebenswert und außerdem für geschichtlich notwendig hält. Diese Erkenntnishaltung wurde von *Thomas Mann* in seinem *Doktor Faustus* prägnant charakterisiert, bei Gelegenheit einer Analyse des Intellektuellenmilieus der zwanziger Jahre: „Es war aber ein Schwindel mit der Freude an der Erkenntnis; sie sympathisierten mit dem, was sie erkannten und was sie, ohne diese Sympathie, wohl gar nicht erkannt hätten [. . .]."[16] Und *Eric Voegelin* stellte fest, an *Thomas Manns* Analyse anschließend: „Die Objektivität der historischen Erkenntnis ist Schwindel, wenn der Historiker seinen Gegenstand auf die Kausalität der Leidenschaften und der Interessen einschränkt."[17] Es ist bezeichnend, daß von Literaturwissenschaftlern der Zustand der Leidenschaft als notwendig für ihre wissenschaftliche Tätigkeit bezeichnet wurde, denn dieser Tätigkeit war ja die Absicht implizit, nach Maßgabe der eigenen ‚Erkenntnis' auf die Außenwelt einzuwirken. Noch 1944 begann *Heinz Kindermann* das Vorwort zu seiner Aufsatzsammlung *Kampf um die deutsche Lebensform* mit den Sätzen: „Die Literaturforschung gehört zu den volksunmittelbaren Wissenschaften. Zeiten eines grundlegenden Wandels der Nation fordern deshalb ihre leidenschaftliche Mitwirkung."[18]

✢

Wenn auch innerhalb der deutschen Germanistik schon vor 1933 vielfach ‚der Mantel richtig hing', so wurden nach der Machtübernahme *Hitlers* teilweise doch Umwertungen und Akzentverschiebungen notwendig. Immerhin besaßen einige Literaturwissenschaftler genügend Sachverstand, um die literarische

Qualität von Werken zu erkennen und zu schätzen, deren Autoren nun aus politischen oder rassischen Gründen der Verfemung anheimfielen. Es ist bedrückend zu beobachten, welche *sacrificia intellectus* einige Wissenschaftler leisteten, unter Umständen gezwungenermaßen, zum Teil aber auch freiwillig. Gerade an *Thomas Mann* etwa hatten sich die Geister zu scheiden. So verzichtete z. B. *Hans Naumann* in der 1933 erschienenen sechsten Auflage seines Buchs *Die deutsche Dichtung der Gegenwart* gegenüber der 1931 erschienenen fünften Auflage auf eine Passage, welche die Essenz seiner Deutung *Thomas Manns* und einen Lobpreis seines Werks sondergleichen enthielt.[19] Doch selbst das, was verblieb, klang vielen Ohren noch zu positiv, so daß *Naumann* von einigen Literaturwissenschaftlern und Kritikern attackiert wurde, z. B. von *Hellmuth Langenbucher,* der zu den maßgeblichsten Vertretern der nationalsozialistischen ‚volkhaften‘ Literaturwissenschaft zählte.[20] Mit der neuen kulturpolitischen Linie hätte *Naumann* nur dann übereingestimmt, wenn er geradezu das Gegenteil von dem geschrieben hätte, was er vorher für richtig hielt. Was von *Thomas Mann* offiziell zu halten war, ganz zu schweigen von *Heinrich Mann,* formulierte zufriedenstellender der rabiate Antisemit *Adolf Bartels:* „Zum Judentum leiten schon die Brüder Heinrich und Thomas Mann [. . .] über – ihr Vater war Großkaufmann und Senator, ihre Mutter aber eine Portugiesin, also möglicherweise nicht ohne Juden- und Negerblut, und beide haben auch eine Jüdin geheiratet."[21] Und: „Die Wahrheit ist: Thomas Mann hat einmal, in den ‚Buddenbrooks‘, einen guten, freilich auch überschätzten und in mancher Hinsicht mit Vorsicht zu genießenden Heimatroman gegeben, dann war er aber auch fertig."[22]

Hans Naumann mußte große Anstrengungen machen, um nicht wegen seiner Wertschätzung *Thomas Manns* und wegen anderer undogmatischer Urteile in Bann getan zu werden und den nationalsozialistischen ‚Anschluß‘ zu verpassen: Im Vorwort zur sechsten Auflage seiner *Deutschen Dichtung der Gegenwart* erklärte er seine intellektuelle Unterwerfung, indem er von „uns spät Erwachten und lang Verblendeten" sprach. Er nahm den Begriff vom „internationalen Zivilisationsliteraten" auf und stellte diesem den „verantwortlichen deutschen Dichter" entgegen; die nun in Ansehen stehende Auffassung von dessen Amt und Sendung artikulierte er im typischen Vokabular des metastatischen Glaubens an die realitätsverändernde Macht der Dichtung: „[...] wir wollen den Dichter, der seine Werke mit Forderungen aktiviert, ausgesprochen oder noch besser unausgesprochen, der in die Zeit geht und eingreift, der sein Volk erzieht, der uns richtet, der uns Gesetze gibt, dem Dichten ein Amt ist, der sich zum Boten des Herrn aufwirft und der das lebendige Gewissen unseres Staates, unserer Nation, des heiligen deutschen Reiches ist."[23] Wie der englische Germanist *Atkins* angesichts dieser traurigen Groteske bemerkte: „Wahrlich, der Weg des Konvertiten ist schwer!"[24]

Freilich gab es in Deutschland auch Germanisten, die nicht zur ideologischen Konversion bereit waren, die sich in der Folgezeit auf politisch ungefährliche Gebiete zurückzogen und hier wissenschaftlich saubere Arbeit leisteten. Diese Tatsache muß erwähnt werden, auch wenn sie nicht weiter ausgeführt wird. Gegenstand des Interesses ist hier die Literaturwissenschaft, die öffentlich führend war im Sinne der Sozialdominanz; und Tatsache ist, daß die meisten ihrer Angehörigen schon vor 1933 zu den Spitzen ihres Fachs gehörten. Insofern hatte die Disziplin Kontinuität in ihrer repräsentativen Erscheinung.

Anders war das Bild im Bereich der Literaturkritik. Hier besaßen während der Weimarer Republik Personen wie *Adolf Bartels, Paul Fechter* oder *Will Vesper* nicht das Maß an öffentlicher Geltung, das sie gerne gehabt hätten, obwohl sie auch in dieser Zeit ihre Stimme durchaus deutlich zu Gehör brachten. Für sie ging es 1933 darum, die ersten Ränge einzunehmen und ihrer Meinung Sozialdominanz zu verschaffen; sie sahen nun ihre eigentliche Stunde gekommen und schwelgten im triumphierenden Gefühl des „Jetzt aber!", wie *Tucholsky* treffend notierte.[25]

Für das, was die völkisch-nationalsozialistische Literaturkritik als erstes veranstaltete, nachdem sie nun die öffentliche Meinung beherrschte, fand *Paul Fechter* die programmatische Formulierung *Die Auswechslung der Literaturen,* mit der er einen bemerkenswerten Artikel in der *Deutschen Rundschau* überschrieb. Er ging von der Feststellung aus, während der letzten fünfzehn Jahre hätten in Deutschland zwei Literaturen nebeneinander existiert: „Die eine war die sozusagen offizielle, die Literatur der bürgerlichen Linken in all ihren Schattierungen von der Annäherung an die Sozialdemokratie bis zum Kokettieren mit dem Kommunismus, die Literatur der falschen Psychologie und der Analytik, der Erotik und der Psychoanalyse [. . .]. [. . .] Daneben gab es eine zweite Literatur, für die eine Reihe komischer Leute immer von neuem eintrat mit der seltsamen Behauptung, daß diese zweite Literatur die eigentliche sei, die richtige, die wirklich deutsche, weil sie nämlich keine Literatur, sondern im Gegensatz zu der offiziellen immer noch so etwas wie Dichtung im alten deutschen Sinne sei."[26] *Fechter* behauptete nun, die ‚eigentliche Literatur' sei von der offiziellen unterdrückt worden, sei „eine Literatur unter der Oberfläche" gewesen, nur wenigen bekannt, „eine Dichtung der Tiefe".[27] Die Fabel von der unterdrückten und unbekannten Dichtung entsprach nicht den Tatsachen; Romane *Kolbenheyers, Bluncks* und vieler anderer völkisch-nationaler Schriftsteller erreichten schon vor 1933 fünfstellige Auflageziffern, *Hans Grimms Volk ohne Raum* wurde – innerhalb weniger Jahre – in mehr als 100 000 Exemplaren verkauft. Die Argumentation sollte jedoch die moralische Legitimation zur Ausmerzung der anderen Literatur liefern, sollte ihre Unterdrückung als einen Akt ausgleichender Gerechtigkeit erscheinen lassen. Die aufgestauten Ressentiments gegen die Literatur der ‚bürgerlichen Linken' wurden nun im Ton dessen vorgetragen, der die stärkeren Bataillone auf seiner Seite weiß, begleitet bereits von unverhüllten Drohungen: „Dem, wofür sich bisher Zeitschriften wie die ‚Weltbühne' des Herrn Tucholsky, das ‚Tagebuch' und ähnliche Druckerzeugnisse einsetzten, wird schon das Recht der Existenz in der Welt der deutschen Dichtung abgesprochen; die ganze einst so siegreiche Literatur soll ausgerottet werden, verschwinden, der bisher unterdrückten, übergangenen deutschen Dichtung das Feld räumen."[28]

Exekutierten Literaturkritiker wie *Fechter, Bartels* oder auch *Will Vesper* in seiner Zeitschrift *Die Neue Literatur* gemeinsam mit den inzwischen tätig gewordenen politischen Organen die Auswechslung der Literaturen, so machte man sich in der Germanistik an die Auswechslung des Wissenschaftsbegriffs. Wie schon bemerkt wurde, erforderte dies von vielen Literaturwissenschaftlern keinerlei Umdenken; einige formale und vor allem auch offizielle Korrekturen wurden jedoch notwendig. Symptomatisch war die Namensänderung des *Euphorion,* der weit über die Grenzen Deutschlands hinaus reputierten Zeitschrift für Literaturgeschichte. 1934 wurde ihr ein neuer, programmatischer

Name gegeben. *Julius Petersen* und *Hermann Pongs,* die als Herausgeber *Georg Stefansky* ablösten, schrieben dazu: „Mit dem neuen Jahrgang tritt die Zeitschrift Euphorion in ein neues Verhältnis zu den wissenschaftlichen Bildungsfragen und zum Geist der Forschung ein. Sie gibt den Namen ‚Euphorion' auf und damit die überbetonte Abhängigkeit deutscher Bildung von humanistischer Gelehrsamkeit. Der neue Name ‚**Dichtung und Volkstum**' will zum Ausdruck bringen, daß auch die Wissenschaft von der Dichtung immer das Volkstum im Auge halten wird als den Grundwert, der alle ästhetischen, literarhistorischen, geistesgeschichtlichen Werte trägt und nährt. Den ewigen Volksbegriff in seiner Geschichtlichkeit, wie Herder ihn meinte und wie er heute in Deutschland neu gelebt und erfahren wird, als Lebensgrund aller starken Dichtung herauszuarbeiten, macht sich die Zeitschrift zum besonderen Ziel [...]."[29] Es zeugte zumindest von Naivität, die nationalsozialistische ‚Volksgemeinschaft' als Aktualisierung des Herderschen Volksbegriffs zu sehen, wenn nicht gar dieser Verkennung der Gegebenheiten willentliche Apperzeptionsverweigerung zugrundelag. Zwar beriefen sich auch nationalsozialistische Ideologen und Politiker auf *Herder,* aber die Anschauung, daß alle Völker ihren spezifischen Wert besitzen, wurde bald vergessen und machte der Vorstellung von der Überlegenheit des germanischen Volkstums Platz.

✳

Um die konsequente „Ausrichtung der Literaturwissenschaft"[30] gemäß der nationalsozialistischen Ideologie bemühten sich nach 1933 vor allem *Hellmuth Langenbucher* und *Heinz Kindermann. Langenbucher* ging aus *Rosenbergs Kampfbund für deutsche Kultur* hervor, der eine dezidiert völkische Linie verfolgte. Er gehörte 1933 zu den Gründern der *Reichsstelle zur Förderung des deutschen Schrifttums* (später *Amt Schrifttumspflege* in der *Dienststelle Rosenberg*), der größten unter den literaturpolitischen Kontrollinstitutionen von Staat und Partei; 1934 wurde er ihr stellvertretender Leiter sowie Chef des Zentrallektorats, des umfangreichsten Referats, das sich mit dem schöngeistigen Schrifttum befaßte. Die Tätigkeit in dieser Dienststelle ermöglichte es *Langenbucher* unter anderem, zum Experten für völkisch-nationale und nationalsozialistische Gegenwartsliteratur zu werden. In seinem bereits 1933 vorgelegten Buch *Volkhafte Dichtung der Zeit* unternahm er den ersten Versuch, unter streng nationalsozialistischem Blickwinkel „die großen Linien einer neuen Wertung und Darstellung der Erscheinungen des literarischen Lebens herauszuarbeiten",[31] wie er rückblickend im Vorwort zur dritten Auflage seines Buchs bemerkte. In der nun „völlig neu gefaßten Auflage" von 1937 schien es ihm mit der Darstellung „großer Linien" nicht mehr getan zu sein. Nachdem sich inzwischen die nationalsozialistische Herrschaft auch im kulturellen und wissenschaftlichen Bereich konsolidiert hatte, ging er jetzt daran, die nationalsozialistische Literaturbetrachtung systematisch auszubauen und die nach den ideologischen Kriterien als gut zu bewertende Dichtung in vollem Umfang aufzuarbeiten. Das Buch wurde zum Standardwerk; es erschien 1941 in sechster Auflage und war auf das mehr als fünffache seines ursprünglichen Umfangs angeschwollen. Ebenfalls 1937 machte sich *Kindermann* in seinem Werk *Dichtung und Volkheit. Grundzüge einer neuen Literaturwissenschaft* an die „Neugestaltung der Literaturwissenschaft". Auf der Grundlage der nationalsozialistischen Ideologie versuchte er, eine systematische ‚Theorie' der „Literaturwissenschaft als volkhafter Lebenswissenschaft" zu entwickeln.[32]

Die folgenden Äußerungen *Langenbuchers* und *Kindermanns* geben einen Überblick über die „neuen Wertgrundlagen"[33] ‚volkhafter' Literatur wie Literaturwissenschaft. Als erstes stellte *Langenbucher* klar, was nach der nun herrschenden Weltanschauung unter ‚Volk' zu verstehen sei: „Volk ist für uns geistiges und politisches Gesetz, es ist aber auch das Zeichen, unter dem sich alle Menschen deutschen Blutes (die seit den Tagen Grimms gewonnenen geschichtlichen Erkenntnisse haben uns gelehrt, über den Begriff der gemeinsamen Sprache hinauszugehen zu dem umfassenderen Begriff des gemeinsamen Blutes) zusammenfinden zu einer als Schicksalsgemeinschaft gefühlten Lebensgemeinschaft, ‚deren Dasein keine deutsche Brust überleben und die nur mit Blut, vor dem die Sonne verdunkelt, zu Grabe gebracht werden soll' (Kleist)."[34] Auf dieser Grundlage bestimmte *Langenbucher* das Wesen ‚volkhafter Dichtung': „Wir verstehen unter volkhafter Dichtung jede dichterische Aussage, die im Lebensraum des deutschen Volkes steht, die aus seiner Wirklichkeit, aus dem Grunde seines Wesens, aus seinem Schicksal wächst. Freilich ist es mit dem Suchen einer oberflächlichen Beziehung nicht getan; die tiefere innere Verbindung des Dichters mit dem Leben seines Volkes ist eine selbstverständliche Voraussetzung, und das wieder bedeutet, daß nur Menschen unseres Blutes Künder unseres Wesens, Gestalter unseres Schicksals, Bildner unseres Seins zu werden vermögen."[35] Als „grundlegende Erkenntnis" bezeichnete *Kindermann* „die Tatsache, daß wir den schöpferischen Vorgang des Dichtens als biologischen Vorgang, als einen Blutkreislauf der Seele und des Geistes verstehen müssen, weil die schöpferische Persönlichkeit des Dichters ihre wichtigsten Kräfte aus der Gemeinschaft der Rasse, des Volkes, des Stammes empfängt"[36]. In einem anderen Werk urteilte er: „Rasse und Volkheit, diese Wachstumsgrößen des menschlichen Geschlechts, sind uns nun maßgeblich auch für den Sinn der Dichtung, für den Sinn jeglichen Schrifttums."[37] Für die Wissenschaft hatte zwangsläufig dasselbe Bewertungskriterium zu gelten: „‚Biologisch' ist unser neues Wertbewußtsein und Ordnungsgefüge ausgerichtet. Biologisch ist infolgedessen auch der Standort, von dem wir den Rang und die Rolle der Dichtung in unserem Volk erkennen wollen."[38]

Die obigen Zitate machen verschiedenes deutlich: War es ursprünglich innerhalb der Literaturwissenschaft vielfach üblich gewesen, als Konstituens des Volkstums die Sprache anzusehen, so wurde nun – wie *Langenbuchers* erste Äußerung zeigt – an deren Stelle die Rasse gesetzt. Aus der Erhebung der nationalsozialistischen Rassedoktrin zum dominanten Faktor im literarischen Wertsystem resultierte die Abwertung aller Literatur, die nicht im völkisch-nationalsozialistischen Sinne – nach *Mulots* Worten – „das Schicksal des Volkes als den höchsten Gegenstand der Kunst proklamierte".[39] Außerdem folgte als politische Konsequenz die Unterdrückung, Vertreibung oder Liquidierung der ‚Zivilisationsliteraten' und erst recht aller Schriftsteller, die nicht der ‚germanischen' Rasse angehörten. Aber damit war es noch nicht getan, wie *Kindermann* ausführte: „Die Anwendung des auf Rassescheidung und Volkszugehörigkeit aufbauenden Ordnungsbewußtseins auf die Literaturwissenschaft schließt viel mehr in sich als nur die Ausgliederung und Kenntlichmachung des Jüdischen."[40]

Das ‚Mehr', das im Rassekriterium impliziert ist, führt zum Kern des Problems: Im Bewußtsein der zitierten Autoren besitzt

Rasse bzw. Blut ganz offensichtlich den Charakter einer imaginativen Entität, die weit mehr umgreift als einen konkret biologischen Sachverhalt. Das zeigen Formeln wie ‚Volk als geistiges Gesetz‘, ‚Grund seines Wesens‘, ‚als Schicksalsgemeinschaft gefühlte Lebensgemeinschaft‘, ‚Blutkreislauf der Seele und des Geistes‘, welche zur näheren Bestimmung dessen dienen sollen, was Rasse und Blut bedeuten. Diese Sprachsymbole sind nicht realitätsadäquat, sie sind ungeeignet zur Interpretation der tatsächlichen Wirklichkeit. Allerdings sollen sie das auch gar nicht leisten, da diese Wirklichkeit als schlecht und unvollkommen abgelehnt oder gar nicht apperzipiert wird.[41] Sprachformeln wie die genannten symbolisieren vielmehr die imaginativen Realitätsbilder des magischen Bewußtseins.

Magisches Bewußtsein wurde oben klassifiziert als Glaube an eine existentielle Metastase, an eine Transformation von einem unvollkommenen in einen vollkommenen Zustand durch einen Bewußtseinsakt. Nun zeichnen sich auch die dazugehörigen Bewußtseinsinhalte ab; erst vom Inhalt her kann die Frage nach der spezifisch nationalsozialistischen Magie beantwortet werden: Im Zentrum der imaginativen Realitätsbilder steht die Rasse bzw. das Blut als eine Entität, von der angenommen wird, sie dominiere die Realität, in ihr allein verwirkliche sich der deutsche Mensch und erlange im Rahmen einer entsprechend fundierten Volksgemeinschaft innerweltliche Erfüllung. Das reinrassige Blut wird damit im neuen „Ordnungsbewußtsein" (*Kindermann*) in den Rang des Realissimum erhoben, das an der Spitze der Seinsordnung steht und die Antwort auf die Frage nach dem Grund individueller wie gesellschaftlicher Existenz darstellt.

Dieser Ordnungsentwurf war das Produkt verschiedener Faktoren. Zugrunde lagen Erfahrungsstimulationen, die von der Angst um Sicherung der physischen Existenz bis hin zu psychischer Existenzangst reichten. Daraus resultierten Bedürfnisse nach wirtschaftlicher und sozialer Sicherheit, außerdem aber nach psychischer Geborgenheit und nach Sinnerfüllung der eigenen Existenz wie der Gesellschaft. Hervorgetrieben wurde dieses Syndrom durch einen Zustand geistiger, sozialer und politischer Desorganisation, wie er die deutsche Gesellschaft nach dem ersten Weltkrieg weitgehend prägte. Traditionelle Ordnungsmodelle waren untergegangen; andererseits waren rationale Wissensbestände durch die deutsche Ideologietradition zerstört, so daß Ordnungsmaßstäbe zur realitätsadäquaten Bewältigung der Existenzproblematik von Mensch und Gesellschaft im eigenen Bewußtsein nicht entwickelt wurden, – als einzige Möglichkeit blieb, sie von außen zu beziehen. Was hier nach dem Niedergang der alten staatlichen Macht und nach der Zerrüttung des sozialen Gefüges Deutschlands noch als ,vorhanden' und ,geschichtsmächtig' angesehen werden konnte, war das Volk, fundiert in seiner rassischen Substanz. Symptomatisch ist eine Äußerung in dem zwischen 1918 und 1923 spielenden Roman *Hans Zöberleins Der Befehl des Gewissens:* „Und Blut ist das Beste und das Einzige, was wir noch haben."[42]

Der Weg von den Erfahrungen existentieller und sozialer Entfremdung zur Konstituierung eines neuen Realissimum aktualisierte sich als Prozeß religiösen Charakters. Die Existenzangst, die nicht nur nach materieller Sicherheit streben ließ, sondern auch nach psychischer Geborgenheit und einem spirituellen Ordnungsgefüge, äußerte sich in einem Zustand religiöser Erregung. Das Realissimum, das nicht nur als Maßstab für eine neue soziale und politische Ordnung gefunden wurde, sondern auch als Quelle existentieller Sinngebung, als globale Antwort auf eine umfassende Erlösungssehnsucht, artikulierte sich völlig adäquat im Medium religiöser Symbolik. Das gesamte Arsenal solcher Symbole, welche die Erfahrungsstimulationen, psychischen Bedürfnisse und Erlösungsvisionen zum Ausdruck bringen, kann besonders deutlich in dem vorne abgedruckten Textauszug aus *Johsts Ich glaube!* beobachtet werden.[43]

✳

Die religiöse Prägung des imaginierten Realitätsbildes führte folgerichtig dazu, daß dem Dichter und der Dichtung, welche diese Bewußtseinsinhalte vermittelten, religiöse Funktion zugeschrieben wurde: der Dichter erschien als „Seher und Künder" mit „priesterlichem Amt" (*Kindermann*)[44], „der uns Gesetze gibt", „der sich zum Boten des Herrn aufwirft und der das lebendige Gewissen [...] des heiligen deutschen Reiches ist" (*Naumann*)[45]; Dichtung erwies sich als „Offenbarung", sie „schafft neue Gemeinschaft", „wirkt ewiges Volk" (*Mulot*)[46].

Eine weitere Folge war die wichtige Rolle, die spezifisch religiöse Dichtung innerhalb der nationalsozialistischen Literatur spielte. Die Bedeutung religiöser Dichtung machte es sogar möglich, daß *Erich Trunz* die nationalsozialistische Literatur in zwei grundlegende Kategorien einteilen konnte, ‚Tatsachendichtung' und ‚Weihedichtung', welche er allerdings völlig richtig in derselben ideologischen Basis, im gleichen Realitätsbild fundiert sah: „Tatsachendichtung und Weihedichtung sind nur zwei verschiedene Seiten ein und derselben Sache, einer neuen völkischen Kunst; denn das gleiche bei beiden ist die weltanschauliche Grundlage: eine Weltfrömmigkeit, die in sich schließt einerseits innerliche Einkehr und große geistige Leitgedanken und andererseits kraftvolle Tat und sicheres Erfassen der Wirklichkeit."[47] Interessanter als das prätendierte „sichere Erfassen der Wirklichkeit", das sich das realitätsfremde Bewußtsein vorgaukelt, ist in diesem Zitat der Begriff der „Weltfrömmigkeit", auf den im folgenden noch näher eingegangen werden muß. Über die ‚Weihedichtung' führte *Trunz* weiter aus: „Entspricht die Tatsachendichtung der Seelenhaltung des tätigen Alltags, so entspricht die Weihedichtung der Seelenhaltung der feierlichen Stunde, wo der Geist sich sammelt, um, von Kleinigkeiten sich lösend, den Sinn unseres Weges zu deuten und große Leitgedanken zu überschauen. Solche Leitgedanken können aber dichterisch nur im Sinnbild Gestalt finden, zumal da die Besinnung auf sie nicht nur vom Verstand, sondern noch mehr vom Gefühl und Glauben getragen wird. Gerade das Gefühl ist wegweisend und führend."[48] Von der ‚Weihedichtung', unter der *Trunz* hauptsächlich hymnische Dichtungen, chorische Dichtungen und Thingspiele versteht, wird hier ausdrücklich existentielle Sinngebung erwartet. Entsprechend den disparaten Erfahrungsstimulationen, zu deren Bewältigung rationale Ordnungsmaßstäbe nicht zur Verfügung stehen, und entsprechend ihrer religiösen Ausprägung dienen als Wegweiser zum sinngebenden neuen Realitätsbild nicht der Verstand, sondern Gefühl und Glaube.

Gefühl und Glaube führten die Besinnung zum Realissimum, das die Volksgemeinschaft zur ‚neuen Gemeinschaft' transformierte, und folgerichtig zum Empfinden, eine Glaubensgemeinschaft zu sein. Diese artikulierte sich am sinnfälligsten durch Zelebration, wozu wiederum die religiöse Dichtung, und zwar speziell die genannten chorischen Dichtungen und Feierspiele das geeignete Medium abgaben. Als besondere Klasse religiöser Literatur entstanden während des Dritten Reichs solche Dichtungen in großer Zahl, durchaus nicht zufällig, wie *Rudolf Bach* darlegte: „Es erhellt ohne weiteres, daß eine Kunstbetätigung, welche die innere Glaubensgemeinschaft aller Beteiligten zur Wurzel und Voraussetzung hat, nun erst den ihr gemäßen und organisch verbundenen, seelischen und soziologischen Raum um sich findet."[49] So verstanden wurde die „Kunstbetätigung" zum regelrechten religiösen Kult. Daß dies ganz bewußt geschah, zeigten schon die vorne wiedergegebenen Texte des Kapitels *Weihedichtung*, vor allem die Ausführungen *Johsts* und *Möllers;* aber auch die Literaturwissenschaftler äußerten sich in diesem Sinn. *Kindermann* etwa sprach von „religiöser Gemeinschaftsdichtung" und von „kultischen Spielen",[50] *Trunz* von „völkischen Weihefesten"[51], und *Walther Linden,* der innerhalb der professionellen Literaturwissenschaft als Gymnasiallehrer die Schule vertrat, bezeichnete das Thingspiel als „höchsten Ausdruck des kultischen Theaters"[52]. *Bach* erläuterte den psychischen und religiösen Hintergrund: „Wonach das Empfinden gerade des deutschen Menschen der Gegenwart vor tiefem Ungenügen an der Mechanistik des Zeitalters mit inniger Sehnsucht wieder drängt: nach **einer Feier der schöpferischen göttlichen Mächte des Seins** (dies im weitesten Umfange verstanden), nach festlicher Verehrung der lebentragenden Urkräfte, die, wenngleich ewig verborgen, volkshaft-gemeinschaftlicher Sammlung und Versenkung zum ahnungsvoll-unverlierbaren Erlebnis werden [...]."[53]

Es läge nahe, das letzte Zitat als besonders bemerkenswertes Beispiel eines in Sprache umgesetzten Irrationalismus zu charakterisieren und damit die Analyse abzuschließen. Dieser Irrationalismus läßt sich jedoch noch präziser fassen. Zunächst wird hier der psychische Prozeß der zugrundeliegenden Erfahrungen besonders deutlich artikuliert: Dem „Ungenügen an der Mechanistik des Zeitalters" korrespondiert die „innige Sehnsucht" nach einer anderen Existenzform. Die folgenden Formeln, welche die Richtung des Verlangens angeben, erweisen dessen religiöse Prägung. Die religiösen Inhalte, auf die sich das Bewußtsein richtet, scheinen allerdings vergleichsweise vage zu sein. Es muß nicht eigens betont werden, daß die zum Ausdruck kommende Religiosität nichts mit christlichem Glauben zu tun hat; dessen Inhalte lassen sich in etwas prägnanteren Symbolen artikulieren. Gleichwohl bezeichnen *Bachs* Formulierungen nicht nur ein rein stimmungsmäßiges religiöses Ungefähr, sie stellen vielmehr den – freilich mühevollen – Versuch dar, für die neuen volkhaften Glaubensinhalte eine Symbolsprache zu entwickeln. Und dem imaginativen Realitätsbild ist diese Sprache relativ adäquat.

Die „volkhafte Religiosität" (*Kindermann*)[54] besaß kein ausgearbeitetes dogmatisches System. Ihr zentrales Dogma stand jedoch fest: das rassisch reine Blut als Realissimum der Seinsordnung. Religiös äußerte sich dieser Glaubensinhalt – in *Mulots* Worten – folgendermaßen: „Der Weg zu Gott führt durch die Wahrheit des Blutes, durch die Mitte der wesenseigenen Natur und dies heißt der volkhaften Natur."[55] Das Zitat macht deutlich, daß ‚Gott' als Sprachsymbol zur religiösen Bestimmung des neuen Realissimum dient und nichts gemein hat mit demselben Symbol im christlichen Kontext. Um sämtliche Zweifel auszuräumen, bemerkte *Mulot* zu den literarischen Werken, welche den neuen Glauben verbreiteten: „Erbe und Tradition heißt auch der Schlachtruf einer Gruppe von Dichtungen, die in germanisch-nordischer Lebenshaltung den Ausgangspunkt einer neuen, artgemäßen Welt- und Gottschau sieht. Sie will auf eine Seinsform zurückgreifen, die nicht durch den Einfluß des Christentums aus ihrer ursprünglichen Bahn gedrängt worden ist."[56]

Für die Klassifizierung der ‚volkhaften Religiosität' bietet sich der Terminus ‚politische Religion' an.[57] Damit soll nicht nur der Unterschied bezeichnet werden zu ‚überweltlichen' Religionen – das Realissimum der nationalsozialistischen Religion war innerweltlicher Natur und versprach innerweltliche Erlösung zu vermitteln –; es soll damit auch zum Ausdruck gebracht werden, daß das religiöse Realitätsbild des Nationalsozialismus spirituelle und politische Ordnung zu vereinigen suchte. Sinngemäß fand etwa *Walther Linden* an der Lyrik *Gerhard Schumanns* besonders preiswürdig „die schon von Paul Ernst geforderte engste Verschmolzenheit des Religiösen und Völkischen"[58]. Die Verbindung von Religiösem und Politischem macht auch verständlich, warum z. B. *Kindermann* von der „Erlösungsdichtung der Sudetendeutschen"[59] sprechen konnte: die Rückführung von Volksgenossen in den deutschen Staat bedeutete nicht nur politische Erfüllung, im religiösen Bewußtsein war dies vielmehr ein Akt regelrechter innerweltlicher Erlösung – die Vereinigung mit dem im Gesamtorganismus der Volksgemeinschaft präsenten Realissimum. *Erich Trunz* fand mit seinem Begriff „Weltfrömmigkeit" einen adäquaten Terminus für die Polarität der politischen Religiosität; er machte deutlich, daß sie beides enthielt: „innerliche Einkehr" und „kraftvolle Tat"[60].

※

Die ‚volkhafte Dichtung' bezog sich auf die substanzielle Basis der nationalsozialistischen Seinsordnung, die ‚Weihedichtung' artikulierte deren religiöse Bedeutung als Realissimum, die ‚heldische Dichtung' schließlich beschäftigte sich mit der aktivistischen Seite der politischen Religion, der Tat. Die enge Verflechtung und wechselseitige Bedingung dieser Komponenten wurde auch in der Literaturwissenschaft gesehen; so betonte z. B. *Kindermann,* daß volkhafte Dichtung notwendigerweise immer auch wehrhaft sei, und zwar aus folgendem Grund: „Weil aber diese Bindung des Dichters an sein Volk und an seine Heimat für ihn zur ersten und wichtigsten Quelle seiner schöpferischen Kraft wird, wundert es uns nicht, daß wir nun entdecken, jede volkhafte Dichtung trage – im weitesten und im innerlichsten Sinn des Wortes – wehrhaften Charakter. Wie alles Große und Schöne in der Natur dem Beharrungs- und Anpassungskampf dient, so auch im Bereich des Menschenwerks, der Kunst. Jede große volkhafte Dichtung dient bewußt und unbewußt der Arterhaltung.[61]

Das große Thema bewußter und unmittelbarer Arterhaltung war naturgemäß der Krieg, hier konnte die Dichtung am deutlichsten wehrhaften Charakter entwickeln. Die Kriegsliteratur nahm innerhalb der völkisch-nationalsozialistischen Dichtung einen zentralen Platz ein; die Romane, Berichte und Tagebücher über den ersten Weltkrieg der *Beumelburg, Dwinger, Jünger, Schauwecker, Wehner, Zöberlein,* die fast alle bereits vor 1933 erschienen waren, dienten den Nationalsozialisten als exemplarische Beispiele für die neue volkhaft-heroische Literatur. Auch die Literaturwissenschaft beschäftigte sich schon früh in größeren Einzeluntersuchungen mit diesem Gegenstand: 1931 erschien *Herbert Cysarzs* Buch *Zur Geistesgeschichte des Weltkriegs. Die dichterischen Wandlungen des deutschen Kriegsbilds 1910–1930,* 1934 veröffentlichte *Hermann Pongs* im eben umbenannten *Euphorion* eine umfangreiche Abhandlung über den *Krieg als Volksschicksal im deutschen Schrifttum,* und im selben Jahr steu-

erte *Walther Linden* in der *Zeitschrift für Deutschkunde* einen
Aufsatz bei über die *Volkhafte Dichtung von Weltkrieg und
Nachkriegszeit.*[62]

Es muß nicht eigens betont werden, daß in den genannten und
anderen Untersuchungen die kritische Kriegsliteratur – hier besonders *Remarques Im Westen nichts Neues* und *Arnold Zweigs
Streit um den Sergeanten Grischa* – als dekadent und defätistisch
abgewertet wurde. In den akzeptierten Werken fand man dagegen die positiven Ideale von Führertum und Gefolgschaft, Kameradschaft und heroischer Mannhaftigkeit. So interessant eine
Interpretation dieser Ideale sein mag, unmittelbareren Zugang
zum Kernproblem der heroischen Weltkriegsliteratur erschließt
die Analyse einer Frage, die auch für die Schriftsteller selbst wie
für die Literaturwissenschaftler im Zentrum der Erörterungen
stand, nämlich die Frage nach dem Sinn des Weltkriegs und
deren Beantwortung.

Es lag nahe, nach dem Sinn eines Geschehens zu fragen, das
für den deutschen Staat, die deutsche Gesellschaft und auch für
fast jeden einzelnen einschneidende Wirkungen hatte. Die rasche
Antwort, der Sinn des Krieges liege im Sieg, war den Deutschen
versagt; man mußte tiefer graben. Eine eingehendere Erforschung des Problems erforderte allerdings Rationalität, wenn es
darum gehen sollte, ideologische, politische und wirtschaftliche
Ursachen und Ziele herauszuarbeiten, und sie erforderte vor
allem auch Mut, der Realität ins Auge zu sehen, wenn als Ergebnis gefunden wurde, daß dem Tod der Millionen Gefallenen
kein höherer oder tieferer Sinn zugrundelag, daß ihr Sterben
sinnlos war. Es ist psychologisch verständlich, daß viele Deutsche – und gerade Kriegsteilnehmer – sich weigerten, diese Antwort zu akzeptieren. Die psychische Hemmung konnte jedoch zu
einer grundsätzlichen Apperzeptionsverweigerung der Realität
führen, wobei von vornherein jeglicher rationale Ansatz zur
Formulierung der Sinnfrage abgelehnt wurde. In *Walther Lin-
dens* Worten: „Die deutsche Weltkriegsdichtung als lebendige
und gefühlsbestimmte **Dichtung** gibt sich nicht rationalen Erörterungen über Sinn und Bedeutung des großen Krieges hin. Aber
rein gefühlsmäßig, in ahnungsvoller Schau ringt sie um den Sinn
des erschütternden Geschehens. Wie Blitze fahren oft aus der zu-
sammengerafften Wirklichkeitserzählung die ahnungsvollen Erkenntnisse hervor.“[63] An die Stelle realitätsadäquater Analyse

wurden die Imaginationen „ahnungsvoller Schau" gesetzt, welche die Sinnfrage befriedigend zu lösen vermochten.

Was war nun der Inhalt der „ahnungsvollen Erkenntnisse" von Dichtern und – in ihrem Gefolge – von Literaturwissenschaftlern? *Schauweckers* Resümee am Ende seines Buchs *Aufbruch der Nation:* „Wir mußten den Krieg verlieren, um die Nation zu gewinnen."[64] *Cysarz:* „Und wer da wahrhaft deutschen Willens kämpfte oder fiel, hatte die deutsche Frage gültig gelöst. Großdeutschland war der innerste Sinn [...]."[65] *Linden:* „In den Schauern des Weltkrieges wurde die **deutsche Volksgemeinschaft** seelisch begründet, die über alle Unterschiede von Klassen und Ständen und Berufen, über alle künstlichen Schranken des 19. und beginnenden 20. Jahrhunderts hinwegführte. Diese neue Volks**gemeinschaft** und die tiefere Erkenntnis **wesenhaft deutscher Art,** das Zurückfinden zu ihr – das sind die fruchtbaren Folgen, die das grauenhaft opferreiche Ringen dem deutschen Volke gebracht hat."[66]

Was sich in diesen Zitaten artikuliert, sind schlagende Beispiele magischen Bewußtseins. Der unerfreulichen Wirklichkeit den Rücken kehrend, imaginierte das Bewußtsein einen ‚eigentlichen' Sieg und ‚innersten' Sinn: der Krieg wurde als ‚Heilsereignis' gedeutet, das die künftige völkische Erlösung offenbarte, ja sozusagen schon vorwegnahm, denn er erschien als heiliges Purgatorium, in dessen läuternden Flammen das Volk bereits zur ‚neuen Gemeinschaft' geschmolzen wurde; die Gefallenen wurden zu Märtyrern für das große Ziel, ihr Sterben sinnvoller Opfertod und innerweltliche Erlösungstat. Als Magie erweist sich diese Deutung durch drei Kriterien: Erstens wurden die Imaginationen als gegenstandsförmliche Realitätsbilder für ‚wahr' gehalten und waren nicht etwa nur pragmatische Propagandatricks. Zweitens wurde geglaubt, daß der neue Zustand durch einen Bewußtseinsakt herbeigeführt, die „Volksgemeinschaft *seelisch* begründet" wurde, obwohl in der äußeren Wirklichkeit die „Unterschiede von Klassen und Ständen" nach dem Krieg ganz offensichtlich noch größer und konfliktreicher geworden waren als zuvor. Drittens ergab sich folgerichtig die Überzeugung, durch die Macht des Bewußtseins, die „Allmacht der Gedanken" (*Freud*)[67], die äußere Realität nach dem imaginierten Realitätsbild formen zu können; es folgte der Versuch, dies auch tatsächlich zu tun. In *Mulots* Worten: „Die Front, die monumentalste

Ausprägung des Soldatentums aller Zeiten, wurde zur Wurzel eines neuen Volkes. Dies erklärt die einzigartige nationalpolitische Bedeutung der Weltkriegsdichtung. Sie läßt über dem zeitbedingten Zweck des militärischen Berufsstandes die grundsätzliche Bedeutung der soldatischen Haltung erkennen und gliedert den Soldaten als Schicksals- und Wertträger endgültig in das Ganze des volkhaften Lebens ein. [. . .] Sie vermittelt den Geist des Soldatentums immer und immer wieder dem Alltag unseres nationalen Daseins."[68]

Das magische Syndrom des Nationalsozialismus – ein imaginiertes Realitätsbild mit der Rasse als Realissimum, der Glaube an innerweltliche Erlösung durch deren Aktualisierung und dementsprechende politische Aktion – führte letztlich zu einer Reduktion des Verhaltens gegenüber der Realität auf den Modus der Gewalt, und zwar mit innerer Notwendigkeit: Der Versuch, das imaginierte Realitätsbild zu verifizieren, zielte darauf ab, Macht über die Realität zu erringen; er war getragen von dem magischen Glauben, absolute Macht über die Wirklichkeit sei möglich. Da jedoch die Realität dem magischen Bewußtsein nicht entsprach, wurde Gewalt angewendet, um das Ziel zu erreichen. Dichtung und Literaturwissenschaft, die sich als Instrumente der magischen Transformation verstanden, wurden so, wenn sie dieser Konsequenz folgten, zu bloßen Vehikeln der Machtentfaltung mittels Gewalt.

Hans Naumann zog die Konsequenz schon 1933; öffentlich erklärte er den absoluten Primat der Eroberungspolitik und damit die Abdankung der Literaturwissenschaft: „Es mag barbarisch klingen, was jetzt gesagt wird, aber es ist doch wahr: An philosophischen Systemen, an vortrefflichen Grammatiken, an schönen Gedichten ist Deutschland überreich. Auch wenn nichts Neues hinzukäme, hätten wir einen Schatz, von dem wir Jahrhunderte zehren könnten. – Aber an Danzig oder Wien oder am Saargebiet, an Eupen und Malmédy sind wir zur Zeit sehr arm. Indessen, Danzig und Wien sind im Augenblick für uns schöner als ein schönes Gedicht und wertvoller als ein kluges Buch."[69] Und *Heinz Kindermann* stellte 1941 sein Buch *Der großdeutsche Gedanke in der Dichtung* ausschließlich in den Dienst der politischen und militärischen Expansion des Dritten Reichs. Von den Dichtungen über das inzwischen eroberte Westpreußen und Posen hieß es: „Immer leidenschaftlicher deuten sie auf den Widersinn der Grenzziehung im Nordosten und auf die ‚blutende Wunde' hin, die ein böswilliger Rachegeist allein schon mit dem ‚Korridor' geschaffen hatte, der als Fremdkörper mitten sich durch deutsches Land schob."[70] Über die ebenfalls nun einverleibte Tschechei: „Schon entsteht in urwüchsigen Mundartbildern des mährischen Dichters Karl Bacher das strategische Bild des ‚Nußknackers' Deutschland, der diese Tschechei in seine Hebel nehmen mußte."[71] Das magische Realitätsbild von Großdeutschland als „innerem Sinn" (Cysarz)[72] schlug um in brutale Gewaltanwendung oder deren Unterstützung. Das war das Ende einer Disziplin, die ausgegangen war von der Betrachtung erhabener Werte in der Gestalt des Schönen, und so war *Kindermanns* Entwurf von der neuen Literaturwissenschaft zu lesen – als Anleitung zu magischem Handeln: „Literaturwissenschaft wird erst dann zu volkhafter Lebenswissenschaft, wenn sie in dem, was wir zuvor Lebensdienst und Stützung des völkischen Selbstbehauptungswillens nannten, indirekt auch Anlaß zur Tat und zuvörderst Quelle des Mutes und der Tapferkeit wird."[73]

Eine kritische Auseinandersetzung mit völkisch-nationaler und nationalsozialistischer Literatur wurde am frühesten von zeitgenössischen Schriftstellern geführt. Diese Auseinandersetzung beschränkte sich nicht auf polemische Äußerungen, wie z. B. die von *Roth* und *Tucholsky,* welche im ersten Teil dieses Bandes wiedergegeben sind. Immerhin wurden auch von Literaturwissenschaftlern, selbst ,national' denkenden, vor und noch während der ersten Jahre des Dritten Reichs künstlerisch allzu miserable Werke aus dem völkisch-nationalen Lager kritisiert.[74] Was vielmehr von einigen Schriftstellern bereits in den zwanziger und dreißiger Jahren geleistet wurde, sind ausgesprochen differenzierte Analysen der ideologischen Syndrome, welche sich in der völkisch-nationalsozialistischen Literatur artikulieren. Eine der brillantesten Untersuchungen dieser Art ist *Robert Musils* Analyse der vitalistischen Heimatkunst, welche er 1926 bei Gelegenheit einer Besprechung von *Paula Groggers* Heimatroman *Das Grimmingtor* vornahm und die im Textteil auszugsweise abgedruckt ist. *Musils* Ausführungen sind nach dem inzwischen vergangenen halben Jahrhundert, gemessen am Stand der heutigen wissenschaftlichen Diskussion, keineswegs ,überholt'; sie sind auch im Hinblick darauf noch aktuell, daß *Das Grimmingtor* vor einiger Zeit von einem großen deutschen Verlag wiederaufgelegt wurde. Ähnliches wie für *Musils* Untersuchung gilt für die beiden Werke, aus denen vorne ebenfalls Auszüge wiedergegeben sind: *Karl Kraus'* 1933 geschriebene *Dritte Walpurgisnacht,* in der er nicht nur den Fall *Benn* analysiert, sondern auch einige andere literarische Werke und sprachliche ,Hervorbringungen' des eben angebrochenen Dritten Reichs, sowie *Alfred Döblins* Überblick über die deutsche Literatur von 1938, der neben einer Charakterisierung der völkisch-konservativen Literatur bemerkenswerte Erörterungen über das Exilproblem und die Unvereinbarkeit von Totalitarismus und Kunst enthält.

Während des Dritten Reichs war kritische wissenschaftliche Beschäftigung mit völkisch-nationalsozialistischer Literatur nur im Ausland möglich, aber eingehender widmete man sich diesem Gegenstand auch hier nur selten. Zwar gab es in deutschen Emigranten-Zeitschriften hin und wieder Berichte und Glossen über die literarische Situation im Reich, aber grundsätzlich bewegten in jener Zeit die Emigranten und ausländischen Wissenschaftler, welche sich mit Deutschland und dem Nationalsozialismus befaßten, andere Probleme stärker als ein Schrifttum, das als künstlerisch belanglose Gesinnungs- und Propagandaliteratur angesehen wurde. So beschäftigte sich z. B. auch *Herbert Marcuse* in seinem 1934 in der Emigration erschienenen Aufsatz *Der Kampf gegen den Liberalismus in der totalitären Staatsauffassung* nicht mit der Dichtung, sondern mit der Ideologie des Nationalsozialismus; seine Untersuchung ist jedoch im Hinblick auf die nationalsozialistische Literatur von Interesse, weil er besondere Aufmerksamkeit einigen Ideologemen schenkte, die auch in Literatur und Literaturtheorie eine wichtige Rolle spielten: zum einen dem ,Heroismus', zum anderen dem, was *Marcuse* selbst ,Universalismus' und ,Naturalismus' nannte, nämlich die Rückführung alles geschichtlich-gesellschaftlichen Geschehens auf ,natürliche Urgegebenheiten', insbesondere das Volk, das als organische und außerdem universale Ganzheit Vorrang vor seinen Gliedern besitzt.

Marcuse sah den „heroisch-völkischen Realismus" des Nationalsozialismus als Produkt der Auseinandersetzung mit dem Rationalismus und Materialismus des 19. Jahrhunderts, sozialrelevant geworden unter dem Druck der ökonomischen und gesellschaftlichen Gegensätze nach dem ersten Weltkrieg. „Die faktischen Grundlagen des Universalismus" lagen nach seiner Ansicht „in der ökonomischen Struktur der monopolkapitalistischen Gesellschaft"[75]. Das Ideologem des Heroismus interpretierte *Marcuse* als notwendige Konsequenz des „irrationalistischen Naturalismus", der „hinter die wirklichen (ökonomischen und sozialen) Triebfedern der Geschichte zurück in die Sphäre der ewigen und unwandelbaren Natur" greift[76], um „eine rational nicht mehr zu rechtfertigende Gesellschaft durch irrationale Mächte zu rechtfertigen"[77]. Da nämlich durch diesen irrationalen Rückgriff nach *Marcuses* Auffassung soziale Ungerechtigkeit und materielle Not als ‚natürlich' zementiert, wenn nicht vergrößert werden, mußten die Gesellschaftsmitglieder abgelenkt und auf andere Werte verpflichtet werden: „Der Kampf gegen den Materialismus ist für den heroisch-völkischen Realismus in Theorie und Praxis eine Notwendigkeit: er muß das irdische Glück der Menschen, das die von ihm gemeinte Gesellschaftsordnung nicht bringen kann, prinzipiell desavouieren zugunsten ‚ideeller' Werte (Ehre, Sittlichkeit, Pflicht, Heroismus usw.)."[78]

Die propagandistische Strategie, die *Marcuse* herausarbeitete, besaß in der nationalsozialistischen Literatur ein Artikulationsinstrument von hervorragender Bedeutung, bewußt wurde während des Dritten Reichs der Dichtung nationalpolitische Erziehungsfunktion zugeschrieben.[79] Hier konnten die neuen Werte und Tugenden exemplarisch dargestellt werden: die Volksgemeinschaft als organische Gesellschaftsordnung, welche die Mitglieder der Gesellschaft kraft ihres gemeinsamen Blutes integrierte, und der Heroismus als Haltung, in der sich der einzelne der Gemeinschaft unterordnete; beide Ideologeme dienten dazu, die Gesellschaftsmitglieder zu einer handlungsfähigen Einheit zu formen und sie für die Durchsetzung der gesellschafts- und machtpolitischen Ziele des Regimes zu aktivieren. Trotz dieses offenkundigen Sachverhalts darf jedoch nicht vorschnell geschlossen werden, die Volksgemeinschaftsideologie sei ausschließlich ökonomisch bedingt, sei „von der ökonomischen Entwicklung selbst geradezu gefordert"[80] worden und sei im Verein mit dem Heroismus *nichts anderes* gewesen als ein propagandistisches Vehikel rein instrumentellen Charakters innerhalb einer in sich völlig rationalen Mittel-Zweck-Relation. Auf solche Weise zu kurz greift eine Interpretation, welche als „wirkliche Triebfedern der Geschichte" nur ökonomische und soziale sieht und das „irdische Glück der Menschen" unmittelbar und allein an materielle Voraussetzungen bindet. Löst man sich nämlich von den ‚Triebfedern der Geschichte' als einem abstrakten Begriff und untersucht die ‚Triebfedern' menschlichen Denkens und Handelns in Gesellschaft und Geschichte konkret, so zeigt sich, daß jener Begriff nicht-gegenständliche Erfahrungsrealität hypostasiert. Da die Probleme der Auslegung von Erfahrungen bei der Behandlung nationalsozialistischer Ideologeme immer wieder auftreten, müssen sie zumindest kurz angedeutet werden[81].

Die existenz-zentrale Erfahrung der Spannung zu einem Seinsgrund, der nicht der Mensch selbst ist, wurde zum erstenmal von *Platon* und *Aristoteles* in ihrer kritischen Auseinandersetzung mit den Ordnungssymbolen der griechischen Polis-Gesellschaft differenziert. In ihrer Exegese des Partizipierens am Seinsgrund wurde das Partizipieren sich selbst explizit als Existenzform des Menschen im *Metaxy*, d. h. in der Spannung der Existenz zwischen Nicht-Wissen und Wissen, Sterblichkeit und Unsterblichkeit, Zeit und Ewigkeit. Das Partizipieren wurde sich selbst klar als eine Bewegung auf den Seinsgrund hin, als ein Prozeß in der Realität.

Die Erhellung existentieller Realität und ihrer Struktur durch *Platon* und *Aristoteles* machte folgendes deutlich: Die Spannungserfahrung zum Grund ist immer die Erfahrung konkreter Menschen in einer konkreten Situation, deren Realität nur durch Selbstauslegung explizit gemacht werden kann. Die Realität des Partizipierens, zusammen mit den Sprachsymbolen, in denen die Erfahrung ausgelegt wird, kann nicht aus einer ‚anderen‘ und ‚eigentlichen‘, etwa materiellen Realität abgeleitet werden; das wäre der logische Fehler der Metabasis auf eine andere Seinsebene. Die Erfahrung des Partizipierens ist ein eigenständiges Ereignis *in* der Realität. Die Pole der Existenzspannung sind nicht Gegenstände, und die Erfahrung der Spannung kann daher nicht in ein Subjekt und Objekt zerlegt werden. Die Exegese einer solchen Erfahrung ist nicht eine Proposition über ein Objekt und darf nicht in die Rolle eines doktrinären ‚Wissensbesitzes‘ über Realität gedrängt werden.

Das Bewußtsein als Sensorium des Partizipierens bezieht sich auf die Realität der Erfahrung, die Sprachsymbole ihrer Auslegung jedoch sind bildhaft-gegenständlich. Dieser Sachverhalt einer Exegese nicht-gegenständlicher Realität durch gegenständliche Realitätsbilder macht es möglich, für nicht-gegenständliche Realitätsgehalte neben adäquaten Realitätsbildern auch inadäquate oder imaginäre zu entwerfen. Realitätsgehalt und Realitätsform können auseinanderfallen, wenn gegenstandsförmliche Realitätsbilder zu einem gegenständlichen Seinsgrund ‚objektiviert‘ werden – sei es zu einem ‚Weltgeist‘, zur ‚Materie‘ oder zur ‚Rasse‘. Solche Hypostasierungen von Erfahrungssymbolen werden gewöhnlich motiviert vom Drang zur Aufhebung der Existenzspannung. Die *libido dominandi*, der ‚Wille zur Macht‘, versucht durch Vergegenständlichung nicht-gegenständlicher Realität die ‚ganze' Wirklichkeit in Wissensbesitz zu nehmen und dadurch der unbeschränkten Herrschaft des Menschen zu unterwerfen. Ordnungsentwürfe wie der oben beschriebene politisch-religiöse des Nationalsozialismus müssen daher auf die Realitätsadäquanz ihrer Realitätsbilder hin analysiert werden. Dabei ist zu beachten, daß solche Ordnungsentwürfe ebenso wie andere Erfahrungsexegesen in der Auseinandersetzung mit konkreten historischen Problemen hervorgetrieben werden. Nicht nur die unterschiedliche Relation von Realitätsgehalt und Realitätsform prägt also die konkrete Gestalt von Realitätsbildern, sondern auch das jeweils vorhandene Geflecht individuell-biographischer, sozialer, ökonomischer, politischer und ideologischer Inhalte, in dem sich die Erfahrung ereignet und auf das sich die Auslegung bezieht.

Kurz vor *Marcuses* Aufsatz, im Herbst 1933, erschien *Wilhelm Reichs* Buch *Massenpsychologie des Faschismus*. Obwohl auch er sich nicht mit der nationalsozialistischen Dichtung befaßte, ist seine Arbeit für diesen Gegenstand gleichfalls interessant, hauptsächlich aus folgenden Gründen: Erstens wies sie auf die Bedeutung der Sexualproblematik beim Nationalsozialismus hin; dieser Hinweis ist auch für die nationalsozialistische Literatur relevant, die charakteristische schwüle Erotik in Werken der *Berens-Totenohl, Böhme, Dinter* oder *Zöberlein* verlangt in der Tat besondere Beachtung. Zweitens richtete *Reich* bei seiner Untersuchung des Nationalsozialismus sein Augenmerk auf psychische Faktoren, die in der nationalsozialistischen Dichtung ebenfalls eine wichtige Rolle spielten. Als Marxist und Psychologe sah er sich zu solcher Betrachtungsweise sonderlich veranlaßt angesichts der Tatsache, daß das klassische sozio-ökonomische Modell *Marx'* bei der Erklärung bestimmter Phänomene des Nationalsozialismus – z. B. auch bei der Erklärung seines Erfolgs – versagte: Er stellte „Mängel in der marxistischen Erfassung der Wirklichkeit" fest, aufgrund derer nicht erklärt werden konnte, warum „die Mystik der Nationalsozialisten in tiefster Krise und Verelendung über den wissenschaftlichen Sozialismus" gesiegt hatte[82]. Um diese „Mängel" zu beheben, adaptierte *Reich* der *Marxschen* Lehre Fragestellungen und Methoden der Psychoanalyse *Freudscher* Provenienz, ordnete sie jener „an einer ganz bestimmten Stelle unter und ein" und entwickelte so eine „dialektisch-materialistische Psychologie"[83]. Hierbei schaltete er im *Marxschen* Modell zwischen den beiden Bereichen des materiellen Seins und des Bewußtseins den „Prozeß im menschlichen Seelenleben" ein, um damit aufzudecken, *wie* das erste sich in das zweite umsetzt und „wie das so entstandene Bewußtsein (wir werden von nun an von *psychischer Struktur* sprechen) auf den ökonomischen Prozeß zurückwirkt"[84]. Auf diese Weise brachte *Reich* bei seiner Untersuchung des Nationalsozialismus psychische Faktoren in einen Wirkungszusammenhang mit gesellschaftlichen und politischen Sachverhalten.

Andererseits konnte *Reichs* Analyse über eine bestimmte Grenze nicht vorstoßen, und zwar aus folgenden Gründen: Erstens operierte er mit dem von *Freud* übernommenen und durch Simplifizierung weiter zugespitzten Modell der auf die sexuelle *libido* reduzierten *psyche*, wodurch die *psyche* als Sensorium des Partizipierens am Seinsgrund – bzw. das Bewußtsein als deren Ausdrucksäquivalent – dekapitiert wurde. Nicht-gegenständliche Realitätsgehalte blieben folglich zusammen mit den Sprachsymbolen ihrer Auslegung außerhalb des Blickfelds oder wurden falsch gedeutet. Zweitens fügte er sein Modell von der *psyche* dem von *Marx* übernommenen Realitätsbild ein, das die „Seinsbedingungen" auf die Entität ‚Materie' reduzierte[85]. Dieses Realitätsbild veranlaßte ihn, auch die *psyche* „auf den ihr zugrundeliegenden materiellen Gehalt zu reduzieren"[86], wodurch in illegitimer Weise nicht-gegenständliche Realität hypostasiert wurde. Drittens hielt er die Realitätsbilder, die er durch diese kombinierte Reduktion gewann, fälschlich für die ‚ganze' Realität, von der er sich durch eben jene Hypostasierungen getrennt hatte.

Reichs Versuch, durch die Zwischenschaltung der „psychischen Strukturen" zu erklären, warum sich im Hinblick auf den Nationalsozialismus Bewußtsein und politisch-gesellschaftliche Realität anders verhielten, als es nach klassisch-marxistischer Gesetzmäßigkeit die ökonomischen Verhältnisse erforderten, scheiterte an sich selbst, wenn letzten Endes die „psychische Apparatur der Menschen" als ‚subjektiver Kern' der Ideologie auf dieselbe ökonomische, d. h. materielle Basis zurückgeführt wurde wie die sogenannte ‚objektive' Ideologie: „Die Ideologie erscheint somit doppelt materiell fundiert: *mittelbar* durch die ökonomische Struktur der Gesellschaft, *unmittelbar* durch die typische Struktur der sie produzierenden Menschen, die selbst wieder durch die ökonomische Struktur der Gesellschaft bedingt ist."[87] *Reich* erkannte zwar, daß die „Mystik" der Nationalsozialisten und die „Überzeugtheit von ihrer göttlichen Sendung"[88] ernstgenommen werden mußten und daß „metaphysisches Denken, Gottgläubigkeit, Beherrschtheit von abstrakten, ethischen Idealen und Glauben an die göttliche Bestimmung des ‚Führers'"[89] sozialrelevante Faktoren waren, aber die „typische Struktur" und die tatsächlichen Beweg- und Erfolgsgründe der spezifischen nationalsozialistischen Religiosität vermochte er nicht zu analysieren.

Das politisch-religiöse Ordnungsmodell des Nationalsozialismus wurde 1938 von *Eric Voegelin,* einem anderen deutschen Emigranten, in seiner Studie *Die politischen Religionen*[90] behandelt; seine Untersuchung der zugrundeliegenden Erfahrungsstimulationen anhand von Gedichten *Gerhard Schumanns* war die erste Analyse nationalsozialistischer Literatur unter dieser Fragestellung. Auch seine Betrachtung des Nationalsozialismus selbst als einer politischen Religion stellte eine neue analytische Perspektive dar, die später in gleicher oder ähnlicher Weise von so unterschiedlichen Autoren wie *Kenneth Burke, Hermann Rauschning, Albert Camus* oder *Friedrich Heer* eingenommen wurde. *Voegelin* hatte sich zunächst mit dem Widerstand auseinanderzusetzen, den die Deutung einer politischen Bewegung als Religion hervorruft; er führte ihn zurück auf den symbolischen Sprachgebrauch, der sich durch die Polarisierung der Institutionen ‚Kirche' und ‚Staat' mit der Auflösung der christlich-abendländischen Reichseinheit und der Entstehung der modernen Staatenwelt herausgebildet hatte. „Die Begriffe des Religiösen und des Politischen sind den Institutionen und ihren Symbolen gefolgt; sie haben sich auf das Kampffeld begeben und sich unter die Autorität der kämpferischen Sprachsymbole gestellt, so daß heute auch für die Erkenntnis unter dem Drucke ihrer begrifflichen Mittel Gegensätze bestehen, wo vielleicht bei kritischer Prüfung nur unterschiedliche Fälle der Wirksamkeit von nahe verwandten menschlichen Grundkräften zu finden sein werden."[91] Grundkräfte solcher Art sah *Voegelin* in Erfahrungen existentieller Spannung und im Streben nach deren Auflösung, empfunden als religiöse Erlebnisse, in denen die Erlösung, d. h. die Antwort auf die Existenzfrage gefunden wird, sei es in einem welttranszendenten Existenzgrund, sei es in einem immanenten

Wirklichkeitsbereich. „Wo immer ein Wirkliches im religiösen Erlebnis sich als ein Heiliges zu erkennen gibt, wird es zum Allerwirklichsten, zum Realissimum. Diese Grundwandlung vom Natürlichen zum Göttlichen hat zur Folge eine sakrale und wertmäßige Rekristallisation der Wirklichkeit um das als göttlich Erkannte. Welten von Symbolen, Sprachzeichen und Begriffen ordnen sich um den heiligen Mittelpunkt, verfestigen sich zu Systemen, füllen sich mit dem Geist der religiösen Erregung und werden fanatisch als die ‚richtige' Ordnung des Seins verteidigt."[92] Im Hinblick auf die unterschiedlichen Inhalte der Erfahrung unterschied *Voegelin* zwischen „überweltlichen Religionen", „die das Realissimum im Weltgrund finden", und „innerweltlichen Religionen", „die das Göttliche in Teilinhalten der Welt finden".[93]

In einem Überblick über politische Religionen von der Sonnenreligion unter *Echnaton* bis hin zum Nationalsozialismus konnte *Voegelin* die zentralen Symbole herausarbeiten, welche die politisch-religiöse Formensprache durchgehend beherrschten, sowie die sukzessive Wandlung ihrer Inhalte: „Hierarchie und Orden, universale und partikuläre Ekklesia, Gottesreich und Teufelsreich, Führertum und Apokalypse."[94] Die nationalsozialistische Volksgemeinschaft analysierte er als „radikal innerweltliche Ekklesia", in der „als Legitimierungsquelle der Gemeinschaftsperson die Gemeinschaft selbst" auftritt.[95] Als Symbol für die „sakrale Substanz" der Gemeinschaft bezeichnete er – neben anderen Vokabeln aus dem Wortschatz der deutschen Romantik – den ‚Volksgeist' als „ein durch die Zeit dauerndes Realissimum, das in den einzelnen Menschen als Gliedern ihres Volkes und ihren Werken geschichtliche Wirklichkeit wird". Die Glieder werden zur Volksgemeinschaft, „zum ‚Volk der Einheit', zur geschichtlichen Person, durch die politische Organisation". Organisator ist der ‚Führer', er ist „die Stelle, an der der Volksgeist in die geschichtliche Realität einbricht"[96]. Da der Volksgeist eine innerweltlich-sakrale Substanz ist, nämlich an das Blut gebunden, wird „der Führer zum Sprecher des Volksgeistes und Repräsentanten des Volkes kraft seiner rassemäßigen Einheit mit dem Volk".[97]

An *Gerhard Schumanns* Gedichten *Die Lieder vom Reich* analysierte *Voegelin* die „politisch-religiösen Erregungen", „aus deren Stoff sich die Symbole und die geschichtliche Wirklichkeit der innerweltlichen Gemeinschaft aufbauen"[98]. Er arbeitete die Formeln heraus, in denen *Schumann* den psychischen Prozeß seiner Erfahrungen zum Ausdruck brachte: Unwirklichkeit, Kälte, Einsamkeit, Drang nach Vereinigung mit dem heiligen Ganzen, aktives Durchbrechen von Widerständen und zugleich passive Hingabe, Entpersönlichung im Ganzen des Volks und damit Befreiung von der drückenden Last des Selbst. Als religiöse Erregungen haben diese Seelenbewegungen nach *Voegelins* Ansicht ihre Wurzeln im „Erlebnis der Kreatürlichkeit": „aber das Realissimum, in dem sie sich erlösen, ist nicht, wie im christlichen Erlebnis, Gott, sondern das Volk und die Bruderschaft der verschworenen Gefährten, und die Ekstasen sind nicht geistig, sondern triebhaft, und münden im Blutrausch der Tat."[99]

Auf religiöse Phänomene im Nationalsozialismus stieß 1939 von einem anderen Ansatz her auch der Amerikaner *Kenneth Burke*, und zwar bei einer Sprachuntersuchung, die allerdings keine dichterischen Werke zum Gegenstand hatte, sondern das Hauptwerk des Nationalsozialismus selbst: *Hitlers Mein Kampf*. In seiner Untersuchung *The Rhetoric in Hitler's „Battle"* stellte er in *Hitlers* Wortschatz gehäuft auftretende religiöse Bilder, Symbole und Begriffe fest. Er kam zu der Schlußfolgerung: „Hitlers Denkschemata sind nichts anderes als pervertierte oder karikierte Formen religiösen Denkens."[100] Die Art dieser Perversion bzw. der spezifische Charakter der offenbar vorhandenen Religiosität wurde von *Burke* jedoch nicht analysiert. Unter wieder anderem Aspekt stellte 1941 *Hermann Rauschning* Beobachtungen zur Religiosität des Nationalsozialismus an. Der ehemalige Senatspräsident Danzigs und zeitweilige Anhänger *Hitlers* vertrat eine protestantisch-preußische Richtung der ‚Konservativen Revolution', er sah den von *Hitler* repräsentierten Nationalsozialismus als süddeutsch-katholisch an, geprägt von „spanischem Fanatismus", und bezeichnete als Wurzeln des nationalsozialistischen Weltmachtstrebens die „Katholizität des neuen Glaubens an den Gott verkörpernden Führer"[101].

Was während des Dritten Reichs an fremdsprachigen Untersuchungen erschien, die sich eingehender oder ausschließlich mit nationalsozialistischer Literatur und Literaturtheorie beschäftigten, ist schwer zu überblicken. 1937 veröffentlichte *Gudmund Roger-Henrichsen* in Dänemark die kleine Schrift *To slags tysk Litteratur*,[102] in der sie die Emigranten-Literatur der des Dritten Reichs gegenüberstellte. Im selben Jahr legte in Norwegen *Odd Eidem* die umfangreichere Arbeit *Diktere i landflyktighed* vor,[103] die auch die Vorgeschichte der literarischen Zweiteilung Deutschlands darzustellen versuchte. Beide Untersuchungen wurden von *Walter A. Berendsohn* in seinem Buch über die deutsche Emigranten-Literatur kritisch besprochen.[104]

Eine große Zahl völkisch-nationaler und nationalsozialistischer Lyriker, Dramatiker und Romanschriftsteller behandelte der Londoner Germanist *Jethro Bithell* in seiner 1939 erschienenen Literaturgeschichte *Modern German Literature 1880–1938;* darüber hinaus widmete er der spezifischen ‚Blut-und-Boden-Literatur‘ ein eigenes Kapitel. Mit der *fairness* des Engländers und vielleicht auch unter dem Eindruck des *appeasements* von 1938 stellte er seinen Gegenstand eher zurückhaltend dar und bemühte sich, „all meinen Autoren Gerechtigkeit widerfahren zu lassen"[105]. Die Prinzipien nationalsozialistischer Literatur, die er herausarbeitete, – Romantizismus, Rassismus, Anti-Individualismus, Bodenkult, Heroismus,[106] – exemplifizierte er an Werken hauptsächlich völkisch-nationaler Schriftsteller; die Sachlichkeit seiner Darstellung neigte jedoch insgesamt zu sehr zu bloßer Deskription.

Schärferen analytischen Zugriff zeigte die Arbeit eines anderen Londoner Germanisten: *Henry G. Atkins'* während des Kriegs veröffentlichtes Buch *German Literature Through Nazi Eyes. Atkins* gab zunächst einen Überblick über die wichtigsten Schritte, die nach 1933 politische Führer und Institutionen, Kritiker, Schriftsteller und Literaturwissenschaftler unternahmen, um die völkisch-nationalsozialistische Literatur als eigentliche und einzige deutsche Dichtung zu etablieren. Besonderes Augenmerk richtete er auf das Vokabular, das dabei gebraucht wurde, er stellte die polaren Wortfelder zusammen, in deren Mitte ‚Dichtung‘ und ‚Literatur‘ standen, und analysierte eingehend den Begriff der ‚volkhaften Dichtung‘. Den Hauptteil seines Buches nahm eine Darstellung der Umwertungen ein, die Literaturwissenschaftler bei ihrer Betrachtung deutscher Literatur gemäß der nationalsozialistischen Ideologie durchführten; er zeigte die neuen Maßstäbe an verschiedenen Urteilen über deutsche Dichter von *Klopstock* bis *Thomas Mann.* Eine der wesentlichsten theoretischen Einsichten brachte *Atkins'* Analyse nationalsozialistischen Vokabulars, das im politischen wie literarischen Bereich zum terminologischen Kernbestand gehörte. Er wies nach, daß dieses Vokabular der Wirklichkeit entfremdet war und eine zweite Realität darstellte, die nur in der Sprache selbst existierte; und er führte außerdem vor Augen, wie durch Mittel der Emotionalisierung und der demagogischen Rhetorik politische und literarische Autoren die verbalisierten Imaginationen als Realität vermitteln konnten: „Ihren Lesern und Hörern wird durch diese stereotypen Ausdrücke alle geistige Anstrengung erspart. Sie erkennen alte Freunde wieder, begrüßen sie voll Freude und können sich hemmungslos Gefühlsaufwallungen hingeben. Durch ihre Vertrautheit gewinnt die Welt der Ideen, die sie heraufbeschwören, die Illusion der Realität."[107]

In seinen Schlußfolgerungen zog *Atkins* die Verbindungslinien von den literarischen zu den zentralen politischen Problemen des Nationalsozialismus; er stellte damit eine Perspektive her, die bei der Betrachtung nationalsozialistischer Literatur von zwingender Notwendigkeit ist. Sein abschließendes Urteil zum Gesamtphänomen des Nationalsozialismus beruhte auf den Grundsätzen angelsächsischen politischen Denkens, das in der lebendigen Tradition klassischer Philosophie und christlichen Glaubens steht. Als Angelpunkt der nationalsozialistischen Parekbasis betrachtete *Atkins* daher den Bruch mit dieser Tradition, der mit der Absicht des Nationalsozialismus einherging, sich von der Gemeinschaft der Nationen zu trennen: „Sein eigentliches Wesen liegt in der Verwerfung jener gemeinsamen europäischen Zivilisation, die in der griechisch-römischen Kultur fundiert ist und beseelt durch die Ethik des Christentums, wenn auch nicht unbedingt durch seine dogmatischen Glaubensinhalte. Die absolute Antithese des Nazi ist der christliche Gentleman, und wenn man das sagt und sich klar macht, was es bedeutet, dann ist damit so ziemlich alles gesagt."[108]

Ein Forschungsbericht über Untersuchungen nationalsozialistischer Literatur im engeren Sinn könnte sich auf das vergangene Jahrzehnt beschränken; erst nach 1960 erschienen Einzeluntersuchungen und größere Darstellungen zu diesem Gegenstand. Die Tatsache, daß sich die deutsche Literaturwissenschaft nach Ende des zweiten Weltkriegs eineinhalb Dezennien lang überhaupt nicht – und während der Folgezeit nur in Einzelfällen – mit der Dichtung des Dritten Reichs beschäftigte, steht in ursächlichem Zusammenhang mit der Geschichte dieser Disziplin vor und nach 1945. *Karl Otto Conrady* erklärte in seinem Vortrag *Deutsche Literaturwissenschaft und Drittes Reich* „die von den deutschen Literaturwissenschaftlern nach 1945 so energisch vollzogene Wendung zur werkimmanenten Interpretation" einerseits „als Reaktion auf geistesgeschichtliches Konstruieren", aber auch „als Gegenschlag gegen die Vorherrschaft nationalpädagogischer Kriterien" und als „willkommenes Mittel zur Flucht aus den politisch-ideologischen Verstrickungen des Dritten Reichs"[109]. Das Faktum, daß die historischen Bedingungen dieser Wendung nicht eingehend analysiert und bewußt gemacht wurden, hängt seinerseits damit zusammen, daß sich die Germanistik – mit wenigen Ausnahmen jüngeren Datums – auch nicht mit der Geschichte der eigenen Disziplin während des Dritten Reichs befaßte.

Das generelle Schweigen der Literaturwissenschaft zur nationalsozialistischen Dichtung bis in die sechziger Jahre wurde von einigen wenigen Stimmen durchbrochen, die sich kurz nach 1945 zu diesem Gegenstand äußerten. Sie wurden geprägt durch die Zeitsituation, durch den noch unmittelbar lebendigen Eindruck des nationalsozialistischen Regimes und der von ihm herbeigeführten Katastrophe wie durch das Gefühl der Befreiung von ideologischer Reglementierung. Demzufolge handelte es sich um engagierte Auseinandersetzungen oder aber um den Versuch, zum erstenmal wieder eine literaturgeschichtliche Bestandsaufnahme zu machen, ohne dabei von Dogmen und politischen Zwangsmaßnahmen behindert zu sein. Sie seien im folgenden kurz vorgestellt, um diese ersten Ansätze zu dokumentieren. Wie erwähnt, schloß sich ihnen keine weitere Beschäftigung mit nationalsozialistischer Literatur an; ihre Ergebnisse sind inzwischen von den neueren Untersuchungen ergänzt, korrigiert oder differenziert worden.

Abgesehen von diesen nicht weitergeführten Ansätzen sind zunächst noch einige Arbeiten zu nennen, die während der fünfziger Jahre erschienen und die sogenannte ‚Konservative Revolution‘ sowie solch interessante Gestalten wie *Jünger* und *Benn* behandelten. Im Hinblick auf den größeren Problemkreis, den die völkisch-nationale und nationalsozialistische Literatur darstellt, sind diese Untersuchungen von Bedeutung. Auch im weiteren Verlauf des Forschungsberichts werden nicht nur Arbeiten speziell zur Dichtung des Dritten Reichs vorgestellt werden, sondern auch Studien zur Literaturpolitik, Ideologie und Sprache des Nationalsozialismus, um auf diese Weise jenen größeren Problemkreis deutlich zu machen.

3.1 Erste Ansätze, zur Konservativen Revolution, zu Jünger und Benn

Einen ersten Überblick über die Entwicklung der Literatur im Dritten Reich zwischen 1933 und 1939 vermittelte *Walter A. Berendsohn* in der Einleitung seines Buches *Die humanistische Front. Einführung in die deutsche Emigranten-Literatur.* Es erschien 1946; geschrieben hatte er es schon während seiner Emigrationszeit. *Berendsohn* zeigte vor allem den Niveauverlust der nach 1933 in Deutschland verbliebenen Dichtung, indem er sie gegen die Emigranten-Literatur absetzte; des weiteren beschrieb er die Säuberungsmaßnahmen während der ersten Jahre des Dritten Reichs sowie die Überwachungs- und Lenkungspolitik verschiedener Institutionen, wobei allerdings – angesichts des Veröffentlichungsjahres begreiflich – manche Angaben fehlerhaft und insgesamt noch weithin unvollständig waren. Davon abgesehen arbeitete *Berendsohn* jedoch schon deutlich heraus, daß die Literatur im Dritten Reich eine dienende Funktion hatte, daß die Kulturpolitik unmißverständlich das Ziel verfolgte, die gesamte Kultur „dem großen politischen Kampfziel der Nation unterzuordnen"[110]. In Einzelporträts verschiedener Schriftsteller und in einem Überblick über die literarischen Gattungen stellte er dar, daß folgerichtig keine eigenständige Dichtung entstehen konnte und generell literarische Niveaulosigkeit herrschte. Andererseits brach er nicht den Stab über sämtliche im Reich gebliebenen Schriftsteller: „Es wird hier also durchaus nicht behauptet, daß es im Dritten Reich keine begabten Schriftsteller mehr gäbe, sondern nur, daß sie, soweit sie die Wahrheit lieben und Charakter haben, mit ihrem Werk nicht gedeihen können, weil sie sich mit der gesamten Lage in Deutschland und mit den brennendsten Fragen, die sich in aller Menschen Hirn und Herzen regen, gar nicht befassen dürfen."[111]

Fast gleichzeitig mit *Berendsohns* Buch erschien in der Zeitschrift *Die Sammlung* eine „kleine Studie über nationalsozialistische Lyrik" von *Kurt Berger*[112]. *Berger* ging es hauptsächlich darum, die Inhumanität der „gegenindividuellen Kollektivlyrik"[113] zu zeigen. An ausgewählten Beispielen arbeitete er einen zentralen Bereich irrationalen Ausdruckswillens und der ihm entsprechenden Bilder und Symbole heraus: Er stellte dar, daß in nationalsozialistischen Gedichten und Liedern mit Vorliebe ‚dunkle Mächte' beschworen und ‚Schicksalsschauer' evoziert wurden, um auf diese Weise die bedingungslose Unterwerfung unter das Regime zu einer *Unio mystica* mit *Hitler* zu transformieren und um Kampf- und Todesbereitschaft in das Gewand der Schicksalsfrömmigkeit zu kleiden. *Berger* wies nach, daß hierbei in großer Zahl Anleihen an Bibelsprache und christlichen Glaubenssymbolen gemacht wurden.

Wiederum nur kurze Zeit später versuchte *Paul E. H. Lüth* im zweiten Band seiner Literaturgeschichte der deutschen Dichtung von 1885 bis 1947 einen umfangreicheren Überblick über völkisch-nationale Schriftsteller und die Literatur im Dritten Reich zu geben[114]. *Lüths* Werk fehlte es leider nicht nur an den für eine Literaturgeschichte notwendigen Kenntnissen und sorgfältigen Vorarbeiten; *Paul Rilla* überführte ihn sogar in einer eigens verfaßten Streitschrift des mehrfachen Plagiats und beschuldigte ihn, wissenschaftlich zweifelhafte, wenn nicht unverantwortliche Methoden gebraucht zu haben[115]. Sein ‚Verriß' war sicher gerechtfertigt; andererseits waren gerade die Teile über

nationalsozialistischer Literatur, auf die *Rilla* in seiner Streitschrift auch nicht einging, noch am ehesten sachlich und informa-
tiv. Allerdings zitierte *Lüth* hier ebenfalls fleißig andere Autoren, vor allem *Berendsohn,* die Darstellung der eigentlichen
„Partei-Autoren" beschränkte sich größtenteils auf die Aufzäh-
lung von Titeln[116], seine Analyse des Gesamtkomplexes war noch
sehr dürftig. Der Informationswert, den der Überblick damals
besaß, ist inzwischen durch neuere Arbeiten überholt.

Beträchtlichen Informationswert dagegen besitzt auch heute
noch eine Arbeit, die gleichwohl weder den Nationalsozialismus noch dessen Literatur zum unmittelbaren Gegenstand hatte:
Armin Mohlers 1950 erschienene Dissertation *Die Konservative
Revolution in Deutschland 1918–1932.*[117] Die konservativ-revolutionären Weltanschauungen jedoch, die *Mohler* vorstellte, bezogen sich nicht nur auf Politik, sondern prägten ebenso und in
entscheidender Weise Dichtung und Dichtungstheorie; fast alle
der im vorliegenden Band unter dem Sammelbegriff ‚völkisch-
national' geführten Schriftsteller kann man aufgrund ihrer Ideen
der einen oder anderen Spielart konservativ-revolutionären
Denkens zuordnen. *Mohler* selbst ging in seiner Arbeit auf eine
ganze Reihe solcher Schriftsteller ein, die bestimmten Gruppen
der Konservativen Revolution unmittelbar angehörten oder sie
beeinflußten, wie z. B. auf die ‚Nationalrevolutionäre' *Friedrich Georg* und *Ernst Jünger, Dwinger, Schauwecker, Beumelburg.* Eine ergiebige Informationsquelle über bekannte und vor
allem auch unbekanntere Schriftsteller dieses weltanschaulichen
Lagers ist in *Mohlers* Buch insbesondere die umfangreiche *Bibliographie raisonnée.*

Gegenstand von *Mohlers* Untersuchung war das politische
Denken der ‚Konservativen Revolution' oder ‚Deutschen Bewegung'. „Wir verstehen darunter jene geistige Erneuerungs-
bewegung, welche das vom 19. Jahrhundert hinterlassene Trüm-
merfeld aufzuräumen und eine neue Ordnung des Lebens zu
schaffen sucht."[118] *Mohler* teilte sie nach ihren Leitbildern in fünf
Gruppen ein:

„Die ersten drei stellen sich deutlich dar als Gruppierungen
innerhalb der Theorie ohne unmittelbar zutage tretende Auswirkungen in der Wirklichkeit. Es sind dies die ‚*Völkischen*' mit
ihrem Zurückgehen auf die germanische Frühzeit und dem Betonen von in sich ruhenden und noch ungegliederten Dingen wie

‚Rasse' und ‚Volk'; die ‚*Jungkonservativen*', welche eine gegliederte Vielfalt ähnlich dem mittelalterlichen Reich anstreben und
denen dieses Wort ‚Reich' als Kennwort zuzuteilen wäre; schließlich die ‚*Nationalrevolutionäre*', bei denen das Zum-Inhalt-Wer-
den des In-Bewegung-Seins das preußische Vorbild und ‚Bewegung' als Stichwort erkennen läßt."[119] Von diesen drei Gruppen
sah *Mohler* die restlichen zwei stärker getrennt, er ordnete sie
dem „zwielichtigen Bereich zwischen Theorie und Wirklichkeit"
zu: „In der einen der zwei Gruppen, der ‚*bündischen Jugend*',
mündet der um die Jahrhundertwende einsetzende Aufbruch
der Jugendbewegung in die ‚Deutsche Bewegung' ein. Und wie
in der Jugendbewegung die bisher stumme Jugend erwacht und
sich eine eigene Ausdrucksform zu schaffen sucht, so erwacht in
der anderen Gruppe, der ‚*Landvolkbewegung*', das seit Jahr-
hunderten schlafende Bauerntum und stellt durch sein stummes
Anderssein die Welt des Fortschritts in Frage."[120]

Als „Ober-Leitbild" der gesamten Konservativen Revolution
sah *Mohler* die Vorstellung von der ‚ewigen Wiederkehr' an,
mit dem „Weltbild der Kugel" und den erstrebten Werten ‚Einheit' an Stelle von Individualismus, ‚Ganzheit' anstatt Aufspal-
tung, ‚Bindung' anstatt Freiheit.[121] Er verstand sie als Gegenbe-
wegung gegen das ‚Fortschrittsdenken' der während des neuzeit-
lichen Säkularisierungsprozesses entstandenen Ideologien. Jedoch: „Fortschrittsdenken und Christentum haben eine wichtige
Gemeinsamkeit: beide denken in bezug auf die Zeit ‚*linear*'.
Alles Geschehen entwickelt sich für sie auf einer geraden Linie,
welche für das Christentum vom Opfertod Christi zur Erlösung
im Jenseits, für das Fortschrittsdenken von unvollkommenen
Zuständen zu einer vollkommen gewordenen diesseitigen Welt
sich spannt."[122] „Damit halten wir die ‚Konservative Revolution' nicht nur für eine Verneinung des Fortschrittsdenkens, sondern ebensosehr auch des Christentums."[123] Nach *Mohlers* ab-
schließendem Urteil tritt die Konservative Revolution mit dem
Anspruch auf, an Stelle der christlichen und progressivistischen
Weltbilder „ein gültiges neues zu setzen, und da dieses von ihnen
neu aufgestellte Weltbild im Grunde kein anderes ist als das,
welches bis zum Auftreten des Christentums das alleingültige
war, tritt dieser Anspruch mit einem gewissen Gewicht auf.
Doch fehlt uns der nötige Abstand, um beurteilen zu können,
ob dieser Anspruch zu Recht besteht."[124]

Abgesehen von der nicht weiter präzisierten Vorstellung der ‚Wiederkehr' ließ *Mohler* unausgeführt, welches vorchristliche Weltbild denn nun im einzelnen gemeint war. Es erhebt sich daher der Verdacht, daß es nicht am „nötigen Abstand" fehlte, sondern an den Kenntnissen und vielleicht sogar am Willen, die Berechtigung jenes Anspruchs nachzuprüfen, etwa durch einen kritischen Vergleich des konservativ-revolutionären Weltbilds mit den Ordnungsentwürfen der platonischen *politeia* oder der ciceronischen *res publica*; das Weltbild der germanischen Vorzeit, über das man ohnehin nicht allzuviel weiß, war ja wohl als Vorbild etwas dürftig angesichts des epochalen Anspruchs, mit dem die Konservative Revolution gegen eine zweitausendjährige Geschichte differenzierter spiritueller und politischer Ordnungsmodelle auftrat. Bei einer solchen kritischen Überprüfung hätte sich nämlich sehr rasch herausgestellt, daß die Revolution der Konservativen mit wenigen Ausnahmen – wie z. B. *Friedrich Reck-Malleczewen* – oberflächlich blieb, daß aus der Revolte gegen progressivistische Ideologien und dogmatisches Christentum lediglich eine „Sekundärideologie"[125] folgte und keineswegs der Durchbruch zu einer vordogmatischen oder vorideologischen Wissensrealität.

Daß *Mohler* der Wille zu einer kritischen Analyse fehlte, bestätigte er selbst. Seine Untersuchung „nimmt weder für noch gegen diese Weltanschauung Stellung. Sie versucht auch nicht, deren Herkunft geistesgeschichtlich, soziologisch, psychologisch oder sonstwie zu erklären"[126]. Nach seiner Ansicht war überhaupt nur eine „reine Bestandsaufnahme"[127] möglich, da „dieses ganze Fragenbündel dermaßen von Affekten überkrustet ist, daß allein sachliche Beschreibung, nüchterne Erkenntnis des Geschehenen und des noch Geschehenden weiterhilft"[128]. Nun besitzt *Mohlers* Darstellung durchaus ihren Wert als „Bestandsaufnahme", aber diese war so „rein" nicht, wie er vorgab. So glaubte er der konservativ-revolutionären Weltanschauung doch im positiven Sinne ‚ein gewisses Gewicht' zuerkennen zu müssen;[129] oder er stellte die anfechtbare Behauptung auf, die drei hauptsächlichen Gruppen der Konservativen Revolution seien „ohne unmittelbar zutage tretende Auswirkungen in der Wirklichkeit" gewesen.[130] Und wenn *Mohler* zu *Jüngers* Ideal von einem heroischen Menschenschlag, „der sich mit Lust in die Luft zu sprengen vermag, und der in diesem Akte noch eine Bestätigung der Ordnung erblickt",[131] lediglich zu bemerken wußte, dieser Haltung zugrunde liege „ein Freiheitsbegriff, wenn auch ein ungewohnter",[132] so hatte das nichts mehr mit „sachlicher Beschreibung" zu tun, sondern zeugte schlicht von einem erheblichen Mangel an Sensitivität gegenüber ideologischen Entgleisungen.

Der ausschlaggebende Sachverhalt, der *Mohlers* „nüchterne Erkenntnis des Geschehenen" trübte und eine kritische Analyse verhinderte, läßt sich in den beiden letzten Sätzen seines Schlußkapitels fassen: „Die Frage allerdings, ob eine geistige Bewegung wie die ‚Konservative Revolution' nicht auch für den Mißbrauch ihrer selbst verantwortlich sei, muß hier offen bleiben. Sie kann in dieser Arbeit nicht beantwortet werden."[133] Die Frage wurde nicht beantwortet, weil es *Mohler* von vornherein darum ging, die Konservative Revolution als „eigenständiges Gebilde darzustellen [...], das nicht mit Notwendigkeit in den Nationalsozialismus mündet"[134], also die Unterschiede zum Nationalsozialismus zu pointieren und nicht die Gemeinsamkeiten. Die Unterschiede hat es zweifellos gegeben, und es ist legitim, sie herauszuarbeiten, aber in Anbetracht der Gemeinsamkeiten und angesichts der Katastrophe, die der Nationalsozialismus herbeiführte, ist die Frage brennender, welches Gedankengut die Konservative Revolution dem Nationalsozialismus bereitstellte und welche Linien von ihr ins Dritte Reich laufen. Der Verdacht läßt sich schwer abweisen, daß *Mohler* eine gewisse Sympathie für seinen Gegenstand hegte, und zwar eine Sympathie der von *Thomas Mann* analysierten Art: die Freude an der Erkenntnis des ‚Kommenden' und die Neigung, sich mit diesem ‚Kommenden' zu identifizieren, einfach weil man es als Kommendes ‚objektiv' zu erkennen glaubt.[135] In *Mohlers* Worten: „nüchterne Erkenntnis des Geschehenen und des noch Geschehenden [...]. Vor allem auch des noch Geschehenden. Denn in der zweiten Nachkriegszeit [...] haben sich die Rezepte des 19. Jahrhunderts erneut und schneller noch als das erstemal als unwirksam erwiesen. Alles drängt erneut Lösungen zu, die außerhalb der brüchig gewordenen Parolen des Fortschritts und der Reaktion liegen. In der ‚Konservativen Revolution' scheinen solche Lösungen enthalten zu sein, und es scheint auch, als ob sie ein Vorgang wäre, in welchem wir noch mitten drin stehen – der seinen Höhepunkt noch nicht erreicht hat."[136]

Auf *Mohlers* Untersuchung mußte ausführlicher eingegangen werden, weil sie – abgesehen von der Bedeutung ihres Gegenstands – ein grundsätzliches Problem illustriert: die Fragwürdigkeit bloßer Beschreibung als Mittel der Erkenntnis. *Harry Pross* bemerkte in seinem Essayband *Vor und nach Hitler* über die Zeitgeschichts-Forscher, die nichts anderes leisten als deskriptive Bestandsaufnahmen: „Sie memorieren, repetieren, kolportieren und kommen doch nicht weiter, weil sie eben den Block Drittes Reich oder Nationalsozialismus als etwas methodisch Abgegrenztes behandeln, nicht als etwas, das mit tausend Fasern mit dem Vorher und dem Nachher verbunden ist. Es unterliegt leider keinem Zweifel, daß die zeitgeschichtliche Forschung zu einem erheblichen Teil diesen Weg bevorzugt und damit ihren aktuellen Auftrag versäumt, hier und heute aufklärend zu wirken."[137] Und *Ernst Loewy* führte in diesem Zusammenhang aus: „Die rein deskriptive Behandlung der Zeit und ihres Geistes ist zwar bequemer als die Frage nach dem Woher und Wohin. Mit der bloßen Mumifizierung der Historie ist jedoch ihrer Erkenntnis nicht gedient. Die Verweisung der Nazis in ein Raritätenkabinett ist der beste Dienst, den man ihnen, der schlechteste freilich, den man der so viel beschworenen Vergangenheitsbewältigung erweisen kann."[138]

Eric Voegelin, der ebenfalls seine Bedenken äußerte gegen den Versuch, „die nationalsozialistische Vergangenheit durch ‚Zeitgeschichte' zu bewältigen"[139], betonte die Notwendigkeit einer „kritischen Geschichte"; er zeigte jedoch außerdem, daß es mit dem bloßen Anhängen von ‚Werturteilen' an die Ergebnisse der deskriptiven Forschung nicht getan sei: „Beschreibende Geschichte ist nicht kritische Geschichte; und die mißbilligenden ‚Werturteile', explizite oder implizite, können wir als irrelevant beiseite schieben."[140]

„In der kritischen Geschichte geht es nicht um die Banalität von ‚Werturteilen', die heute ebenso Ausdruck des geistigen Provinzialismus sind, wie sie es damals waren, sondern um das Urteil über eine vergangene Epoche aus neuem Geist. Um kritische Geschichte zu treiben, genügt es daher nicht, anders zu reden – man muß anders sein. Das Anders-Sein aber wird nicht durch Herumrühren in den Greueln der Vergangenheit bewirkt; vielmehr ist umgekehrt die Revolution des Geistes die Voraussetzung dafür, daß man verurteilend über die Vergangenheit sprechen kann."[141]

Kritische und sehr pointierte Urteile über die nationalsozialistische Vergangenheit enthielten zwei Werke, die bald nach *Mohlers* Arbeit erschienen: *Peter de Mendelssohns* Untersuchung über den *Geist in der Despotie*[142] *und Walter Muschgs* Essays über die *Zerstörung der deutschen Literatur*[143]. Die beiden Aufsatzsammlungen beschäftigen sich unter anderem mit *Ernst Jünger* und *Gottfried Benn* im Hinblick auf ihr Verhältnis zum Nationalsozialismus. Da die Entschiedenheit der Positionen *Mendelssohns* und *Muschgs* als exemplarisch bezeichnet werden kann, seien die hauptsächlichen Punkte ihrer Kritik stellvertretend für ähnliche Betrachtungsweisen vorgeführt.[144]

Mendelssohns Analyse *Jüngers* wurde geprägt durch eine bemerkenswerte Unterscheidung, die er in einer „Vorbemerkung in eigener Sache" traf: es mangle ihm bei der Behandlung seines Gegenstands, so schrieb er, nicht an Respekt, wohl aber an Devotion.[145] Den Vorwurf, er besitze zu seinen Urteilen nicht die „innere Berechtigung", da er als Emigrant die Problematik des Nationalsozialismus nicht miterlebt habe, wies er mit Recht zurück.[146] Der Vorwurf ist – wie *Voegelin* bemerkte – „der Alibitrick derer, die nichts miterleben können und dadurch an den Ereignissen mitschuldig werden"; denn Miterleben heißt nicht „Zeitgenosse von Ereignissen sein", sondern „Verstehen, was sich ereignet".[147]

Mendelssohn übersah keineswegs, daß *Jünger* persönlich stets Distanz zum Nationalsozialismus bewahrt hatte, er zeigte jedoch andererseits an *Jüngers* Ideen, was *Mohler* vermieden hatte: ihre „dichte und gefährliche Nachbarschaft mit der heraufkommenden Despotie". „Die Versuche, vor allem in ‚Der Arbeiter', die Kluft ‚zwischen der Arbeiterschaft auf der einen und der nationalistischen Jugend und den Frontkämpfern auf der anderen Seite zu schließen', mögen, wie Mohler und andere immer wieder versichern, ‚im Kern' vom Nationalsozialismus ‚wesensverschieden' gewesen sein – wie wesensverschieden, darüber läßt sich debattieren. Unbestreitbar aber haben sie Jünger über ansehnliche Strecken und bei zahlreichen Gelegenheiten in die Nähe der nationalsozialistischen Parolen geführt, aus denen diese Weltanschauung ja im wesentlichen bestand, und sie so dicht neben ihnen her laufen lassen, daß für einen, welcher mit den Nuancen und

Schattierungen der ‚kleinen Kreise' (und ihren politischen Haar-spaltereien) nicht genau vertraut war, der Wesensunterschied nicht allzeit offenbar war."¹⁴⁸ Und *Mendelssohn* setzte fort, in-dem er eine beachtenswerte Antwort auf die Frage gab, die *Moh-ler* glaubte nicht beantworten zu können, nämlich auf die Frage, ob die Konservative Revolution und Personen wie *Jünger* „für den Mißbrauch ihrer selbst verantwortlich" seien¹⁴⁹:

„Die ‚Totale Mobilmachung' ist nicht der einzige Begriff, den Ernst Jünger in diesen Jahren dem Schlagwort-Schatz Hitlers schenkte, und es ist gar nicht einmal so sicher, daß Hitler diesen Begriff wirklich total mißverstand. Hieraus allein läßt sich für Jünger kein Vorwurf konstruieren. Der Präger von Begriffen ist nicht und niemals für die Art und Weise der Verwendung dieser Begriffe oder ihre Interpretation durch andere verantwortlich, mit denen er wenig oder gar nichts gemein hat. Er ist jedoch ver-antwortlich für die Gedankenwelt, aus der er solche Begriffe schöpft. Diese Gedankenwelt grenzt aber nicht er ab, sondern jener, auf welchen sich die Begriffe auswirken. Dabei gerät er in oft unwillkommene Gesellschaft, aber es ist seine Gesellschaft. Das ist sein Dilemma und auf der Ebene der Ideen auch seine Schuld."¹⁵⁰

Anders als bei *Jünger* lagen die Dinge bei *Benn*. Hatte sich *Jünger* nie dem Nationalsozialismus angeschlossen, sondern im Gegenteil in seinem Verhalten und auch in manchen seiner Schriften stets seine Distanz zu diesem Regime erkennen lassen, bis an die Grenze persönlicher Gefährdung,¹⁵¹ so bekannte sich *Benn* 1933 rückhaltlos zum Nationalsozialismus. Dieser Tatbe-stand bedarf keiner Erörterung; Verhalten und Äußerungen *Benns* von 1933 und 1934 waren eindeutig. Andererseits voll-zog *Benn* in den folgenden Jahren eine radikale Wendung, be-gleitet allerdings und insofern gefördert von sukzessive rabiater werdenden Angriffen gegen seine Person und seine Werke.¹⁵² Gleichwohl ist diese Abkehr vom Nationalsozialismus ebenfalls ein Tatbestand, und es muß außerdem festgehalten werden, daß *Benn* in späteren, während des Kriegs entstandenen Schriften nicht nur mit klarem Blick das mediokre nationalsozialistische Milieu charakterisierte, sondern auch einige Ideologeme des Na-tionalsozialismus brillant analysierte.¹⁵³ Es blieb jedoch die Fra-ge nach den Gründen für seine zeitweilige Blindheit. *Jünger, der* in dieser Hinsicht keine Rechtfertigungsversuche nötig hatte, be-

mühte sich nach 1945 eher – z. B. in seiner Schrift *Der Waldgang* – seine *Weltanschauung* von der des Nationalsozialismus
abzugrenzen. *Benn* dagegen sah sich veranlaßt, sein *Verhalten*
gegenüber dem Nationalsozialismus zu erforschen; er tat es in
der autobiographischen Schrift *Doppelleben.* Ob ihm die Selbst-
analyse allerdings gelang, ist zweifelhaft, denn sein Verhalten
hing mit seiner Kunstauffassung zusammen, und deren zentrale
Positionen radikal in Frage zu stellen konnte sich der Schriftsteller offenbar schwerer überwinden, als *Klaus Manns* Beurteilung
politischer Sachverhalte nachträglich recht zu geben.[154]

Benns Entscheidung für den Nationalsozialismus von 1933
sowie seine Interpretation dieses Entschlusses und seines späteren Verhaltens als eine Existenzform des ‚Doppellebens‘ wurde
von *Mendelssohn* in seinem „Versuch über Benn" kritisch analysiert. Er sah *Benn* hinsichtlich seines Verhältnisses zum Nationalsozialismus als exemplarischen Fall an, dem aufgrund der
künstlerischen und intellektuellen Qualitäten *Benns* besonderes
Interesse gebührt. „Auf einen kapitalen Intellekt mit großen
schöpferischen Gaben wie Gottfried Benn blickt man, wenn eine
kritische geistige Alternative sich auftut. [...] Auf Werner Beumelburg zum Beispiel andererseits, den Gottfried Benn als einen
aufrichtig-redlichen Zeitgenossen und Mitakademiker inmitten
der widerwärtigen Welt nennt, blickt man nicht, denn er hat
nichts Derartiges vorzuweisen. Sein Doppelleben, wenn er eines
geführt hat, wäre uninteressant."[155] *Mendelssohn* stellte die Frage, ob man 1933 von einem Mann wie *Benn* erwarten konnte,
daß er die Zeitläufte verstand. Angesichts der hohen Ansprüche,
die *Benn* selbst stellte, und der „eindrucksvollen Liste der Quali-
fikationen", die er vorwies,[156] sowie in Anbetracht der Tatsache,
daß er keinerlei Nötigung ausgesetzt war, wurde das in der Tat
von all jenen erwartet, für die sich der emigrierte *Klaus Mann*
in seinem Brief an *Benn* zum Sprecher gemacht hatte. *Mendelssohn* konfrontierte die von *Benn* reklamierten Fähigkeiten mit
seinem Verhalten und stellte fest, daß sie „beim ersten Zusam-
menstoß mit der neuen Wirklichkeit" versagten: „Verantwortung im Urteil, Sicherheit im Unterscheiden von Zufälligem und
Gesetzlichem, tiefe Skepsis, unerbittliche Kritik, letzte Schärfe
des Begriffs, Bereithalten von Belegen für jedes Urteil – hier
werden sie gebraucht und sind samt und sonders nicht zur Stelle.
Das Zufällige wird kritiklos für das Gesetzliche genommen.

Ohne die mindeste Skepsis werden die verschwommensten Begriffe übernommen, und Urteile werden abgegeben, für die die Belege weggezaubert worden sind. Eine geistige Autorität erster Ordnung fällt in sich zusammen, die Abdankung des Intellektuellen vor der Tyrannis ist komplett. Man hat ihm kein Haar gekrümmt. Aber sein Verstand ist ihm angesichts der Tiraden einer Bande halbgebildeter, verkrachter Existenzen, die mit Revolvern herumfuchteln, zu Krümeln zerfallen. Und es währt nicht lange, da wirft ihm der Despot diese Krümel verächtlich ins Gesicht."[157]

Was *Mendelssohn* bei *Benn* konstatierte, war ein ‚Verrat am Geist'. Er äußerte sich nach *Mendelssohns* Ansicht in *Benns* Überzeugung, daß „Geschichte Quatsch ist", einer Überzeugung, die ihm die Unterscheidung zwischen Herrschaft und Knechtschaft, zwischen einer vernünftigen Ordnung der Gesellschaftsverhältnisse und Gewalt unmöglich gemacht habe. Gegenüber *Benns* Äußerungen: „die Geschichte verfährt nicht demokratisch, sie verfährt mit Gewalt" und „jede Ordnung ist Gewalt",[158] stellte *Mendelssohn* fest, „daß die Geschichte so verfährt, wie der Mensch verfährt"[159]. Aus diesem Grund bezeichnete er *Benns* Rechtfertigungsversuch in *Doppelleben* als „Taschenspielertrick"[160], weil er mit dem Hinweis auf die „Moira" die Frage nach richtigem oder falschem Handeln beiseite schob, weil er für ruhmwürdig erklärte, sein Schicksal und auch seine Irrtümer auf sich zu nehmen, und nicht, „immer recht behalten zu haben"[161]. Dagegen bemerkte *Mendelssohn*: „Es handelt sich nicht darum, recht zu behalten, sondern das Rechte zu erkennen und sich zu bemühen, es zu tun."[162]

„Was betrübt an diesen Ausflüchten? Nicht, daß der Schriftsteller Gottfried Benn sich 1933 verrannte und verlief und gar eine doppelte Treulosigkeit beging. Das kränkt auch, aber auf anderer Ebene.

Vielmehr: brächte ein kleiner Schullehrer, ein kleiner verschreckter Beamter derlei in seinem Entnazifizierungsverfahren vor, so lächelte man vermutlich über solche Biedermanns-Naivität, oder sollte es doch. Denn es sind die kleinen Ausflüchte der kleinen Leute. Bei einem Schriftsteller der Statur Gottfried Benns aber lächelt man nicht. Denn er ist kein konfuser Halbgebildeter, sondern schreibt es in gewichtiger Sprache hin und druckt es mit Nachdruck. Er stempelt es mit Autorität: so war es; ich, ein bekannt klarer Kopf, habe es selbst erlebt; ihr könnt es mir glauben. Das ist das Entscheidende. Schriebe er: ich, ein bekannter Wirrkopf und bramarbasierender Wortemacher, hatte keine Ahnung, was los war, und verstehe es auch jetzt noch nicht, so könnte man sagen: nun ja, ein weltfremder Mediziner – obwohl es auch so eine einigermaßen schauerliche Vorstellung wäre. Doch war es so nicht, ist es so nicht. Und das betrübt. Denn der Schriftsteller Benn gibt die Autorität des Geistes zu billig her und blamiert damit die ganze Innung."[163]

Benns ,Verrat am Geist' und seine Kapitulation vor dem gewalttätigen Irrationalismus hatte *Karl Kraus* schon 1933 mit einem beziehungsreichen Sprachspiel bloßgelegt, er bezeichnete *Benns* Verhalten als „Ungeistesgegenwart, die der Lage gewachsen ist".[164] Mit seiner Äußerung, daß bei *Benn* „Wirklichkeitlocker konsolidierte Rhythmen verdeckter Schöpfungsräusche zur Verklärung von Vorgängen herangezogen werden, gegen die es in Chicago Polizeischutz gibt",[165] machte er den Kernpunkt von *Benns* Versagen auf schlagende Weise deutlich: Durch die Konfrontation seiner Aussagen mit den Vorgängen der politischen Wirklichkeit dekouvrierte er *Benn* als das, was *Mendelssohn* unterstellte, als ,Wirrkopf und bramarbasierenden Wortemacher'; er führte die Entfremdung der Sprache *Benns* von der Realität vor Augen und wies damit nicht nur auf sein intellektuelles Versagen hin, sondern im Hinblick auf die Vorgänge, „gegen die es in Chicago Polizeischutz gibt" – kriminelle Vorgänge also, die *Benn* übersah oder übersehen wollte –, auch auf sein moralisches Versagen.

Allerdings hängen Moral und Geist zusammen, wenn man Geist nicht nur als instrumentelle Vernunft versteht. Diesen Zusammenhang betonte *Walter Muschg* im Vorwort zu seinem Essayband *Die Zerstörung der deutschen Literatur*, in dem sich auch ein Aufsatz über *Benn* findet: „Unter Moral verstehe ich nichts anderes als die im Wesen der Literatur selbst liegende geistige Verantwortung."[166] Und hierauf konzentrierte sich für *Muschg* die Problematik *Benns*: „Das Rätsel Benn ist der nicht durchschaute Zusammenhang zwischen Kunst und Moral."[167] Im Ästhetizismus *Benns* sah er ein verantwortungsloses Spiel mit der Sprache, das in sich selbst Genügen findet, ohne Rücksicht auf die Wirklichkeit betrieben wird und außerdem auch noch künstlerisch überlebt ist. „Die filmartige Flucht seiner Assoziationen, die ausschweifenden Superlative und Hyperbeln, der Schwellungscharakter seiner Wortergüsse, die Steigerungswut seiner Verse, der hypnotische Rhythmus und Satzbau auch in seiner Prosa, die stoßweise anflutenden und immer geiler emporjagenden Kämme seiner lyrischen Bilder, ihre wollüstigen Gipfel und ihr Absacken ins Nichts sind literarisch nicht schwer zu diagnostizieren. Es sind die ‚paradis artificiels‘ der dekadenten europäischen Romantik, nur etwas spät und etwas erschlafft, was sich auch in der zunehmenden Sprachverluderung spiegelt. Es ist die Agonie des ausgelebten, in die Enge getriebenen rein ästhetischen Kunstbegriffs, die sich als ‚Phänotyp‘ einer kommenden Rasse zu präsentieren versucht."[168]

Benns Nihilismus, den er in *Doppelleben* prononciert vortrug, hielt *Muschg* für Camouflage, für den Versuch, sein Ausweichen vor geistiger Verantwortung dadurch zu kaschieren, daß er es als tragisches Aushalten des von der „Moira" Zugemessenen drapierte. Nach *Muschgs* Ansicht verwechselte *Benn* Nihilismus und Tragik. „Man etikettiere diesen Exhibitionismus bitte nicht als ‚geistige Verzweiflung‘, diese sieht anders aus. Ein geschminkter Schauspieler am Tageslicht ist keine tragische Figur."[169] Angesichts des Maskenspiels *Benns*, angesichts seiner Verachtung von ‚Inhalten‘, seiner Vorliebe für das ‚Elementare‘, seiner ganzen Auffassung von Kunst und Leben fand *Muschg* – im Gegensatz zu vielen Zeitgenossen – *Benns* Bekenntnis zum Nationalsozialismus nicht verwunderlich. „Es war eine Naivität, daß man Lärm schlug und lamentierte, als sich Benn ohne Zögern zum nationalsozialistischen Umsturz bekannte. Nicht nur deshalb, weil diese Lust am Archaischen maßgeblich am Zustandekommen des Dritten Reiches beteiligt war, sondern auch deshalb, weil Benns Kunsttheorie und -praxis gar nichts anderes erwarten ließen. Er war ein besessener Visionär, der seine chaotische Zuchtlosigkeit in oft herrliche, oft feuilletonistische Verse verströmen ließ und von allem Primitiven unwiderstehlich angezogen wurde. Nichts deutete darauf hin, daß er der Woge aus dem Abgrund nicht zujauchzen werde. Er hatte ihr keine Vernunft, kein Ethos, nur ihre Apotheose entgegenzusetzen, denn diese proteische Denkweise ist in ihrem Wesen charakterlos."[170]

3.2 Zur Literaturpolitik im Dritten Reich

Die Erforschung der nationalsozialistischen Dichtung im engeren Sinn und der allgemeinen literarischen Situation während des Dritten Reichs wurde eingeleitet durch eine Reihe von Untersuchungen zur nationalsozialistischen Publizistik und Propaganda, Kultur- und Literaturpolitik. Dieser Zugang war durchaus adäquat angesichts der politischen Funktion, welche die Literatur als Propaganda- und Manipulationsinstrument im Dritten Reich besaß. Es war außerdem verständlich, daß sich in Anbetracht der künstlerischen Mediokrität nationalsozialistischer Dichtung das wissenschaftliche Interesse zunächst den relevanter erscheinenden politischen Institutionen und ihren Lenkungsmaßnahmen zuwandte. Eine erste größere Untersuchung der Methode publizistischer Massenführung im Dritten Reich legte schon 1948 der Zeitungswissenschaftler und Kommunikationsforscher *Walter Hagemann* vor.[171] Ihr folgten während der nächsten zwölf Jahre mehrere Dissertationen, die unter seiner Leitung entstanden und die sich mit der Regie des öffentlichen Lebens und der Publizistik im Dritten Reich beschäftigten.[172] Eine dieser Dissertationen, die – ungedruckte – Arbeit *Ilse Pitschs* über das Theater als politisch-publizistisches Lenkungsinstrument,[173] behandelte auch die Versuche, nationalsozialistische Schauspiele auf die Bühnen zu bringen und mit den sogenannten ,Thingspielen' ein eigenständiges nationalsozialistisches Theater zu schaffen. Die letzte Arbeit in dieser Untersuchungsreihe befaßte sich ausschließlich mit Sachverhalten des literarischen Lebens im Dritten Reich: *Dietrich Strothmanns* 1960 erschienene Abhandlung *Nationalsozialistische Literaturpolitik. Ein Beitrag zur Publizistik im Dritten Reich*. Sie leitete zugleich die lebhaftere Beschäftigung mit nationalsozialistischer Literatur während der folgenden Jahre ein.

Strothmann vermittelte einen umfassenden Überblick über die literaturpolitischen Institutionen des Dritten Reichs, die Maßnahmen zur Lenkung des literarischen Lebens und die Entwicklung der Literaturpolitik zwischen 1933 und 1945. Seine sorgfältige Untersuchung ist nach wie vor grundlegend für diesen Gegenstand. Aus zwei Gründen erfolgte nach *Strothmanns* Ansicht die Steuerung des gesamten literarischen Lebens: erstens wegen der publizistischen Bedeutung des Buches, das sich auch als

Propagandamittel einsetzen ließ, zweitens aus der Absicht heraus, keinerlei ideologiefreies Refugium innerhalb des nationalsozialistischen Staates zuzulassen.[174] Beide Gründe führten – wie schon *Berendsohn* festgestellt hatte – zu einer absoluten Unterwerfung der Literatur unter ideologische und politische Zwecksetzungen, führten zur gezielten Umwandlung der Literatur in ein Propagandainstrument. „Die im NS-Staat angeordnete Übernahme der Literatur in den Kreis der publizistischen Führungsmittel vollzog sich mit der Zuteilung von Aufgaben der Propaganda, die das Schrifttum zu erfüllen hatte."[175] Politische Führung wie nationalsozialistische Schriftsteller und Publizisten besaßen dabei eine hohe Meinung von der Bedeutung der Literatur als Propagandainstrument; es wurde „dem Buch die Rolle einer ‚Waffe' in der politischen und weltanschaulichen Auseinandersetzung" beigemessen,[176] „sämtliche Erklärungen zu den Aufgaben des Schrifttums standen unter dem Leitwort ‚Buch und Schwert'".[177]

„Die Lenkungsaufgaben der NS-Schrifttumspolitik, die zur Säuberung, Überwachung, Förderung und Einsatzsteuerung gestellt wurden, erstreckten sich auf alle Bereiche der Herstellung, Produktion, des Handels und der Vermittlung."[178] Hierbei unterschied *Strothmann* folgende Aufsichtsgebiete und Kontrollmittel: Überwachung der Autoren, Verlagslenkung, Steuerung des Buchhandels, Lenkung des Büchereiwesens. „Die Schrifttumslenkung von Staat und Partei im Dritten Reich richtete sich bei der Steuerung der Buchproduktion und der Literaturvermittlung, zur Überwachung von Angebot und Nachfrage, gegen zwei Gruppen, gegen den Aussageträger und den Aussageempfänger. Wurden Schriftsteller und Verleger ohne zeitliche Unterbrechung durch die Prüfung ihres Angebotes überwacht, ihre Tätigkeit mit Titelempfehlungen und Buchverboten gesteuert, so vollzog sich die Regelung der Nachfrage durch die Beeinflussung des Lesers mit den Mitteln der Buchpropaganda, der Büchereien und eines kontrollierten Rezensionswesens. Zu einem wichtigen literaturpolitischen Instrument, das die Lösung der Überwachungsaufgaben gewährleisten sollte, entwickelte sich der Kontrollapparat der staatlichen und parteiamtlichen Aufsichtsorganisationen."[179]

Strothmann arbeitete im Lauf seiner Untersuchung heraus, daß zwar trotz des ausgedehnten literaturpolitischen Lenkungsapparats keine totale Kontrolle des literarischen Lebens erreicht werden konnte, erstens weil den Verlegern ihr Verlagsprogramm nur dort vorgeschrieben wurde, wo es sich um verbotene Werke handelte, zweitens weil die Leser nicht gezwungen werden konnten, amtlich empfohlene Bücher zu kaufen oder auszuleihen. Außerdem ließen die Kompetenzstreitigkeiten zwischen den verschiedenen Überwachungsinstitutionen – insbesondere zwischen denen *Goebbels'* und *Rosenbergs* – keine vollkommen einheitliche Lenkungspolitik entstehen. Andererseits aber zeigte *Strothmann*, daß während der zwölf Jahre des Dritten Reichs ein vielgliedriger Kontrollapparat aufgebaut worden war, der bei der Gleichschaltung des Buchmarkts doch in hohem Maß erfolgreich war. „Seine Anordnungen, Aktionen und Maßnahmen gegen verdächtige Schriftsteller, Verleger, Buchhändler und Büchereileiter entsprachen einer Schrifttumsdiktatur, die bestimmen wollte, wer wann was veröffentlichen, drucken, vertreiben und lesen durfte. Die Säuberungsvorgänge, die Verbotsverfügungen, die lückenlose Buchprüfung als Vor- und Nachzensur, die Beaufsichtigung von Personen und Organisationen, die Schließungsbefehle gegen Handelseinrichtungen und das Kritikverdikt dienten ebenso den Zielen der NS-Schrifttumspolitik und der um ihre Leitung in einem stillen Konkurrenzkampf liegenden Anführer wie das Aufgebot der Methoden und Techniken in der Buchpropaganda."[180] Allerdings gelang es trotz dieser Maßnahmen nicht, der völkisch-nationalsozialistischen Literatur das Ansehen zu verschaffen, das sie im In- und Ausland erlangen sollte. So erreichte die nationalsozialistische Literaturpolitik nach *Strothmanns* Ansicht ihre Ziele letztlich nur in negativem Sinn, erreichte sie nur dort, „wo sich die einen der Gewalt beugen mußten, die anderen sich ihr freiwillig unterwarfen"[181].

Im weiteren Rahmen der nationalsozialistischen Kunstpolitik behandelte 1963 *Hildegard Brenner*[182] auch einige besondere Aspekte der Literaturpolitik, die in *Strothmanns* Untersuchung der Kontrollinstitutionen und ihrer Lenkungsmaßnahmen noch nicht so eingehend dargestellt waren. Das war erstens die parteiinterne Auseinandersetzung der Jahre 1933/34 um die nationalsozialistische Kunstauffassung und eine verbindliche Linie der Kunstpolitik.[183] Jüngere Parteimitglieder und Künstler, die den *Nationalsozialistischen Deutschen Studentenbund* zur organisatorischen Basis ihrer Bestrebungen machen konnten, versuchten nämlich, die expressionistische Kunst vor der Verfemung zu retten. Sie erklärten den Expressionismus für artgemäß-deutsch, für revolutionär im nationalsozialistischen Sinne und setzten ihn in Parallele zum Futurismus, der ‚Staatskunst‘ des faschistischen Italien. Hauptsächlicher Gegner war *Rosenberg, der* mit seinem *Kampfbund für deutsche Kultur* die reaktionär-völkische Richtung vertrat. *Goebbels* war der modernen Kunst nicht abgeneigt, er legte sich jedoch nicht fest, um nicht den Ausbau seiner Machtposition zu gefährden.

Der Streit um den Expressionismus bezog sich zwar in erster Linie auf die bildende Kunst, aber seine Bedeutung für die Literatur war offensichtlich. Vor dem Hintergrund dieser Auseinandersetzung muß z. B. *Benns Rede auf Marinetti*[184] gesehen werden, die er bei Gelegenheit einer Ausstellung futuristischer Malerei in Berlin hielt, ebenso sein berühmtes *Bekenntnis zum Expressionismus*[185], in dem er die expressionistische Literatur verteidigte und vor der Unterdrückung bewahren wollte. *Rosenberg* siegte jedoch, und mit ihm die negative, auf ‚Säuberung‘ ausgerichtete Kunstpolitik. „Dieser aufs Prinzipielle fixierte Mann sah seine Sendung darin, ‚die NS-Linie rein zu halten‘. Beharrlich bestand er auf seinem negativen Ausleseprinzip als dem einzigen Regulativ seiner Kultur- und Kunstpolitik.“[186] *Hitler* selbst fällte die endgültige Entscheidung auf dem Reichsparteitag 1934, wo er alle kunstpolitischen Liberalisierungsversuche zurückwies, allerdings auch *Rosenbergs* völkischen „Rückwärtsen“ eine Absage erteilte.[187] Wie *Hildegard Brenner* deutlich machte, ging es *Hitler* in erster Linie darum, die Kunst als verfügbares Propagandainstrument seinem politischen Programm einzupassen: „Er nahm [...] an dem Konzept der nationalsozialistischen Kunstpolitik jene Korrekturen vor, die sie als ein modernes Instrument politischer Machtausübung endlich aktionsfähig machen sollten.“[188]

Der andere literarische Gegenstand, den *Brenner* ausführlicher behandelte, war das „Thing-Theater“.[189] Sie schilderte den mit großem Aufwand betriebenen Versuch, ein neues, spezifisch nationalsozialistisches Drama mit entsprechender Aufführungspraxis zu entwickeln: Durch offizielle Anregungen, Preisausschreiben und andere Maßnahmen gefördert, entstanden zahlreiche – meist chorische – Feierspiele, für die besondere Freilichtbühnen gebaut wurden, sogenannte ‚Thingstätten‘. Vorbilder des Thing-

Theaters waren einerseits das griechische Kult-Theater und das mittelalterliche Mysterienspiel, andererseits die rituellen Aufmärsche der nationalsozialistischen Demonstrationen. *Hanns Johst* und *Eberhard Wolfgang Möller,* beide eifrige Verfechter der neuen Dramen- und Theaterform, arbeiteten theoretische Konzepte aus und wiesen deutlich auf die genannten Wurzeln hin.[190]

Die Thingspiele und ihre Aufführungspraxis, aber auch schon die Vorbilder, auf die man sich berief, zeigten unmißverständlich, was das Thing-Theater eigentlich war und sein sollte: ein politisch-religiöser Kult, der die Inhalte der nationalsozialistischen Ideologie in künstlerischer, aber feierlicher Form vermittelte, der die ‚Volksgemeinschaft' im Spielgeschehen rituell anschaulich machte und der Feier ihrer selbst diente.[191] *Brenner* stellte fest: „Die nationalsozialistische Kulturführung drängte darauf, der ‚Volksgemeinschaft' als Inbegriff von Macht und Einheit des neuen Staates künstlerisch repräsentativen Ausdruck zu verleihen."[192] Aber die künstlerische Repräsentation war eben nicht das Ausschlaggebende. Wenn auch *Brenner* den kultischen Charakter des Thing-Theaters und seine politisch-religiösen Implikationen nicht *in extenso* analysierte, so führte sie doch vor Augen, daß dieses nationalsozialistische Kult-Drama aus einer politisch-religiösen Symbolik lebte, die vom Christentum übernommen war. „Die nationalsozialistische Thing-Dramatik entnahm den Passionsspielen in Oberammergau, neben der äußeren Form, als wichtigstes Element das Motiv der Erlösung, die Führung des Volkes zum Heil; dem mittelalterlichen Spiel vom ‚Antichrist' den Kampf der beiden Welten. Die Mächte ‚Licht' und ‚Finsternis' wurden auf Nationalsozialismus und Weimarer Republik übertragen."[193]

Nach anfänglichen Erfolgen der Thingspielbewegung und einigen spektakulären Aufführungen erlahmte jedoch der große Schwung schon 1935/36. „Es zeigte sich nämlich, daß die Thingspiele ihre beabsichtigte Wirkung nur da erreichten, wo sie die nationalsozialistische Ideologie in eine übergreifende Symbolwelt einzuordnen verstanden. Und das geschah mit weitaus größtem Erfolg bei der Aufnahme christlicher Bezüge."[194] Als bloßes ‚Aufmarsch-Theater' konnte das Thingspiel weder – in dramatischer und dramaturgischer Hinsicht – mit der traditionellen Bühne konkurrieren, noch – im Hinblick auf das rituelle Schaugepränge – mit den kultischen Zelebrationen der Reichsparteitage oder des 9. November. Die Zuschauer blieben aus. „Goebbels blies die Thing-Bewegung 1937 offiziell ab. Das Thingspiel und mit ihm jede Form des Freilichttheaters wurden von ihrer ‚Reichswichtigkeit‘ entbunden. Der Nationalsozialismus machte seinen Frieden mit der Schnürbodenwelt."[195]

Neben *Strothmanns* und *Brenners* Untersuchungen ist für die nationalsozialistische Literaturpolitik auch *Joseph Wulfs* Dokumentationsband *Literatur und Dichtung im Dritten Reich* von Bedeutung, der 1963 als Teil einer fünfbändigen Dokumentationsreihe über *Kunst und Kultur im Dritten Reich* erschien.[196] Die Akten, Briefe, Zeitschriftenartikel und andere Dokumente mehr, die *Wulf* abdruckte, beschäftigen sich weniger mit der Literatur selbst, sie geben jedoch vorzügliche Einblicke in die Säuberungs- und Lenkungsmaßnahmen nationalsozialistischer Institutionen, die internen Querelen zwischen solchen Organen und auch zwischen Schriftstellern, in die Förderungsmaßnahmen, das Preisverleihungssystem, das Rezensionswesen, kurz, in das, was man den ‚Literaturbetrieb‘ des Dritten Reichs nennen könnte. Wenn auch *Wulf* gewisse Schwerpunkte herausstellte und insofern manche Bereiche vernachlässigte, so enthält die Dokumentation – vor allem auch in den Erläuterungen und Anmerkungen – doch eine Fülle von Fakten und Daten, die für die Illustrierung dieses nationalsozialistischen ‚Literaturbetriebs‘ unentbehrlich sind. Über Schauspiel und Drama, mehr jedoch wieder über Theaterpraxis und Bühnenwesen, gibt der Band *Theater und Film im Dritten Reich* in derselben Dokumentationsreihe Auskunft.[197]

3.3 Literaturwissenschaftliche Untersuchungen

Die erste selbständige Veröffentlichung über völkisch-nationale und nationalsozialistische Literatur erschien 1961, ein Jahr nach *Strothmanns* Abhandlung: *Franz Schonauers* Buch *Deutsche Literatur im Dritten Reich*.[198] Weitere größere Untersuchungen zu diesem Gegenstand wurden seither von nicht mehr als einem halben Dutzend Autoren vorgelegt: *Geißler, Schöne, Loewy, Hartung, Ketelsen* und *Keller*.

Der Auftakt zur Erforschung des bisher vernachlässigten Gebiets war noch unbefriedigend. *Schonauers* Arbeit stieß auf hef-

tige Kritik, die in der Sache zweifellos weitgehend berechtigt
war; der Untertitel seines Buchs – *Versuch einer Darstellung in
polemisch-didaktischer Absicht* – wurde von einigen Kritikern
polemisch gegen den Autor selber gewendet. So fragte etwa *Walter Boehlich*,[199] ob man denn nicht darstellen könne, was *Schonauer* nur *versuche* darzustellen, und er antwortete, daß dazu
allerdings mehr und gewissenhaftere Arbeit nötig sei, als sie
Schonauer offenbar zu leisten bereit war. Des weiteren kritisierte er *Schonauers* ‚polemische Absicht‘; Polemik sei sinnlos gegenüber einer Literatur, die vergangen und vergessen sei. Die
heutige Aufgabe bestehe vielmehr darin, Sachverhalte objektiv
zu schildern, Klarheit zu schaffen und zu belehren. „Sechzehn
Jahre nach dem Ende dieser Literatur soll es zu früh sein für
Objektivität? Sollte es nicht eher zu spät für Subjektivität
sein?"[200] Bei seiner berechtigten Kritik polemischer Werturteile
übersah *Boehlich* allerdings, daß „diese Literatur" nicht so völlig vergangen und vergessen ist, daß sie in verschiedenen wieder-
aufgelegten Werken und in neuen Produkten aus altem Geist bis
heute weiterlebt.

Schonauers Buch ging aus einer Serie von Rundfunksendungen
hervor; bei ihrer Bearbeitung für die Veröffentlichung ging der
Verfasser nicht mit der nötigen Sorgfalt vor. So blieb die Darstellung zu ihrem Nachteil zu sehr dem ursprünglichen Zweck
verhaftet und enthielt eine ganze Reihe nicht ausgeräumter Fehler und grober Einseitigkeiten. Die Zitate, die *Schonauer* in großer Zahl abdruckte, waren meist nicht eingehend genug interpretiert. Bei einigen Sachverhalten jedoch bezeichnete er durchaus schon relevante Punkte, so wenn er etwa die Blut-und-Bo-
den-Dichtung als „Literatur des sozialen Ressentiments" erklärte, produziert „zum allergrößten Teil von ins Kleinbürgertum
deklassierten Autoren bäuerlicher Herkunft",[201] bestimmt von
Wirklichkeitsflucht und einem „verlogenen So-tun-als-ob, das
die bäuerliche Arbeit zum Gottesdienst stilisiert, frei von ökonomischen Zwecken, von Boden- und Getreidepreisen"[202]. *Schonauer* erkannte richtig, daß die nationalsozialistische Literatur
„ein politisches, soziologisches, historisches und nur zu einem
geringen Teil ein literarisches Thema" ist,[203] den daraus sich er-
gebenden Forderungen konnte er allerdings nicht Genüge tun, er
konzedierte selbst, daß seine Schrift von ihrer Erfüllung noch
„weit entfernt" war.[204]

Schonauers besonderes Anliegen war es, „den Mythos einer literarischen ‚inneren Emigration' zu zerstören"[205]. Zweifellos ist die ‚innere Emigration' eine problematische Angelegenheit; der Begriff ist mit Mißverständnissen und dubiosen Ansprüchen befrachtet seit der heftigen Auseinandersetzung zwischen *Thomas Mann* und *Frank Thiess* nach 1945. Es war jedoch schlicht falsch, wenn *Schonauer* behauptete, daß „von einer Literatur der inneren Emigration und des geistigen Widerstandes erst nach 1945 die Rede" gewesen sei[206]; *Thomas Mann* selbst und andere Emigranten wie *Döblin*[207] sprachen schon lange vor 1945 von der anderen Emigration mancher in Deutschland gebliebener Schriftsteller. *Schonauers* Verdikte gegen einige Schriftsteller, denen nachträglich der Ehrentitel ‚innere Emigration' zuerkannt wurde oder die ihn für sich beanspruchten, waren zwar teilweise zutreffend, sein Gesamturteil jedoch, die ‚innere Emigration' habe es nicht gegeben, war einseitig. Es war symptomatisch, daß in seiner Darstellung Namen wie *Pechel oder Reck-Malleczewen* nicht erschienen.

Bei der Untersuchung der ‚Parteidichtung' der jüngeren nationalsozialistischen Autoren beschränkte sich *Schonauer* darauf, wiederholt ihren Dilettantismus und Provinzialismus zu betonen.[208] Es ist freilich notwendig nachzuweisen, daß die von den Nationalsozialisten für vorbildlich erklärte Literatur künstlerisch minderwertig war, und zwar muß das und kann das durch eine gewissenhafte philologische Interpretation geschehen. Aber erstens genügt es, das *einmal* zu tun, und zweitens ist das nicht der Punkt, der die nationalsozialistische Literatur relevant macht und ihre eingehende Erforschung legitimiert. *Boehlich* wies in seiner Kritik auf diesen Sachverhalt hin: „Nein, es ist vollkommen uninteressant geworden, zu hören, daß sie unbegabte Stümper waren. [...] heute gibt es eine ganz andere Aufgabe, eine objektive, eine historische, meinetwegen eine massenpsychologische oder soziologische. Die sollte angefaßt werden. Endlich!"[209]

Es dauerte nochmal drei Jahre, bis eine erste differenzierte wissenschaftliche Untersuchung zur völkisch-nationalsozialistischen Literatur erschien: *Rolf Geißlers* Studie *Dekadenz und Heroismus*[210]. Gegenstand von *Geißlers* Analyse waren Zeitromane der zwanziger Jahre, d. h. Gegenwartsromane, die jedoch bei der Bearbeitung von Ereignissen und Problemen der Gegenwart zugleich Zeit- und Geschichtsproblematik selbst behandelten.

Bei der völkisch-nationalsozialistischen Literatur blieb die Auseinandersetzung mit der Zeit auf die Romane über den ersten Weltkrieg beschränkt, die übrige Literatur wurde „weitgehend von Zeitflucht und Idyllik beherrscht"[211]. So untersuchte *Geißler* die Kriegsromane der *Schauwecker, Zöberlein, Beumelburg, Wehner,* aber auch die Kriegsbücher *Jüngers* und *Grimms Volk ohne Raum*; er interpretierte sie allerdings in Konfrontation mit einigen anderen Zeitromanen, die in mittelbarem oder unmittelbarem Zusammenhang mit dem ersten Weltkrieg standen: *Schnitzlers Therese, Roths Radetzkymarsch, Thomas Manns Zauberberg, Brochs Schlafwandler.* In der vergleichenden und unterscheidenden Analyse sah *Geißler* die beste Möglichkeit, die Untersuchung kritisch zu führen; Ausgangs- und Bezugspunkt seiner kritischen Methode fand er in der völkisch-nationalsozialistischen Literaturkritik. „Aus dieser Literaturkritik gewinnen wir die zu untersuchenden Gegenstände, nämlich die gelobten und getadelten Zeitromane, und die Fragen, Gesichtspunkte und Themen, unter denen sie betrachtet werden müssen. Aus ihr übernehmen wir die These von zwei sich diametral gegenüberstehenden Literaturen, die sich auf die Formel von Dekadenz und Heroismus bringen lassen und aus denen der durchgängig polare Aufbau der Darstellung erwächst."[212] Insofern kam es *Geißler* „nicht auf eine möglichst ausführliche literaturgeschichtliche Darstellung der Epoche an, sondern auf die exemplarische Problementfaltung und das Problemverständnis dieser Epoche selbst"[213].

Geißler setzte an beim Selbstverständnis und Bewertungssystem völkisch-nationalsozialistischer Schriftsteller und Literaturkritiker; dabei lief nach seiner Ansicht die ganze ideologische und literarische Auseinandersetzung auf den Gegensatz von Dekadenz und Heroismus hinaus: „Im Begriff der Dekadenz liegen all die Geschichtlichkeit und Zeitverhaftetheit, ja Zeitverfallenheit, die demokratisch-bürgerliche Entwicklung, das ästhetisch-formkünstlerische Element und die scheinbare Lebensfremdheit, die die Nationalsozialisten der großen Literatur der zwanziger Jahre vorzuwerfen hatten. Dagegen werden im Begriff des Heroismus heldisches Leben und vitale Selbstsicherheit in der nationalen Kampf- und Schicksalsgemeinschaft verherrlicht und zum mythisch-überzeitlichen Charakter überhöht."[214] An den ‚dekadenten' Romanen zeigte nun *Geißler,* daß diese nicht nur den Verfall schilderten, sondern vielmehr die „Wurzeln des Übels – nämlich des Verfalls der bürgerlichen Gesellschaft –" analysierten.[215] Er arbeitete damit den Punkt heraus, an dem die Beschreibung der Wirklichkeit umschlägt in die Analyse der Gründe ihres So-Seins; die dadurch gewonnene Erkenntnis der Realität eröffnet die Möglichkeit, Abstieg und Verfall zu überwinden. „Darstellung der Wirklichkeit und des Weltzustandes, so wie sie sind, heißt dann auch immer – ob vom Dichter bewußt oder unbewußt erreicht – darstellendes Aufweisen der Schuld an diesem Zustand. [...] Nicht im Vorbeisehen an den Gründen des heutigen Weltzustandes, sondern im Aufdecken dieser Gründe und in der Herstellung eines Bezugs, der verantwortet werden muß, liegen die Möglichkeiten, mit der Welt fertig zu werden, sie zu bestehen oder sie zu verändern."[216]

Gerade die rationale Analyse der Wirklichkeit war es, die von den Nationalsozialisten als Dekadenzphänomen bezeichnet und befeindet wurde, denn aus ihr folgte die Notwendigkeit, eine Schuld anzuerkennen: „der Dekadenz der geschichtlichen Weltentwicklung nachzugeben, sich in ihr zu verlieren und keine persönlichen Anstrengungen zu machen, sich aus dem puren Getriebensein, aus Zufall und Geschehenlassen zu befreien, ist persönliche Schuld."[217] Diese Erkenntnis aber erforderte einen anamnetischen Klärungsprozeß: „Die Dekadenz muß also nach rückwärts im Vollzug der Aufdeckung von Schuld – allgemeiner oder individueller – bekämpft werden."[218] Und schließlich ergab sich als Konsequenz die Notwendigkeit, gemäß diesen Einsichten zu handeln und gleichzeitig die Grundbedingungen der Realität zu akzeptieren; es ergab sich die Notwendigkeit „der mitmenschlichen Verantwortung in der Schlichtheit eines ‚unheldischen' Tuns, eines Handelns, das sich fügt in die Anspruchslosigkeit als einem neuen Ethos der demokratischen Massengesellschaft"[219].

Gegen sämtliche dieser Erkenntnisse und Forderungen leistete der völkisch-nationalsozialistische Zeitroman Widerstand, gegen die Analyse der Gründe von Verfallserscheinungen, gegen die Anerkennung einer persönlichen Schuld, gegen eine Anamnese, gegen die Apperzeption von Gegebenheiten der Realität, so wie sie sind, gegen ein Handeln, das diesen Gegebenheiten entsprochen hätte. Die totale Apperzeptionsverweigerung prägte nicht nur den Inhalt der völkisch-nationalsozialistischen Kriegsromane, sondern auch ihre künstlerische Form. An der Tatsache, daß diese Kriegsromane in der Form des Entwicklungsromans „die Identität von Erlebnis und Dichtung" aufrechterhalten wollten, zeigte *Geißler*, daß die Reflexion der „Bewußtseinslage unseres Jahrhunderts" vermieden wurde[220]: angesichts der „Fragwürdigkeit und Begrenztheit der erlebnishaften Wirklichkeitserfahrung"[221] ist im 20. Jahrhundert die kompakte erlebnishafte Dichtung nicht länger ein adäquates künstlerisches Erkenntnis- und Aussagemittel. Insbesondere der Krieg mit seiner „deprimierenden Wirklichkeitserfahrung" ließ sich im erlebnishaften Zugang nicht mehr erfassen und in der Form des Entwicklungsromans nicht mehr angemessen darstellen. „Ein Festhalten am literarischen Schema ist daher nur möglich, wenn die Realität preisgegeben wird und ein irrationaler Umschlag erfolgt. In dieser Weise suggerieren diese Romane Wunschbilder und gaukeln durch naturalistische Darstellungsweise deren Realität vor. Damit werden sie zum Muster einer Literatur, an der man in der scheinbaren Wendung zur Wirklichkeit die Flucht vor dieser Wirklichkeit und eine Selbstverführung ins politisch-heroisch Illusionäre besonders gut studieren kann."[222]

Die Selbstverführung ins Illusionäre wurde offenkundig in den Antworten, welche die völkisch-nationalsozialistischen Kriegsromane auf die Frage nach dem Sinn des Krieges gaben. *Geißler* zeigte, daß das sich hier artikulierende Denken „gar nicht wesentlich an der Klärung des objektiven Geschehens und seiner Bedeutung, sondern vor allem an der eigenen Befindlichkeit interessiert ist und ihr zuliebe voluntaristisch die Wirklichkeit zurechtlegt".[223] Da der einzelne nicht glauben konnte und wollte, „daß das, was er erleiden und ertragen mußte, sinnlos gewesen sein soll"[224], wurde die Sinnfrage – wie schon oben dargelegt[225] – durch eine visionäre Imagination erledigt: Der Sinn des Krieges wurde in der angeblichen Herstellung einer nationalen Gemeinschaft gesehen, entsprungen aus dem gemeinsamen Blut und geformt durch das gemeinsame Erlebnis. *Geißler* machte deutlich, daß damit ein Umschlag in Kategorien religiösen Denkens erfolgte: Da der Sinngrund visionär entworfen wurde und nicht gegenwärtige Realität war, erforderte er eine „wirklichkeitsüberspringende Einstellung", eine „heroische Haltung des Trotzdem"[226], implizierte er „die Hoffnung und Erwartung eines politischen Umschlags", den metastatischen Glauben „an die Wende, den Einbruch des Neuen, an ein Wunder"[227].

Die Gefallenen des Weltkriegs wurden als Opfer interpretiert, deren Sinn ebenfalls an die visionäre Zukunft gebunden wurde.[228] *Geißler* wies schließlich nach, daß der Mythos als Artikulationsmodus dieser religiösen Visionen nicht nur den Problemen der Gegenwart auswich, sondern mehr noch der Zeitproblematik selbst. In Konfrontation mit dem Mythos, wie ihn *Thomas Mann* im *Zauberberg* als Modus der Erkenntnis von Zeit und Existenz gebrauchte, zeigte *Geißler,* daß der Mythos der völkisch-nationalsozialistischen Literatur die Geschichte einfach dekapitierte und eine eigene, neue Wirklichkeit schuf, die allerdings nur in den Imaginationen existierte. Gerade dadurch jedoch wurde er politisch relevant: „Als bezugsloser Beginn ist er nur am Erfolg zu messen, er ist folglich der politischen Macht, die ihn zu nutzen versteht, preisgegeben."[229]

Gleichzeitig mit seiner differenzierten Untersuchung des völkisch-nationalsozialistischen Kriegsromans legte *Geißler* in *Hermann Kunischs Handbuch der deutschen Gegenwartsliteratur* einen knappen, aber informativen Artikel über die ganze Literatur des Dritten Reichs vor.[230] Er hielt hier die entscheidenden Stationen der politischen Inthronisation dieses Schrifttums fest, bezeichnete die zentralen Bewertungskriterien der neuen Literaturbetrachtung und gab einen Überblick über die literarischen Gattungen, eine große Zahl von Autoren und deren wichtigste Werke.

Kurz nach *Geißlers* Arbeit über den Roman erschien eine kleine Untersuchung zur nationalsozialistischen Lyrik: *Albrecht Schönes* Studie *Über Politische Lyrik im 20. Jahrhundert.*[231] *Schöne* behandelte nicht nur nationalsozialistische Lyrik, sondern auch Gedichte marxistischer Autoren. Für die Untersuchung politischer Lyrik bezeichnete *Schöne* zwei Fragen als grundlegend: erstens, ob politische Gedichte „über ihren politischen Tendenzwert hinaus poetischen Rang gewonnen haben", zweitens, „ob die ästhetische Qualität eines im Dienst der Politik entstandenen Kunstwerkes denn unabhängig bleiben könne vom Ethos der politischen Wirkungsabsicht, die es hervorbrachte"[232]. Die zweite Frage mußte zu der Einsicht führen, daß eine Analyse politischer und ideologischer Inhalte in die Untersuchung politischer Lyrik einzubeziehen ist. *Schöne* wies diese Konsequenz nicht ab, er selbst versuchte über die Analyse der Sprache auf zugrunde-liegende Inhalte und Wirkungsabsichten durchzustoßen. Zunächst wies er die Mediokrität und Epigonalität der nationalsozialistischen Lyrik nach. Er zeigte jedoch dann, wie gerade durch Unklarheit und Primitivität, rauschhafte Metaphorik und Rhythmik, vor allem aber auch durch religiöses Vokabular und „mystische Identifikationsformeln"[233] starke manipulative Wirkung erzielt werden konnte. „Was diese Lyrik sagt, hat ins Breite gewirkt und konnte das nur leisten, weil sie das vage, triebhaft dumpfe Gefühl eines blinden, fanatischen Kollektivs formulierte."[234] Besonders ausführlich ging *Schöne* auf den religiösen Sprachbereich der nationalsozialistischen Lyrik ein, er analysierte ihn allerdings nicht eingehend auf die spezifisch politisch-religiösen Inhalte hin. Dagegen zeigte er – wie schon *Voegelin*[235] –, daß diese nationalsozialistische Religiosität zu irrationalem Aktivismus drängte, zum ‚Blutrausch der Tat‘: „Im Schein des Grals, den sie in ihrer Seele trägt, wird die Mordtat zum sakralen Akt stilisiert."[236]

Schöne druckte im Anhang seiner kleinen Studie eine Reihe von Gedichten nationalsozialistischer Autoren ab, hauptsächlich jüngerer Partei-Lyriker. Auch *Wulf* veröffentlichte in seiner Dokumentation einige solcher Zeugnisse spezifisch nationalsozialistischer Literatur. Für den Zweck einer umfassenden Information nicht nur über das nationalsozialistische Schrifttum im engeren Sinn, sondern auch über völkisch-nationale und andere ideologisch verwandte Literatur der zwanziger und dreißiger Jahre fehlte allerdings immer noch eine Sammlung charakteristischer und repräsentativer Texte. Eine solche Sammlung legte 1966 *Ernst Loewy* mit seiner Dokumentation *Literatur unterm Hakenkreuz* vor.[237]

Loewys Dokumentation enthielt Texte von insgesamt 57 Autoren. Wenn auch dadurch immer noch keine personelle Vollständigkeit erreicht war – was *Loewy* nicht anstrebte –, so gelang es ihm doch, ein nahezu vollständiges Spektrum derjenigen literarischen Ideologeme vorzuführen, welche im Rahmen oder Umkreis der nationalsozialistischen Weltanschauung standen, und diese Ideologeme in gut ausgewählten und zum größten Teil exemplarischen Texten zu zeigen. Unter den Autoren der abgedruckten Textauszüge waren nicht alle dezidierte Nationalsozialisten, es befanden sich auch ältere konservative oder völkische Schriftsteller unter ihnen, deren Hauptwerke schon vor 1933 erschienen waren, außerdem problematische Gestalten wie

Benn, Carossa und *Jünger. Loewy* erkannte richtig, daß mit einer Sammlung des spezifisch nationalsozialistischen Schrifttums das literarisch-ideologische Phänomen in seiner ganzen Reichweite nicht dokumentiert gewesen wäre. Es kam ihm darauf an, die Kontinuität literarischer Ideologeme zu zeigen, welche zwar nicht zwangsläufig, aber doch mit einer gewissen inneren Logik zur NS-Literatur führten. „Anstatt die Nazi-Literatur von ihren Vorfahren mit allzu peinlicher Genauigkeit abzugrenzen, gilt es deshalb vor allem, sich der wichtigeren, wenn auch weniger dankbaren Aufgabe zu unterziehen, sie zusammen mit jenen Fäden zu untersuchen, die sie an respektablere Erscheinungen binden; genauer: dem Platz nachzuforschen, den – als Paradoxon ausgedrückt – diese Manifestation des Ungeistes in der deutschen Geistesgeschichte einnimmt."[238] Im Hinblick auf die ideologischen Vorläufer unterschied allerdings *Loewy* in gewisser Weise zwischen den Ideen bzw. Werken und ihren Produzenten: „Man wird deshalb die ‚Vorgänger‘ des Nazi-Schrifttums nicht zu ‚Schuldigen‘ zu stempeln haben, aber doch immerhin als Glieder einer Kausalkette begreifen müssen, die zu ihm hinführte."[239] Um Gemeinsamkeiten und Kontinuität der Ideologeme zu zeigen, räumte *Loewy* neben belletristischen Texten „auch nicht-literarischen Auslassungen der betreffenden Autoren einen beträchtlichen Platz" ein.[240]

Loewy gliederte seine Texte nach historischen, aber mehr noch nach ideologischen und literaturtheoretischen Kriterien in vier große Bereiche; er versuchte damit gleichzeitig einen Ansatz zu liefern für die „Analyse der ideologischen Struktur der Nazi-Literatur": „Die gleichsam unterste Schicht, die eine solche Analyse zutagetreten läßt, kann nur als ‚romantisch‘ bezeichnet werden; sie bildet das abstrakte, ‚metaphysische‘ Fundament, auf dem das Nazi-Schrifttum basiert. Sein Irrationalismus, sein Pseudohistorismus, seine Autoritätsgläubigkeit sind in dieser Schicht verankert. Sie ist von einer zweiten überlagert, deren Wesensmerkmal der Provinzialismus ist. In ihr gewinnt das Romantische jenen volkhaften Akzent, der für das Nazi-Schrifttum eigentümlich ist; in ihren Niederungen ist auch die ‚Blut-und-Boden‘-Ideologie angesiedelt. Diese zweite Schicht hat ihren Ursprung vor allem in der ‚Heimatdichtung‘ sowie – den Begriff des Provinzialismus im übertragenen Sinn genommen – auch in der ‚Arbeiterdichtung‘. Die dritte Schicht ist durch ihren militanten

Nationalismus gekennzeichnet; durch ihn gibt sie sich als Teil und Folge der ‚konservativ-revolutionären' Bewegung zu erkennen. Die vierte, ‚oberste' Schicht schließlich ist die im eigentlichen Sinne nationalsozialistische. Der Irrationalismus, der dem Ganzen anhaftet, ist auf dieser Ebene aufs Operativ-Zweckdienliche reduziert. Er erschöpft sich in einer pseudo-revolutionären Kampfstimmung und kultischen Führer-Verehrung; seine lyrischen Manifestationen wirken wie der Beifall von gedungenen Claqueuren." [241]

Zu mehr als einer Dokumentation wurde *Loewys* Buch durch eine ausführliche Einleitung zum Gesamtphänomen der völkischnationalen und nationalsozialistischen Literatur und durch ein Nachwort, in dem er an verschiedenen Beispielen zeigte, daß die Kontinuität der dokumentierten ‚Anti-Literatur' auch mit dem Jahr 1945 nicht abgebrochen ist. Zu einer Art Vorstudie für eine Literaturgeschichte der völkisch-nationalsozialistischen Literatur wurde die Arbeit vor allem durch die Einleitungen, die *Loewy* seinen vier Hauptkapiteln und den Unterabschnitten voranstellte. Er gliederte sein Material innerhalb der von ihm unterschiedenen vier Schichten nach Motivkomplexen und arbeitete in den entsprechenden Einleitungen und Kommentaren die jeweils charakteristischen ideologischen und literarischen Motive heraus. Damit wurde die Dokumentation in einen ordnenden und kritischen Rahmen gebracht. Kurzbiographien mit bibliographischen Angaben vervollständigten den detaillierten Überblick.

Von *Loewys* Dokumentation angeregt wurde eine größere Darstellung zur gesamten völkisch-nationalsozialistischen Literatur: in mehreren Abteilungen veröffentlichte *Günter Hartung* 1968 in den *Weimarer Beiträgen* „eine skizzenhafte Geschichte der faschistischen Literatur in Deutschland"[242]. Mit ‚faschistischer Literatur' bezeichnete *Hartung* neben der nationalsozialistischen im engeren Sinn die Werke völkischer, nationalistischer und konservativ-revolutionärer Schriftsteller im ideologischen Vorfeld oder Umkreis des Nationalsozialismus. Ob mit dem Terminus ‚faschistisch' allerdings ein adäquater Generalbegriff gewählt wurde, ist fraglich angesichts der Tatsache, daß dieser Terminus immer mehr zum Kampfbegriff in der politischen Auseinandersetzung geworden ist, auf alle möglichen politischen und ideologischen Gruppierungen angewendet wird und so jegliche wissenschaftliche Trennschärfe verloren hat.

Hartungs Untersuchung war der erste grundsätzliche – unter
marxistischem Blickwinkel unternommene – Versuch, die völkisch-nationalsozialistische Literatur ganz aus ihrem Wirkungszusammenhang mit sozialen und ökonomischen Gegebenheiten
heraus zu interpretieren und die historische Entwicklung der ihr
zugrundeliegenden Ideologeme aufzuzeigen. Besondere Aufmerksamkeit schenkte er dabei den Vorläufern vor dem ersten Weltkrieg, deren Behandlung den größten Raum in seiner Untersuchung einnahm. Den „Beginn einer faschistischen Literatur als
einer eigenen Bewegung" setzte er nach 1871, vor allem nach
1890 an.[243] Zu ihrer Formierung und Sammlung benötigte sie
nach *Hartungs* Ansicht eine „Massenbasis in politischer und literarischer Hinsicht und die zum Faschismus gravitierende Klassenkampfsituation".[244] Diese Voraussetzungen sah er während
des wilhelminischen Kaiserreichs in den Mittelschichten entstehen:
„Nach Ursprungs- und Wirkungsbereich, keineswegs nach ihrer
Funktion, ist die deutsch-faschistische Literatur auf diese Schichten zu beziehen. Im langandauernden, zähen Todeskampf des alt-
deutschen Kleinbürgertums hat sie ihre Ursprünge."[245] Als Repräsentanten solch ‚präfaschistischer' Literatur bezeichnete *Hartung* Schriftsteller wie *Langbehn, Lienhard, Bartels, Frenssen,
Löns* und weitere Autoren einer vornehmlich ‚völkisch' geprägten Heimatdichtung. Grundlage dieser Heimatliteratur war nach
Hartungs Ansicht ein naiver Antikapitalismus des um seinen Besitz und Status bangenden Kleinbürgertums, das diesen Antikapitalismus jedoch nicht in ein fortschrittliches, d. h. sozialisti-
sches Bewußtsein transformierte, sondern zu ‚naturhaften', mythischen und nationalen Regressionen Zuflucht nahm und so der
faschistischen Ideologie den Boden bereitete. Als Topoi der Re-
gression arbeitete *Hartung* heraus: Rückwendung zur ‚ewigen'
Natur, Lobpreis eines ahistorisch verstandenen Bauerntums,
Idealisierung eines vorgeschichtlichen Germanentums, Schicksals-
gläubigkeit, volksliedhafte Idyllik. Den Übergang zum Faschismus sah *Hartung* dann vollzogen, wenn die Literatur von einer
„Form ästhetischer Gegenwartsflucht" zum „Gefäß für mythische Wirklichkeit" wurde,[246] in dieser mythischen Wirklichkeit
die Konsequenzen zum entsprechenden Handeln zog, durch-
spielte, und damit Anleitung zur Tat wurde.[247]

Für die Zeit der Weimarer Republik hob *Hartung* besonders
die zunehmende Politisierung der Heimatdichtung, der völki-

schen und nationalistischen Literatur hervor und zeigte ihre sukzessive Annäherung an den Nationalsozialismus. Diese Entwicklung wurde nach seiner Ansicht gefördert durch die nun existierende „faschistische Aktion", auf die sich jene Literatur „gewollt oder ungewollt beziehen mußte. Die Literatur wurde getragen von dem gleichen radikalisierten Kleinbürgertum, worin der NS, als Interessenvertretung des deutschen Imperialismus, sein Massenreservoir suchte, und sie teilte mit ihm die Funktion, diese Massen zu aktivieren. Sie näherte sich in gleichem Maße, wie der NS Einfluß auf die Massen gewann, der ‚Bewegung' an."[248] *Hartung* interpretierte die radikale Konkretisierung der völkisch-nationalen Literatur wie auch das Entstehen des Nationalsozialismus selbst als Reaktion auf die ökonomische Krise des Kapitalismus im Gefolge des ersten Weltkriegs und die daran sich anschließende verschärfte Klassenkampfsituation. Er sah den Nationalsozialismus als ideologisch heterogene und relativ weiträumige Sammlungsbewegung an, die „alle gegen Sozialismus und Liberalismus gerichtete Bestrebungen auffangen" konnte und damit auch einer Literatur ihren Platz anwies, welche mit dieser politischen Bewegung „den Feind, wenn auch nicht das Ziel gemein hatte"[249].

Hartung stellte im weiteren die wachsende politische Radikalisierung der völkisch-nationalsozialistischen Literatur bis 1933 dar. Er zeigte dann, wie nach der Machtübernahme *Hitlers* die literarische Produktivität in Ermanglung der alten inneren Gegner zunächst verflachte und die Literatur nun vorwiegend Propagandafunktionen übernahm, um die Bevölkerung in die ‚Volksgemeinschaft' zu integrieren. Auch *Hartung* wies auf die wichtige Rolle hin, die religiöse Dichtung jetzt spielte. „Ein vollkommener Widerspruch wie die ‚Volksgemeinschaft', die für jede Schicht gleichermaßen Erlösung verhieß, war überhaupt nur in religiösen Kategorien anzuerkennen. Der NS forderte ein modernes Credo quia absurdum, dessen Inhalt das Selbstopfer für den Staat bedeutete."[250] Allerdings aktualisierte sich mit Beginn des zweiten Weltkriegs auch wieder die literarische Aggression, nun in der Wendung nach außen. „So mündete die Flut der Dichtung wieder dort ein, von wo sie einst ausgegangen war: in den Krieg. In den letzten Jahren des Nazireichs war seine Literatur vollständig den militärischen Bedürfnissen unterworfen."[251]

Hartungs Untersuchung zeichnete sich dadurch aus, daß sie eine Reihe sozialer und ökonomischer Faktoren herausarbeitete, welche die realitätsfremde und regressive völkisch-nationale Literatur hervortrieb und ihre Breitenwirkung begünstigte. Hier, bei den Vorläufern des wilhelminischen Kaiserreichs, war seine Analyse sozio-ökonomischer Sachverhalte am präzisesten, wenn auch noch nicht ausreichend. Bei der Darstellung der Zeit nach dem ersten Weltkrieg machten sich einige grundsätzliche Mängel der Interpretation stärker bemerkbar, und zwar sowohl bei der Analyse der Entstehungsursachen und Entwicklung der völkisch-nationalsozialistischen Literatur wie bei der Analyse ihrer politischen und gesellschaftlichen Funktionen. In beiden Fällen stellte er – gemäß dem marxistischen Basis-Überbau-Modell – einen zu gesetzmäßigen und einsträngigen Kausalnexus zwischen ökonomischen und literatur-ideologischen Gegebenheiten her. Die regressiven Ideologeme, die *Hartung* herausarbeitete, wurden zwar durch sozio-ökonomische Krisen aktualisiert und konkretisiert, aber als sinngebende Existenzentwürfe waren sie fundiert in der existentiellen Realität ihrer Schöpfer und Anhänger. Ebenso hatte die völkisch-nationalsozialistische Literatur nicht nur eine instrumentelle Funktion im Hinblick auf ein polit-ökonomisches Ziel, wobei es zudem fraglich erscheint, ob dieses Ziel mit „Diktatur des staatsmonopolistischen Kapitalismus"[252] sachlich und historisch richtig charakterisiert ist; sie hatte vielmehr vor allem die psychische Funktion, ein politisches und spirituelles Ordnungsmodell individueller wie kollektiver Existenz zu vermitteln. Die theoretische Defizienz *Hartungs* – eine generelle marxistische Defizienz – lag darin begründet, daß er die nicht-gegenständliche Realität von Erfahrungen und die ihres Sensoriums, der *psyche,* hypostasierte und daß er dadurch auch die Sozialrelevanz psychischer Faktoren übersah oder nicht richtig einschätzte. Symptomatisch dafür war das Verdikt, mit dem er in einem Nebensatz die Psychologie abfertigte und ihr „Irrelevanz für die Aufdeckung gesellschaftlicher Verhaltensweisen"[253] bescheinigte. Gleichwohl durchbrach *Hartung* selbst an einigen Stellen seiner Untersuchung diese strikte Position und stellte psychische Momente in Rechnung, wahrscheinlich ohne sich der Bedeutung solcher Ansätze und ihrer theoretischen Konsequenzen bewußt zu werden: So verwies er im Zusammenhang mit der Weltkriegsliteratur – al-

lerdings ohne das entsprechende theoretische Vokabular zu benützen und ohne den Ansatz weiterzuverfolgen – ausdrücklich
auf die existentiellen Leidenschaften des Hasses und, besonders
bei *Jünger*, der *libido dominandi*.[254]

Die Untersuchung der Gattungen völkisch-nationaler und
nationalsozialistischer Literatur wurde – nach *Geißlers* Arbeit
über den Zeitroman und *Schönes* kleiner Studie über die Lyrik –
von *Uwe-Karsten Ketelsen* mit zwei umfangreichen Darstellungen zum Drama weitergeführt. Seine 1968 erschienene Dissertation *Heroisches Theater*[255] beschäftigte sich mit der Dramentheorie des Dritten Reichs; der zwei Jahre später veröffentlichte
Band *Von heroischem Sein und völkischem Tod*[256] ergänzte die
erstere Arbeit mit Interpretationen völkisch-nationalsozialistischer Dramen.

Ketelsen untersuchte die völkisch-nationalsozialistische Dramentheorie unter primär geistesgeschichtlichen Gesichtspunkten,
genauer: er verknüpfte ideengeschichtliche und ideologiekritische
Untersuchungsmethoden mit literarhistorisch-ästhetischen. „Lite-
rarhistorisch stellt die Dramaturgie des Dritten Reichs – vor
allem die im Gefolge Paul Ernsts – den Versuch dar, eine an-
scheinend absterbende literarische Gattung, die hohe Tragödie,
zu retten, indem man die traditionelle Form neu durchdachte
und mit neuem Inhalt füllte. Diese Versuche rein ästhetisch zu
interpretieren, ist [. . .] nicht zulässig, da sie nicht rein ästhetisch
verstanden werden wollten. Insofern sind Theorie und Werke
in erster Linie Gegenstände einer geistesgeschichtlichen Untersuchung und erst in zweiter Linie einer literarhistorisch-ästhetischen."[257] *Ketelsen* zeigte, „wie wenig sich die Dramaturgie im
Dritten Reich mit Problemen der dramatischen Form und der
ihr angemessenen Stoffe beschäftigte, wie viel man dagegen von
der Begründung dieser literarischen Grundform in außerästheti-
schen Bereichen und von Forderungen redete, die von anderen
als literarästhetischen Standpunkten aus erhoben wurden"[258].
Aus diesem Grund gab er zunächst einen Überblick über einige
zentrale Inhalte der völkisch-konservativen und nationalsozialistischen Ideologie, wies ihre Bedeutung für Kunst und Künstler nach und arbeitete die Grundlinien der nationalsozialistischen Ästhetik heraus. Deren hauptsächliches Charakteristikum
war eben ihre Abhängigkeit von der Ideologie, woraus eine Abwertung der Form zugunsten des Inhalts resultierte, „denn Ge-

sinnung kann sich nur im Stoff, Haltung nur gegenüber dem Stoff äußern"[259].

Trotz des geringen Interesses an formalen Problemen gab es während des Dritten Reichs eine Flut von theoretischen Auseinandersetzungen mit Fragen des Theaters und der dramatischen Literatur.[260] *Ketelsen* teilte die Dramatiker und Dramentheoretiker in zwei Hauptströmungen ein: „eine, die eher eine ‚symbolhafte Realität' erreichen will und zu der Kolbenheyer, Johst, Bethge, Hymmen und zunächst auch Möller gehören, und eine zweite, der es vorwiegend um überhöhte Typik geht, zu der P. Ernst, E. Bacmeister, C. Langenbeck und später auch Möller zählen. [...] Die letztgenannte ist auf dem Gebiet der Theorie durchaus führend zu nennen, während die erste größeres Echo an den Bühnen fand."[261] Dementsprechend berücksichtigte *Ketelsen* in seiner Untersuchung der Dramentheorien besonders die Nachfolger *Paul Ernsts,* „da sie praktisch die einzigen waren, die eine auch nur teilweise fundierte Dramaturgie aufstellten, während die anderen Autoren lediglich Ergänzungen oder Variationen beisteuerten und nur gelegentlich wesentlich andere Gesichtspunkte in die Diskussion trugen. Dadurch gewann die Dramentheorie des Dritten Reichs trotz mancher Differenzen [...] eine relative Geschlossenheit, die der Dramenproduktion nicht zukam."[262]

Ketelsens Analyse entfaltete sich in der Auseinandersetzung mit den zentralen, ideologisch geprägten dramaturgischen Momenten, hauptsächlich: Tragik, Schicksal, Heroik, Opfer. Er zeigte zunächst, daß die Dramaturgie nicht mehr vom Begriff der Tragödie ausging, sondern von dem des Tragischen. Damit wurden ästhetische Probleme in den Hintergrund gerückt; das Tragische wurde zur Lebensqualität – wesensbestimmend für die nordische Rasse –, zum unableitbaren Urphänomen, rational nicht faßbar und nicht diskutierbar. Die Derivate der Lebensphilosophie brachten das Tragische in Zusammenhang mit Dynamismus und Vitalismus und ließen es schließlich als Gipfelpunkt einer biologischen Kampfideologie erscheinen.[263] Schicksal wurde dementsprechend zu einer „von außen herantretenden Nötigung"[264], der gegenüber die Kategorie der Sittlichkeit nicht mehr existierte und folglich auch in der Dramaturgie keine Rolle mehr spielte. „Schicksal ist der unbeeinflußbare, innerweltliche Zufall, der dämonisiert wird."[265] Einem solchen Schicksal konnte nur noch mit Heroik begegnet werden, in der Haltung des heroischen Überdauerns oder des heroischen Untergangs. Auch der Gesichtspunkt der Schuld wurde angesichts der Prädominanz des dämonisierten Zufalls irrelevant; das schicksalhafte ‚Lebensprinzip' „konnte nicht verändert, sondern nur auf verschiedene Weisen ertragen werden"[266]. *Ketelsen* wies auf die Konsequenz eines dergestalt verselbständigten Heroismus hin, eine Konsequenz, die auch *Geißler* schon beim völkisch-nationalen Kriegsroman herausgearbeitet hatte: „Je weiter der Mensch aus seinen humanen Bindungen und ethischen Verpflichtungen herausgelöst wurde, je ‚heroischer' er dargestellt wurde, desto mehr verlor er von seiner Menschlichkeit [. . .]."[267]

Der tragische Untergang in heroischer Haltung wurde als ‚Opfer' gedeutet. Das Problem, „wem und für wen es gebracht wird"[268], wurde von *Ketelsen* nicht scharf genug analysiert; darauf ist noch zurückzukommen. Er zeigte jedoch, daß „das tragische Opfer im Sinne eines urreligiösen, rituellen Schlachtopfers für das Heil der Kultgemeinschaft" aufgefaßt wurde,[269] und er stellte dar, wie damit das nationalsozialistische Drama in seiner letzten Konsequenz zum Kult-Theater wurde.[270] Es artikulierte sich nach seiner Ansicht hauptsächlich in der Form der Schicksalstragödie, die besonders von *Langenbeck, Hartz* und *Möller* gepflegt wurde.[271] „Das Bestreben zum kultischen Theater, die Entindividualisierung der Personen, die Abstraktion der Handlung und die weltanschauliche Fundierung des Begriffs des Tragischen vereinigen sich somit in der Konstruktion einer mythischen Tragödie, die als die äußerste und konsequenteste Zuspitzung der Dramaturgie des Dritten Reichs gelten muß [. . .]."[272] Durch das Kult-Theater sollte außerdem eines der wesentlichsten Ziele der nationalsozialistischen Dramatiker erreicht werden: die Konstituierung eines ‚Erlebnistheaters', die Aufhebung der Trennung zwischen Bühne und Zuschauern und deren Zusammenschluß „zu einer erlebnishaften Unmittelbarkeit"[273]. „Der Zuschauer sollte mit in den dramatischen Vorgang einbezogen werden, und zwar auf die Weise, daß er kultisch am mythisch verstandenen Urprozeß auf der Bühne teilnahm."[274]

Seinen Interpretationsband *Von heroischem Sein und völkischem Tod* verstand *Ketelsen* als „unmittelbare Fortsetzung der Untersuchung der Dramentheorie des Dritten Reichs"; so hatte er ihn bereits in seiner Dissertation angekündigt.[275] Das zu interpretierende Material – ein Querschnitt durch repräsentative Dramen der Zeit – wurde ausführlich vorgestellt; die vielen und umfangreichen Textauszüge verliehen der Arbeit die zusätzliche Qualität einer Dokumentation und zeigten anschaulich die Vielgestaltigkeit des Dramas im Dritten Reich: neuklassizistische Werke in der Nachfolge *Paul Ernsts* neben solchen von ,Shakespearianern', politische Zeit- und Propagandastücke neben historischen Tragödien und chorischen Feierspielen. Einen gemeinsamen Richtpunkt boten lediglich die hauptsächlichen Inhalte der völkisch-nationalsozialistischen Ideologie, worauf *Ketelsen* schon in seiner Dissertation hingewiesen hatte: „so treffen sich die Dramatiker in der ideologischen Fundierung ihrer Stücke, in der ,erlebnismäßigen Gestaltung' von Zeitproblemen, in der Bewertung, daß seelische Kämpfe wichtiger als die bühnenwirksame Handlung seien, so daß in allen Werken bemerkt werden kann, daß die Rede gegenüber der Handlung überwiegt"[276].

Die ausschlaggebende Bedeutung der ideologischen Grundlinien für die Aussage des Dramas wie für die Bewältigung formaler Gestaltung veranlaßte *Ketelsen,* auch bei seinen Interpretationen diese Korrelationen zum Gegenstand der Untersuchung zu machen und Phänomene zu interpretieren, bei denen sie literarisch signifikant wurden. Sinnfälliges Beispiel war der ,Held', „ein Terminus der Dramaturgie, seine Bestimmung und Gestaltung ist ein formales Problem, das tief in die Struktur des Stücks eingreift; zugleich ist er Gegenstand der ideologischen Diskussion, so daß eine weltanschauliche Begriffsbestimmung Konsequenzen für die literarische Realisierung haben muß"[277]. *Ketelsen* zeigte, wie der Held im nationalsozialistischen Drama aus ideologischen Gründen typisiert erschien, nämlich als Repräsentant der völkischen Gemeinschaft; er besaß keinen gleichwertigen Gegenspieler, stand vielmehr im Kampf mit schicksalhaften Mächten, die sein Handeln persönlicher Verantwortung entzogen, ja sogar jeglicher Aktionsfreiheit beraubten. Sein Heroismus mündete in den Opfertod, der definitives Ziel der Handlung und von dieser an sich völlig unabhängig war. „Das ,Ausharren' ist demnach der Kern der heroischen Haltung, der Opfertod die eigentliche heldische Tat."[278] Im Helden konzentrierten sich so die ästhetischen wie ideologischen Charakteristika des nationalsozialistischen Dramas: er führte nicht nur die Simplifizierung von Tragik und dramatischem Konflikt vor Augen, sondern auch die Reduktion der Existenzproblematik, die „Entindividualisierung und Entmoralisierung des Menschen"[279].

Ketelsen hatte schon in seiner Dissertation darauf hingewiesen, daß die Literatur des Dritten Reichs nicht allein als „Mittel der politischen Propaganda" verstanden und untersucht werden dürfe; sie müsse außerdem auch als „Ausdruck der geistesgeschichtlichen Situation" gesehen werden.[280] In seiner zweiten Arbeit erweiterte er diesen Blickwinkel: er betonte zwar, eine literarische Analyse könne „zunächst nur Erkenntnisse über literarische Erscheinungen liefern", aber er deutete an, sie könne „dann erkennen helfen, inwieweit politische, geistesgeschichtliche und gesellschaftliche Situationen zur Konstitution der Texte beigetragen haben, und sie kann schließlich ihrerseits Erkenntnisse über die politische, geistesgeschichtliche und gesellschaftliche Situation unterstützen, insofern diese durch die Literatur und das darin eingeschlossene Bewußtsein mitbedingt sind"[281]. Worauf hier hingewiesen wurde, war die Möglichkeit einer Analyse des literarischen wie ideologischen Selbstverständnisses, das sich in den Dramen artikulierte, und vor allem der Erforschung seines Stellenwerts im Wirkungszusammenhang ideologischer, politischer und gesellschaftlicher Faktoren. Trotz verschiedener vielversprechender Ansätze führte *Ketelsen* jedoch eine solche Analyse nicht durch, zu deren Gunsten auf einige zitierte Texte hätte verzichtet werden können. Sowohl die Inhalte des in der Literatur ‚eingeschlossenen Bewußtseins' bzw. die psychische Problematik hätten weiter differenziert werden können, vor allem aber hätte der Autor diesen Bereich in wesentlich engere Verbindung mit dem sozialen und politischen Kontext bringen sollen und zwar im Hinblick auf Stimulationen wie Wirkungen.

Im Fazit seiner Arbeit erklärte *Ketelsen* die Wirkungsintentionen des nationalsozialistischen Theaters als „Akt der Autosuggestion"[282] und als Versuch, „Wirklichkeit und Bewußtsein zu verändern"[283]. In seiner Dissertation hatte er schon gezeigt, wie im Opfertod des Helden die ‚Volkwerdung' zelebriert wurde, wie damit das Theater zum Ritual wurde, das „eine magische Wandlung vollziehen" sollte.[284] Das waren Sachverhalte von grundsätzlicher Bedeutung, aus denen *Ketelsen* allerdings nicht die Konsequenzen für eine weiterführende Analyse zog. Er klassifizierte zwar die ideologischen Reduktionen, die er herausarbeitete, zutreffend als „Fluchtreaktionen" auf die Probleme der gegenwärtigen politischen und sozialen Wirklichkeit,[285] aber er behandelte zu wenig die aktive Kehrseite dieses Phänomens: eben die Veränderung von Wirklichkeit und Bewußtsein, nämlich die Entwicklung eines neuen, imaginativen Realitätsbildes und die daraus resultierenden Stimulationen zu entsprechendem Handeln. Das war die ausschlaggebende sozialrelevante Seite des Bewußtseinsphänomens ‚Magie', auf das *Ketelsen* nur hinwies. Es wurde nicht geklärt, wodurch das magische Bewußtsein stimuliert wurde, durch welche historischen, politischen und sozialen Gegebenheiten es provoziert wurde, wie es sich dementsprechend aktualisierte und wie es auf den gesellschaftlichen Kontext zurückwirkte. Die mangelnde Berücksichtigung sozio-politischer Motivationen und Wirkungen führten *Ketelsen* dazu, die Quintessenz von Ästhetik und Ideologie des nationalsozialistischen Dramas in der Formel „passiver Geschichtspessimismus" zu fassen,[286] wodurch der Aktivismus, der in den Dramen propagiert wurde und zu dem die Zuschauer stimuliert werden sollten, weder erklärt, noch überhaupt gebührend in Rechnung gestellt wurde. Die Reduktion der Existenzproblematik auf Dynamismus und Vitalismus hatte das extreme Gegenteil von Passivität zur Folge; das Verhalten gegenüber der Realität reduzierte sich letztlich auf Gewaltanwendung, und zwar um die Imaginationen des Bewußtseins durchzusetzen[287]: um die Integrität der imaginierten völkischen Gemeinschaft zu gewährleisten und einen Zustand der Vollkommenheit herbeizuführen, der zwar als geschichtsimmanent zu begreifen war, dessen ewige Dauer jedoch intendiert wurde, war das Blutopfer des Helden sinnvoll, ja notwendig. Im rituellen Vollzug, der die Zuschauer zu Teilnehmern machte, wurde das magische Bewußtsein in die äußere Wirklichkeit umgesetzt. Um der völkischen Unsterblichkeit willen wurden Gewaltanwendung und Opfertod als aktuelles Handeln und Dulden notwendig; gerade Schriftsteller waren es, die sich besonders begeistert von ihren Imaginationen in Kampf und Tod auf dem Schlachtfeld führen ließen und ihren Millionen Volksgenossen die Sozialrelevanz der Magie demonstrierten.[288]

In engerem Zusammenhang mit politischen Gegebenheiten untersuchte *Ernst Keller* deutsche Literatur zwischen dem wilhelminischen Kaiserreich und dem Zusammenbruch des Dritten Reichs. Seine 1970 veröffentlichte Arbeit über *Nationalismus und Literatur*[289] trug den Untertitel *Langemarck – Weimar –*

Stalingrad; Keller deutete damit an, daß er den historischen Stationen, welche Krise und Zusammenbruch des deutschen Nationalstaats bezeichneten, entscheidende Bedeutung für das Verhältnis der von ihm behandelten Schriftsteller zum Nationalismus – und Nationalsozialismus – beimaß. Was er darstellen wollte, war das Verhalten von Schriftstellern „in einer bestimmten geschichtlichen Lage. Aus diesem Grunde wird im Rahmen dieser Arbeit Literatur verstanden als Antwort auf eine bestimmte Zeitsituation, bestehe diese Antwort nun im Erliegen oder in der Überwindung."[290] *Keller* behandelte so Wegbereiter eines militanten Nationalismus wie *Langbehn* und *Flex*, „Vor-, Mit- und Nachläufer"[291] des Nationalsozialismus wie *Kolbenheyer* und *Grimm*, kontroverse Gestalten wie *Jünger* und *Wiechert*; er zeigte die Bemühungen, die Inhumanität nationalistischer und nationalsozialistischer Ideologeme zu überwinden, bei *Jochen Klepper* und *Bergengruen* aus konservativ-christlichem Geist, bei *Ludwig Renn* und *Anna Seghers* aus marxistischem, und er wies auf die jeweilige Problematik dieser Versuche hin; bei *Thomas Mann* führte er die Entwicklung von nationaler Voreingenommenheit zu substanziellem demokratischen Denken vor Augen. Die Einzelinterpretationen zu diesen Schriftstellern unterteilte *Keller* mit allgemeinen Kapiteln zur politischen Situation und zum geistigen Milieu Deutschlands bei Ausbruch des ersten Weltkriegs, während der Weimarer Republik, bei Beginn des Dritten Reichs und während des zweiten Weltkriegs. Damit wurde der zeitgeschichtliche und ideologische Hintergrund skizziert, vor dem sich die kontroversen Reaktionen der verschiedenen Autoren aktualisierten.

Durch die Ausarbeitung des politisch-ideologischen Beziehungsraums gewann *Kellers* Untersuchung eine Geschlossenheit, die einer anderen Arbeit mangelte, welche sich ebenfalls – und ausschließlich – mit nationalistischen Wegbereitern des Nationalsozialismus beschäftigte: dem von *Karl Schwedhelm* ein Jahr vor *Kellers* Buch herausgegebenen Sammelband *Propheten des Nationalismus*.[292] Auch dieser Band enthielt Essays über *Langbehn*, *Flex*, *Kolbenheyer* und *Grimm*, außerdem über *Dietrich Eckart*, *Bartels* und neben diesen Schriftstellern über ,Theoretiker' und ,Philosophen' wie *Paul de Lagarde*, *Houston Stewart Chamberlain*, *Ludwig Klages* u. a. Die Essays stammten von verschiedenen Verfassern, waren dementsprechend in der Wahl ihrer

Schwerpunkte uneinheitlich und auch in ihrer wissenschaftlichen Qualität unterschiedlich. Als entscheidender Mangel erwies sich das Fehlen eines Rahmens, der die Verbindungslinien zwischen den monographischen Darstellungen stärker gezogen und vor allem auch die politischen und gesellschaftlichen Bezüge deutlicher gemacht hätte. Gleichwohl bot der Band einen informativen Überblick über wichtige Schriftsteller des deutschen Nationalismus zwischen 1813 und 1933 und konnte *Kellers* Darstellung in einigen Punkten ergänzen.

Kellers Untersuchung setzte an bei der Aufbruchsstimmung und nationalen Begeisterung, die in der Hundertjahrfeier von 1813 einen Anlaß forcierter Artikulation fand. Vor allem die Jugend, die zunehmend Ungenügen an der wilhelminischen Gesellschaft empfand, suchte nach neuen geistigen Bestimmungen und politischen Zielen, gab dabei jedoch von Anbeginn mit dem Rückgriff auf *Fichte* und der blinden Verehrung von Schriftstellern wie *Langbehn* gefährlichen Ideologemen Raum. *Keller* verwies besonders auf die messianische Attitüde *Fichtes,* auf die von ihm bereits vertretene Vorstellung von den Deutschen als auserwähltem Volk,[293] er zeigte das Aufkommen des Rassismus und die beginnenden Weltherrschaftsaspirationen bei *Langbehn*[294] und führte vor Augen, wie die gesellschaftlichen und politischen Verhältnisse der Vorkriegszeit ein ideologisches und psychisches Syndrom förderten, das schließlich in die Kriegseuphorie von 1914 mündete.[295] Besonders anschaulich stellte *Keller* den Wirkungszusammenhang politischer, gesellschaftlicher, geistesgeschichtlicher, aber auch biographischer und psychischer Faktoren bei *Walter Flex* dar.[296] Ebenfalls gelang ihm dies bei *Kolbenheyer* und mehr noch bei *Grimm,* deren ideologisches Profil er vor dem Hintergrund des intellektuellen Milieus der Weimarer Republik mit seinem tief sitzenden Widerstand gegen diesen Staat zeichnete. Auch hier arbeitete er die sozialen wie individuellen Grundlagen und Erfahrungsanlässe heraus, welche zu Unsicherheit gegenüber der unübersichtlich gewordenen modernen Welt, zu „Weltangst"[297] führten und als Reaktionen und Projektionen Antisemitismus, Gegenwartsflucht, Aktivismus zeitigten.[298]

Die weiteren Kapitel über die Situation während des Dritten Reichs und des zweiten Weltkriegs besaßen nicht mehr die analytische Vielschichtigkeit und Präzision der ersten Hälfte des Bandes; die hier vorgestellten Schriftstellerporträts beschränkten sich stärker auf die Interpretation einzelner Werke. *Kellers* besonderes Verdienst war es, daß er bei den Autoren, die dem Nationalismus und Nationalsozialismus in der einen oder anderen Form erlagen, die Verbindungslinien herausarbeitete, welche von Welt- und Gegenwartsflucht zum Aktivismus, von der Idylle zur Gewalt führten. Er zeigte, wie in den Weltbildern dieser Schriftsteller „die Feindschaft gegen ihre Zeit verschmilzt mit dem utopisch zu nennenden Wunschtraum von einem einfachen Leben"[299], er machte sichtbar, daß sie demzufolge „alle eine Welt ohne Wandel und ohne Zeit als die ideale vorstellen"[300], und er wies schließlich darauf hin, „daß dieselben Leute, die mit fast mimosenhafter Empfindlichkeit vor den Forderungen einer technisierten Wirklichkeit zurückweichen, unisono nach einem starken Regiment rufen"[301]. „Um den Konflikt zwischen der als Ideal präsentierten Welt ohne Wandel und der als Verstädterung und Industrialisierung begriffenen Moderne zu lösen, kennen die Langbehn, Flex, Grimm und der frühe Jünger nur ein Mittel. Es ist das der Gewalt. Sie ist die einzige Form, unter der sie sich eine Umgestaltung der Gesellschaft vorstellen können. Mit Gewalt will Langbehn seine bauernaristokratische Minderheit in den Sattel setzen und Flex – schon geraume Zeit vor dem Ersten Weltkrieg – seinen Feudalstaat errichten; mit Gewalt will Grimm seine imperialen Kolonialträume verwirklichen und Jünger die totale Mobilmachung seines Arbeiterstaates aufrechterhalten. Die Vision vom Idyll, die allen diesen Schriftstellern teuer ist, schlägt um in die Verherrlichung des Krieges und des Kriegers als der exemplarischen Verkörperung der Macht."[302]

3.4 Ideologiegeschichtliche und politikwissenschaftliche Untersuchungen

Die Zusammenhänge von Machtstreben und Gewaltanwendung im sozio-politischen Bereich mit Ideologemen und Haltungen, wie sie sich auch in der völkisch-nationalsozialistischen Literatur artikulierten, wurden noch eingehender in manchen Untersuchungen zu Geschichte, Politik und Ideologie des Nationalsozialismus analysiert. Einige dieser Arbeiten beschäftigten sich dabei jedoch in stärkerem Maß auch mit der ‚schönen' Literatur der Zeit, sie warfen zum Teil interessante Probleme auf. Es handelt sich im wesentlichen um Werke von *Glaser, Sontheimer* und

Gamm, der bereits erwähnte Sammelband von *Schwedhelm* gehört ebenfalls eher in diesen Zusammenhang; sie erschienen im
selben Zeitraum wie die eben behandelten literaturwissenschaftlichen Untersuchungen, in den Jahren nach 1960.

In einer kleinen Arbeit über Ideologie und Politik des Nationalsozialismus, über „Anspruch und Wirklichkeit" des Dritten
Reichs[303] gab *Hermann Glaser* 1961 auch einen Überblick über
Kunst und Literatur. Das Kapitel, das er unter die Überschrift
„Die Zerstörung des deutschen Geistes" stellte, bildete die Mitte
zwischen der Darstellung der nationalsozialistischen Weltanschauung und Propagandamaschinerie und der Schilderung des
Terrors im Dritten Reich. Diese Sequenz verdeutlichte den Stel-
lenwert von Kunst und Literatur zwischen ideologischen Bestimmungen und ihren praktischen Konsequenzen, zwischen den Ent-
würfen des Bewußtseins und der Gewalt.

Das in der genannten Kapitelüberschrift angeschlagene Thema
führte *Glaser* 1964 in einer selbständigen Untersuchung weiter
aus. In seiner Arbeit *Spießer-Ideologie,*[304] der er den Untertitel
*Von der Zerstörung des deutschen Geistes im 19. und 20. Jahr-
hundert* gab, versuchte er den Prozeß zu verfolgen, der mit der
intellektuellen und kulturellen *tabula rasa* des Dritten Reichs endete. Die Grundlinien dieses Prozesses hatten allerdings in *Glasers* Augen gar keinen prozessualen Charakter, sondern waren
Konstanten der „‚Geschichte' des offiziellen deutschen Geistes innerhalb der letzten eineinhalb Jahrhunderte", einer Geschichte,
die nach seiner Ansicht „keine Entwicklung brachte, sondern einem monotonen Rotieren um gleichbleibende ideologische Verzerrungen und Lebenslügen glich"[305]; mit der Machtergreifung
Hitlers – so war seine Schlußfolgerung – „trat die Krise nicht ein,
sondern nur zutage".[306] Jene ‚Verzerrungen und Lebenslügen'
bezeichnete *Glaser* als ‚Spießer-Ideologie', die er als konstantes
„Verhaltensmuster" auffaßte, als „einen ganz bestimmten Habi-
tus geistig-seelischen Verhaltens"[307]; die Begriffe ‚Spießer' oder
‚Kleinbürger' für die Träger dieser Ideologie verstand er „nicht
soziologisch (Beruf, Lebensstandard oder Einkommensverhält-
nisse betreffend)", sie sollten vielmehr „die psychologische und
anthropologische Situation umreißen"[308]. Charakter und typi-
sches Verhalten des Spießers zeichnete er folgendermaßen: „Insgesamt ist der Kleinbürger medioker und provinziell, fanatisch
und brutal, engstirnig und ressentimentgeladen, aber auch ‚fein-

sinnig' und ‚innerlich'."³⁰⁹ Nach seiner Ansicht ist dieser Typ noch immer vorhanden.

Die Topoi des Spießertums – die idealistischen und trivialen, die idyllischen und brutalen – arbeitete *Glaser* heraus, indem er die ‚offizielle' Kultur der vergangenen hundertfünfzig Jahre untersuchte, d. h. die durch den Massengeschmack geprägte Kultur, die allerdings meist mit dem Geschmack der staatlichen Autorität identisch war und von ihr gefördert wurde.³¹⁰ Er analysierte dabei besonders den Stil, in dem sich diese Topoi artikulierten, in Kunst und Literatur, ‚Philosophie' und minderen Denkprodukten, aber auch in Gesellschaftsmoral, Verhaltensweisen und Moden. Im literarischen Bereich führte er die sprachlichen Charakteristika des Spießertums vor Augen.³¹¹ *Glaser* kam es ebenfalls darauf an, die Kürze des Wegs von der ‚Gartenlaube' zur SA zu zeigen, den Zusammenhang von Idylle und Gewalt.

Glasers Untersuchung provozierte lebhafte Kritik, nicht nur in Kreisen, die sich persönlich betroffen fühlten. *Günter Hartung* etwa, der die Darstellung des zuletzt genannten Sachverhalts durchaus würdigte, kritisierte andererseits nachdrücklich den psychologischen und anthropologischen Ansatz *Glasers* sowie die „Abweisung politischer und ökonomischer Gründe", die nach seiner Ansicht einem „immanenten Fatalismus" entsprach.³¹² Zwar war es nicht richtig, daß *Glaser* politisch-wirtschaftliche Wirkungsfaktoren überhaupt nicht in Rechnung stellte, aber er verstand sie allerdings nur als Katalysatoren, als Auslöser und Beschleuniger, nicht als das zugrundeliegende Phänomen selbst, dessen ‚spießbürgerliche' Artikulationen nichts anderes als Projektionen gewesen wären.

Zweifellos faßte *Glaser* etwas Richtiges, wenn er den Grund der von ihm untersuchten Phänomene in „seelischen Haltungen" sah, „die einer psychopathologischen Deutung bedürfen".³¹³ *Schelling* hatte für denselben Bereich von Phänomenen den differenzierenderen Begriff ‚pneumopathologisch' eingeführt, und *Voegelin* bezeichnete im Zusammenhang seiner Analyse der deutschen Gesellschaft und des Nationalsozialismus als charakteristisch für dieses pneumopathische Irresein „die eigentümliche Irrationalität auf der Ebene der Zweck-Mittel-Relation", entsprungen aus der Entfremdung vom Geist, d. h. der Verschließung der Seele gegenüber dem göttlichen Existenzgrund.³¹⁴ Dieser theoretische Zugang zu den angedeuteten Problemen stützt sich auf die

Einsicht, daß es, – um *Camus* zu zitieren – „wie die Griechen dachten, im Gegensatz zu den Postulaten des heutigen Denkens eine menschliche Natur gibt"[315], mit Konstanten potentieller Artikulationsweisen. Aus dieser Einsicht resultiert natürlich keineswegs Fatalismus, wie *Hartung* meinte, denn man kann etwas tun gegen die pneumopathische Verschließung und einiges dafür, daß sich potentielle negative Verhaltensweisen nicht aktualisieren, und zwar durch Erziehungsmaßnahmen sowohl im politisch-sozialen Bereich als auch vor allem an sich selbst. Den Glauben an eine wie auch immer geartete Metastase der menschlichen Natur schließt jene Auffassung freilich aus.

Glaser führte seine „psychopathologische Deutung" leider nicht differenziert genug durch. In dieser Hinsicht ist bei seiner Untersuchung ein Mangel an Theorie festzustellen. Außerdem ließ er seinem – an sich richtigen – Ansatz eine unzulässige Durchführung der Analyse folgen, welche die Ergebnisse verkürzte oder verzerrte. Denn aus der Einsicht, daß es eine menschliche Natur gibt, resultiert nicht, daß sich psychische Phänomene unabhängig von historischen, gesellschaftlichen und ökonomischen Gegebenheiten aktualisieren und daß sie insofern keine aktuelle Veränderung und Entwicklung zeigen könnten. Deswegen hätte *Glaser* gut daran getan, seinen Begriff des Spießers doch auch soziologisch zu begreifen, seine Analyse dementsprechend zu führen und schließlich auch die historische Entwicklung der Spießer-Ideologie vom Turnvater *Jahn* bis *Hitler* deutlich zu machen; denn diese Entwicklung als Prozeß sich verändernder Faktoren gibt es.

Einen weiteren Mangel, der mit der unhistorischen Sehweise *Glasers* zusammenhing, konstatierte *Dietrich Strothmann*. Er warf *Glaser* vor, er habe bei seinen interpretatorischen Kreuz- und Querverbindungen über die Stränge geschlagen und sei damit Kurzschlüssen erlegen. In seiner ausgewogenen Kritik hob *Strothmann* zwar *Glasers* „erstaunliche Kenntnisse gerade auf dem Gebiet der Ideologieneurose" hervor, „zugleich aber auch die Nachteile voreiliger Schematisierung, krasser Verallgemeinerung und kunstfertiger Interpretation".[316] Verstärkt wurden diese Nachteile außerdem noch dadurch, daß *Glaser* allzu gern und oft der gefährlichen Neigung nachgab, das Seziermesser des wissenschaftlichen Operateurs zu vertauschen mit dem Rapier des Polemikers, der mit eleganten Ausfällen brillieren will.

An einem anderen Gegenstand und unter marxistischem Blickwinkel untersuchte auch *Georg Lukács* die „Zerstörung der Vernunft" in Deutschland zwischen dem ausgehenden 19. Jahrhundert und dem Dritten Reich.[317] Er beschäftigte sich dabei hauptsächlich mit den reputierten Philosophen der Zeit, mit *Nietzsche,
Dilthey, Spengler, Heidegger, Klages* u. a. Es ging ihm darum,
„den philosophischen Irrationalismus als objektive Vorbereitung
der Hitlerzeit aufzuzeigen"[318]; er versuchte herauszuarbeiten,
welche Beiträge der genannten Philosophen geeignet waren, in
den ‚Ideenbrei' des Nationalsozialismus aufgenommen zu werden, und welche politisch-gesellschaftlichen Folgen daraus entstehen konnten. Die entsprechenden Zusammenhänge zwischen
Philosophie und Politik sah er allerdings als indirekt und vermittelt an, gleichwohl wurden sie nach seiner Ansicht letzten Endes sozialwirksam, wenn auch vielleicht erst nach einem Prozeß
der Derivation.[319] Von unmittelbarerer Bedeutung für die völkisch-nationalsozialistische Literatur war in *Lukács'* Untersuchung das Kapitel über „Präfaschistische und faschistische Lebensphilosophie", in dem er unter anderem auch auf *Jünger* einging.[320] Die wichtige Rolle, welche die Lebensphilosophie bzw.
ihre Derivate vor allem für die nationalsozialistische Dramentheorie wie auch für die Kriegsromane spielte, wurde bereits
oben sichtbar.

Das Zerstörungswerk, von dem bisher die Rede war, behandelte mit direktem Bezug zu historischen und politischen Sachverhalten und Entwicklungen *Kurt Sontheimer* in seiner umfangreichen Arbeit *Antidemokratisches Denken in der Weimarer Republik*.[321] *Sontheimer* untersuchte die politischen Ideen des deutschen Nationalismus zwischen 1918 und 1933; er verstand seine
Studie jedoch nicht primär als „geistige Vorgeschichte des Nationalsozialismus": „Vielmehr ging es mir darum, zu zeigen, daß
das antidemokratische Denken ein maßgeblicher Faktor im Zer-
störungsprozeß der Weimarer Republik gewesen ist. Seine Funktion liegt nicht allein darin, daß es weite Kreise für die nationalsozialistische Revolution geistig und seelisch empfänglich machte,
sondern daß es zunächst einmal der demokratischen Republik die
geistige Unterstützung versagte, deren sie so dringend bedurft
hätte. Dadurch wurde erst der Raum frei für die erfolgreiche
Agitation der Nationalsozialisten und jener anderen Gruppen,
die das Weimarer ‚System' überwinden wollten."[322] *Sonntheimer*

stellte nicht nur die Topoi der antidemokratischen Kritik dar, sondern auch die Wertvorstellungen und Zielsetzungen, die den demokratischen Grundsätzen als positiv gegenübergestellt wurden: Autoritarismus, Führertum, Volk, Organismus etc. Die Ideen, die er untersuchte, waren zum größten Teil den Gruppen zuzuordnen, die meist unter dem Begriff ‚Konservative Revolution‘ gefaßt werden.

Sontheimer arbeitete zunächst die geistigen Prämissen des antidemokratischen Denkens heraus und analysierte das Kriegserlebnis des ersten Weltkriegs als den „vielberufenen Ausgangspunkt antidemokratischer Gesinnung“[323]. Der Schluß seiner Arbeit gab den „historischen Ertrag“ der Untersuchung: „In ihm wird der Versuch gemacht, die umstrittene Frage zu klären, inwieweit die antidemokratische Ideenbewegung der Rechten in den Nationalsozialismus hineingerissen worden ist, bzw. zu seinem Emporkommen beigetragen hat.“[324] Damit behandelte *Sontheimer* die Frage, mit der sich zu beschäftigen zwölf Jahre zuvor *Mohler* in seiner Darstellung der Konservativen Revolution abgelehnt hatte.[325] Diese Fragestellung sowie die kritische Durchleuchtung des nationalen und konservativ-revolutionären Denkens auf seine zerstörerischen Elemente hin markierten die hauptsächlichen Unterschiede zu *Mohlers* Arbeit. Von grundlegender Bedeutung sind *Sontheimers* Ergebnisse für die Untersuchung der völkisch-nationalen Dichtung der zwanziger Jahre, die ebenfalls antidemokratisches Denken produzierte oder reproduzierte. *Sontheimer* selbst zog eine große Zahl literarischer Werke zu seiner Analyse heran.

Im selben Jahr, in dem *Sontheimers* Buch erschien, veröffentlichte *Hans-Jochen Gamm* unter dem Titel *Der braune Kult* eine Studie zur „Ersatzreligion“ des Dritten Reichs.[326] Nach den eben vorgestellten Arbeiten, die hauptsächlich das ideengeschichtliche Vorfeld des Nationalsozialismus zum Gegenstand hatten, behandelte *Gamms* Untersuchung nun ideologische Erscheinungen und praktische politische wie propagandistische Maßnahmen des Dritten Reichs selbst, und zwar Phänomene ganz besonderer Art: Unter der Bezeichnung „Ersatzreligion“ faßte *Gamm* die religiöse Artikulation der zentralen Ideologeme des Nationalsozialismus und zeigte ihren Status als ‚Glaubensinhalte‘. Das Hauptgewicht seiner Darstellung legte er auf die Formen, in denen sich diese spezifische Religiosität aktualisierte, auf den ‚Kult‘ des

Dritten Reichs. Unter dem Begriff ‚Kult‘ subsumierte er alles, was sich im Rahmen der Ideologie und Selbstdarstellung des Nationalsozialismus auf religiös anmutende Weise äußerte oder in irgendwelcher Form Gegenstand feierlicher Zelebration war: sprachliche Äußerungen vom ‚Heil Hitler‘-Gruß bis hin zu devoten Bekenntnissen zum Dritten Reich und seinem Führer; Symbole wie die Hakenkreuzfahne und die Art der ihr erwiesenen Verehrung; Erscheinungen der politischen Organisation wie das Ordensprinzip der SS; und schließlich regelrechte kultische Feiern zu allen möglichen Anlässen mit den entsprechenden Inhalten und Attributen, den ‚sakral‘ wirkenden Feierstätten, den ausgearbeiteten Liturgien und Ritualen, den Formen religiöser Verehrung, die bei solchen Veranstaltungen den ideologischen Inhalten und vor allem *Hitler* selbst zuteil wurde. *Gamm* machte dabei sichtbar, wie durch solch kultische Zelebrationen die Menschen beeindruckt und manipuliert wurden, er analysierte die Funktion des nationalsozialistischen Kults als zentrales Instrument zur massenpsychologischen Beeinflussung der Bevölkerung.

An der kultischen Artikulation religiös geprägter Ideologeme hatten literarische Werke großen Anteil, und zwar hauptsächlich Lieder, teilweise auch Gedichte; sie dienten zur Ausgestaltung der rituellen Feiern, fanden jedoch auch Verwendung bei der feierlichen Selbstdarstellung von Partei und Regime im weiteren Sinn. *Gamm* gab daher der Untersuchung solcher Lieder und Gedichte breiten Raum, aus ihrer Interpretation zog er einen großen Teil der Ergebnisse seiner Untersuchung.

Gamm vermittelte mit seiner Arbeit einen vorzüglichen Überblick über die kultisch-religiöse Szenerie des Dritten Reichs. Allerdings verharrte er teilweise noch zu sehr an der Oberfläche der Erscheinungen und analysierte sie nicht eingehend genug, so vor allem die Religiosität als Bewußtseinsphänomen und dessen Bedeutung sowie den Kult als spezifische Liturgie der politischen Religion mit seinen über die propagandistische Manipulation hinausreichenden Funktionen. *Gamm* stieß bei seiner Untersuchung auf eine Reihe relevanter Sachverhalte, die jedoch weiterer Analysen bedurft hätten. Er stellte z. B. fest, daß der in der nationalsozialistischen Dichtung und auch im politischen Sprachgebrauch apostrophierte Gott mit dem christlichen nichts gemein hatte, und er schloß: „Dieser nicht personale, nicht ansprechbare Gott steht in Beziehung zum Blut [. . .]. Man könnte auch sagen,

Gott sei im Blut, und beide meinten den Kampf."[327] Hier wurde etwas Richtiges gesehen, aber da zwischen Symbolebene und analytischem terminologischem Instrumentarium nicht unterschieden und die Symbole selbst zur Interpretation benützt wurden, blieb diese deskriptiv; es gelang folglich nicht, ‚Gott', ‚Blut' und andere Symbole auf die ihnen zugrundeliegenden Bewußtseinsinhalte hin zu analysieren und dementsprechend das religiöse Realitätsbild mit seinen psychischen Stimulationen aufzudecken. Dementsprechend war es auch nicht möglich, die ursächlichen Zusammenhänge zwischen diesem Realitätsbild und dem ‚Kampf' zu klären. Auch an anderer Stelle konnte *Gamm* lediglich auf die Verbindung von ‚Religion' und ‚Macht' hinweisen,[328] nicht jedoch die Gründe und Schritte herausarbeiten, die von der politischen Religion zur Gewaltanwendung führten.

Derselbe Mangel an Theorie und die damit zusammenhängende ungenügende Durchbildung des analytischen Vokabulars bzw. seine Vermengung mit dem Vokabular, das in den Bereich des zu untersuchenden Selbstverständnisses gehörte, zeigte sich auch bei *Gamms* Resümee zu Inhalt und Funktion der von ihm behandelten literarischen Werke: „a) Die Schriftsteller (auch die politischen Agitatoren!) stiften Wirklichkeit und erhellen das dumpfe und unsagbare Wollen vieler Zeitgenossen; b) das von Hunderttausenden immer wieder gesungene und darum einverleibte Lied verwandelt die Wirklichkeit im Sinne der ausgesagten Idee. Es wird Ferment der Typenbildung; c) das nationalsozialistische Lied ist letztlich der Nationalsozialismus selbst."[329] *Gamm* wies damit wieder auf Faktoren von fundamentaler Bedeutung hin, aber andererseits blieb jenes ‚Stiften von Wirklichkeit' und das damit erzielte ‚Erhellen des dumpfen Wollens' der Zeitgenossen im Hinblick auf Stimulationen, Vorgang, Inhalte und Erfolgsgründe ohne theoretische Durcharbeitung, ebenso die Art und Weise von ‚Verwandlung der Wirklichkeit', insgesamt also beides: die Bewußtseinsproblematik wie Sozialrelevanz des Phänomens, das oben ‚Magie' genannt wurde.

3.5 Sprachwissenschaftliche Untersuchungen

Außer politikwissenschaftlichen und ideologiekritischen Untersuchungen haben auch sprachwissenschaftliche Forschungen dazu beigetragen, Probleme des Nationalsozialismus zu klären, die in Zusammenhang mit der Literatur des Dritten Reichs stehen. Diese Arbeiten zur Sprache des Nationalsozialismus beschäftigten sich zwar alle fast ausschließlich mit dem offiziellen ideologischen und politischen Sprachgebrauch, wie er sich in Werken und Reden der Politiker und in den offiziellen Publikationsorganen artikulierte, sowie mit Sprachregelungen; die sprachlichen und stilistischen Phänomene jedoch, die dabei herausgearbeitet wurden, waren zum Teil auch für die Literatur charakteristisch. Die Ergebnisse dieser Untersuchungen sind daher für die Bearbeitung der völkisch-nationalsozialistischen Literatur von Nutzen.

Erste interessante Resultate brachte *Kenneth Burkes* Analyse der Rhetorik in *Hitlers Mein Kampf,* worauf bereits hingewiesen wurde.[330] Die frühesten Ansätze in Deutschland, unmittelbar nach 1945 entwickelt, standen noch ganz unter dem Eindruck des eben zusammengebrochenen Dritten Reichs und erfuhren dadurch eine besondere Prägung. *Sternberger, Storz* und *Süskind,* die zwischen 1945 und 1948 in der Zeitschrift *Die Wandlung* ein „Wörterbuch des Unmenschen" zusammenstellten, schrieben ihre Artikel zu charakteristischen Begriffen und Wendungen des Nationalsozialismus unter dem Gesichtspunkt der Sprachkritik. Sie versuchten die Zusammenhänge von depravierter und ‚inhumaner' Sprache mit der Depravierung des Bewußtseins und der Inhumanität des Verhaltens aufzuzeigen. Die Verve ihrer Kritik ließ dabei allerdings teilweise den Eindruck entstehen, nach ihrer Ansicht produziere die ‚inhumane' Sprache zwangsläufig den Unmenschen. Diese tendenzielle Auffassung rief die heftige Kritik der professionellen Sprachwissenschaft hervor, die zu einem lang andauernden Streit über die Sprachkritik führte; er wurde in der jüngsten Auflage der zu einem Buch zusammengefaßten Artikel *Aus dem Wörterbuch des Unmenschen* mit einigen Zeugnissen dokumentiert.[331] Die pointierteste Position der Sprachwissenschaft vertrat dabei *Werner Betz,* der es als nicht möglich bezeichnete, die Sprache als eine aus sich selbst wirkende Entität zu betrachten; er betonte statt dessen: „Nicht die Wörter sind das Primäre, sondern der Gang des Geschehens und des Denkens."[332]

Auch *Victor Klemperers* „Notizbuch eines Philologen", 1946 unter der knappen Überschrift *LTI* (= Lingua Tertii Imperii)[333] veröffentlicht, war noch geprägt vom unmittelbaren Erleben des

Nationalsozialismus, ja reichte in das Dritte Reich zurück, denn das Buch war die Frucht von Aufzeichnungen, die der seines Lehramts enthobene Romanist während der Jahre seiner äußeren und geistigen Not heimlich angefertigt hatte. *Klemperers* Zugang war ebenfalls kritisch, auch er versuchte darzustellen, wie mit sprachlichen Mitteln die Menschen während des Dritten Reichs beeinflußt wurden oder wie man zumindest versuchte, sie zu beeinflussen. Andererseits aber ging es ihm darum, durch den Spiegel der Sprache die Inhumanität des Nationalsozialismus selbst zu kennzeichnen. Er verstand in diesem Fall die Sprache weniger als Wirkungsinstrument denn als Artikulationsinstrument, das die ideologische und aktuelle Unmenschlichkeit dekouvrierte. Dementsprechend analysierte er die herrschende Sprache nicht als isoliertes Phänomen, sondern im Kontext anderer kultureller und politischer Erscheinungen.

Wie in der Literaturwissenschaft gab es auch in der Sprachwissenschaft – mit wenigen Ausnahmen[334] – nach den ersten Ansätzen eine große Pause bis zur erneuten und eingehenderen Beschäftigung mit dem nationalsozialistischen Gegenstand. Von den Untersuchungen, die dann während der sechziger Jahre in größerer Zahl erschienen,[335] war die Dissertation *Cornelia Bernings* über *Die Sprache des Nationalsozialismus*[336] die umfangreichste und gründlichste; sie kann außerdem in Anlage und Methode für die meisten anderen Arbeiten als repräsentativ angesehen werden.

Der hauptsächliche Ertrag von *Bernings* Arbeit war die systematische Erfassung typisch nationalsozialistischen Vokabulars. Sie erforschte präzis die Bedeutungsinhalte und den Bedeutungswandel der einschlägigen Termini und versammelte die Ergebnisse in einem lexikalischen Teil ihrer Dissertation, der auch als selbständige Veröffentlichung erschien.[337] Im theoretischen Teil der Untersuchung verfolgte sie die Vorbilder und Quellen der Sprache des Nationalsozialismus, arbeitete die Sinnbereiche heraus, denen sich das Vokabular zuordnen ließ – von der „religiösekstatischen Glaubenssprache"[338] über technische, dynamische, kriegerische und heroisierende Termini bis hin zu biologischen und medizinischen Ausdrücken und Bildern[339] – und behandelte die Versuche nationalsozialistischer Sprachlenkung.[340] *Berning* war jedoch außerdem bestrebt, auch ideologische und moralische Sachverhalte darzustellen, welche sich in der Sprache ausdrückten und durch Sprachanalyse aufgedeckt werden konnten, so z. B. Zynismus, Skrupellosigkeit und Nihilismus.[341] Das trug ihr allerdings von Seiten einer streng sprachwissenschaftlichen Position den Vorwurf ein, unter einer Fragestellung, welche sich Erkenntnisse über den Nationalsozialismus selbst zum Ziel setze, die Sprachwissenschaft zur Hilfswissenschaft gemacht zu haben.[342] Nun wäre zwar im Interesse des letztlich zur Diskussion stehenden Gegenstands sicher nichts gegen eine dementsprechende Anordnung und gegebenenfalls Umschichtung ‚hauptwissenschaftlicher' und ‚hilfswissenschaftlicher' Fragestellungen und Methoden zu sagen, woran es aber dessen ungeachtet in *Bernings* Untersuchung mangelte, war die in diesem Fall unerläßliche theoretische Durchdringung der umfassenderen Problematik. Das zeigte sich etwa bei der unzureichenden Analyse des religiösen Vokabulars und der dabei gleichzeitig zu beobachtenden ‚Sakrifizierung' wie ‚Säkularisierung'[343]; ebenso wurde das deutlich bei der Behandlung des ‚Nihilismus', der als Ersatz eines „metaphysischen obersten Prinzips" durch Rasse, Blut und Boden[344] ohne die notwendige und mögliche Differenzierung interpretiert wurde.

Insgesamt waren die Untersuchungen zur Sprache des Nationalsozialismus alle mehr oder weniger belastet durch die zu keinen schlüssigen Ergebnissen gelangte Diskussion zwischen sprachkritischen und streng sprachwissenschaftlichen Positionen, d. h. durch die theoretisch wie praktisch noch nicht eindeutig geklärte Frage, wieweit die Sprache – ohne als Entität verstanden zu werden – doch Bewußtsein und Handeln beeinflussen kann, also die Frage nach der Sprachwirkung, sowie durch die damit zusammenhängende Frage nach der Möglichkeit von Sprachlenkung. Ebenfalls hemmend wirkte sich häufig der Zwiespalt aus zwischen einer eher positivistischen Position, die korrekte sprachwissenschaftliche Untersuchungen auf die Analyse von Sprachstrukturen und die Beschreibung von Wortbeständen beschränkt sehen will, und andererseits dem Versuch – gerade aus dem Ungenügen an dieser Position gegenüber einem Gegenstand von politischer Relevanz –, historische, politische, ideologische und sozialpsychologische Sachverhalte in die Untersuchung einzubeziehen und „wertungsfreudiger"[345] zu werden. Doch auch der Entschluß für die zweite Position ließ noch manche Unsicherheit über die Fundierung der entsprechenden Wertungskriterien bestehen und offenbarte vor allem den Mangel, daß die Relationen von Sprache – als Symbolträger gegenstandsförmlicher Bewußtseinsinhalte – und Realität – als nicht-gegenständliche Realität des Partizipierens im *Metaxy* der Existenzspannung – theoretisch noch nicht hinreichend durchgearbeitet sind.

3.6 Zur Religiosität in der Literatur, weitere Forschungsprobleme

Ein spezielles Phänomen der völkisch-nationalen und nationalsozialistischen Literatur verdient zum Schluß noch besondere Erwähnung: die Religiosität. Auf diese auffallende Erscheinung sind auch sämtliche literaturwissenschaftlichen Untersuchungen und andere Arbeiten, die literarische Sachverhalte mitberücksichtigten, ideologiegeschichtliche wie sprachwissenschaftliche, mehr oder weniger ausführlich eingegangen. Zugrunde liegt das Phänomen einer ‚politischen Religion‘, als die *Eric Voegelin* 1938 den Nationalsozialismus interpretierte.[346]

Nach dem Krieg brachte zunächst *Walter Künneth* in einer „geschichtstheologischen Untersuchung"[347] den Nationalsozialismus mit Religion in Verbindung. Er verstand ihn einerseits als Imitation der katholischen Kirche, für die er folgende Kennzeichen nannte: Führerprinzip als Entsprechung der papalistischen Spitze, Aufbau des Funktionärsapparats in Analogie zur kirchlichen Hierarchie, bedingungsloser Gehorsam, Ordensgedanke.[348] Er arbeitete jedoch auch den zentralen Glaubensinhalt der nationalsozialistischen Religion heraus: die Gleichsetzung des Göttlichen mit dem Bios der Rasse, dem Blut. Der entsprechende Offenbarungsglaube artikulierte sich nach seiner Ansicht in der Auffassung, „daß die göttliche Rassenseele in der Gestalt Hitlers und in der geschichtlichen Stunde des Jahres 1933 transparent geworden ist, so daß diesem Ereignis die Qualität eines Offenbarungsgeschehens zuerkannt werden muß"[349]. *Albert Camus'* Deutung des Nationalsozialismus als Religion, die er 1951 in seiner Studie *L'Homme révolté* vortrug,[350] stützte sich auf die Charakteristika der „Vergöttlichung des Irrationalen"[351] und der nationalsozialistischen ‚Mystik‘, d. h. auf die von ihm festgestellte Tatsache des – erstmals in der Geschichte unternommenen – Versuchs, „eine Mystik außerhalb jeder Moral aufzustellen"[352].

Hans-Jochen Gamm behandelte, wie schon dargelegt,[353] neben der religiösen Prägung nationalsozialistischer Ideologeme vor allem ihre kultische Artikulation; und schließlich unternahm es 1968 *Friedrich Heer*, die politische Religiosität des aus dem österreichisch-katholischen Milieu stammenden *Adolf Hitler* zu analysieren.[354]

Im literarischen Bereich machte – abgesehen von *Voegelins* Interpretation *Schumannscher* Gedichte – als erster nach dem Krieg *Kurt Berger* in seiner kleinen Studie über nationalsozialistische Lyrik[355] auf Religiosität aufmerksam: „Ich halte es für eine der bezeichnendsten Erscheinungen der nationalsozialistischen Lyrik, daß sie bei ihrem leidenschaftlichen Bemühen um eine angemessene Gestaltung ihrer verworrenen und unterbewußten Gefühle ins Sagbare und Bildhafte hinein schließlich keine wirksameren Worte und Bilder zu finden wußte als die alten des echten religiösen Pathos, aus den Bezirken des christlichen Glaubens. Der Ausdruckswille dieser Lyrik, emporgetrieben aus der dunklen Unruhe primitiv archaischer und heidnisch dämonischer Mächte, greift ins Höchste, ins religiöse Gefühl, – aber die Formung dieses Gefühls geschieht im Gewande der überlieferten fertigen, ausgerechnet der christlichen Symbolik."[356]

Außer den oben besprochenen literaturwissenschaftlichen Arbeiten, die im Kontext ihrer Untersuchungen auch auf religiöse Phänomene eingingen, beschäftigte sich mit einem speziellen Aspekt dieses Gegenstands eine Studie, die ebenfalls relativ früh, nämlich noch vor den genannten Darstellungen erschien: *Werner Hamerskis* Aufsatz über *„Gott" und „Vorsehung" im Lied und Gedicht des Nationalsozialismus.*[357] *Hamerski* untersuchte hauptsächlich das nationalsozialistische Feierlied in seiner Funktion als „Kirchenliedersatz"; er zeigte, daß seine Bedeutung zunächst darin bestand, „das Bewußtsein eines festen Gottesbegriffes und vornehmlich des christlichen Gottesbegriffes aufzulösen und mit einem neuen Numinosum zu ersetzen".[358] Der nächste Schritt war dann, die „neuen Gottheiten" mit Inhalten der Ideologie zu identifizieren: „Der Glaube an die Gottheit deckte sich also mit dem Glauben an den Nationalsozialismus [...]. Die wichtigsten Fetische mit göttlichen Attributen waren ‚Führer', ‚Volk' und ‚Vaterland'."[359] Gleichwohl war *Hamerski* nicht der Ansicht, mit den nationalsozialistischen Glaubensinhalten sei beabsichtigt gewesen, die existentielle Sinnfrage zu beantworten, aber auch er wies wie andere Autoren auf den Zusammenhang von ideologischer Religiosität und Gewalt hin: „Der Nationalsozialismus hat keine Ersatz-Religion geschaffen, sondern er war ein Religions-Ersatz. Es ging der Weltanschauung des Dritten Reiches nicht um die metaphysische Frage nach dem Sinn des menschlichen Seins, und das so beliebt gewesene Wort ‚gottgläubig' erweist sich angesichts der Auflösung aller Werte als ein platter Euphemismus für die tiefe Gottlosigkeit und das wahre Ziel der antichristlichen Religionsmacher: die Heiligung der Gewalt."[360]

Die Religiosität, die sich in der völkisch-nationalen und nationalsozialistischen Literatur sowie in Ideologie und Selbstdarstellung des Dritten Reichs artikulierte, verdient nicht deswegen besondere Beachtung, weil sie ein besonders bizarres Phänomen gewesen wäre, sondern weil sich in ihr wie in einem Brennpunkt die inhaltlichen und funktionalen, die ästhetischen, ideologischen und politischen Aspekte dieser Literatur sowie das Bewußtsein und die Selbstinterpretation ihrer Autoren konzentrieren. Um dies sichtbar zu machen, muß zunächst eine Defizienz in der Interpretation nationalsozialistischer Religiosität aufgehoben werden.

Fast alle genannten Interpreten – mit Ausnahme von *Voegelin* und *Camus,* sowie teilweise von *Künneth* und *Heer* – verstehen diese Religiosität ausschließlich als Substitution der christlichen Religion, wenn nicht gar als lediglich formale Imitation zu Propagandazwecken. Schattierungen ergeben sich allenfalls dadurch, daß man sie entweder als „Ersatzreligion" (*Gamm*) oder als „Religions-Ersatz" (*Hamerski*) zu deuten versucht. Bei diesen Interpretationen wird das entscheidende Faktum übersehen, daß tatsächlich eine eigenständige Religion vorlag. Zwar übernahmen die Nationalsozialisten christliche religiöse Symbole und imitierten kultische Formen der christlichen Kirchen, aber alle irgendwann einmal entstandenen Religionen haben von den zeitgenössischen oder vorhergehenden Religionen Formen und Symbole übernommen, selbst wenn sie sich gegen jene scharf abgrenzten. Davon abgesehen besitzen religiöse Erlebnisse zudem eine tendenzielle Affinität zur jeweils adäquaten symbolischen Artikulation.

Mit dem zuletzt genannten Sachverhalt wird bereits auf einen der Faktoren verwiesen, welche die Eigenständigkeit der nationalsozialistischen Religion konstituierten: die Erfahrungsstimulationen und Bewußtseinsinhalte, die etwa in der Literatur zum Ausdruck kamen, aktualisierten sich im Bewußtsein der Autoren als spezifisch religiöse Erlebnisse. Wenn z. B. *Gerhard Schumann* in einem Briefwechsel mit *Albrecht Schöne,* der sich aus dessen Studie *Über Politische Lyrik im 20. Jahrhundert* ergab, auf seine „religiösen Dichtungen" pochte,[361] so tat er das durchaus zu Recht. Allerdings hatten seine religiösen Erlebnisse und seine Religiosität, die unbezweifelbar vorhanden waren, nichts mit der christlichen Religion gemein, auch wenn sie sich in deren Symbolen artikulierten; *Schumann* selbst dürfte sich aufgrund pneumopathischer Verschließung gegenüber der Realität dieses Tatbestands nicht einmal bewußt sein. Den grundsätzlichen Unterschied machten die Inhalte aus; dies war der andere Sachverhalt, der die nationalsozialistische Religion konstituierte: Im religiösen Erlebnis offenbarten sich bestimmte Ausschnitte der Realität – Blut, Volk, Nation – als Realissimum, sie wurden im Bewußtsein zum Göttlichen transformiert, das entsprechende Symbole adaptierte und um das sich die Seinsordnung rekristallisierte. Es wird nun deutlich, weshalb die nationalsozialistische Religion von so großer Bedeutung ist: Durch ihre Analyse können nicht nur die in der Literatur sich äußernden zentralen Bewußtseinsinhalte aufgedeckt werden, sondern auch die zugrundeliegenden Erfahrungsstimulationen, das damit zusammenhängende Selbstverständnis der Dichter sowie schließlich und vor allem die politische und soziale Relevanz dieser Bewußtseinsphänomene. Denn der Ordnungsentwurf, der sich aufgrund seiner besonderen Inhalte eben als ,politische' Religion aktualisiert, sollte nicht nur der individuellen, sondern auch der gesellschaftlichen Existenz Sinn vermitteln, sollte spirituelle und politische Autorität zusammenfassen und setzte sich insofern unmittelbar um in soziales Verhalten und politisches Handeln.

Bei der Erforschung der völkisch-nationalen und nationalsozialistischen Literatur warten noch viele Probleme auf differenziertere Untersuchung. Eine umfassende und eingehende Gesamtdarstellung steht noch aus, sie wird auch wegen der beträchtlichen theoretischen, methodischen und materialbedingten Schwierigkeiten so rasch nicht zu leisten sein und dürfte noch

verschiedene Vorstudien nötig machen. Denn eine solche Untersuchung erforderte – abgesehen von den literatur- und sprachwissenschaftlichen Fragestellungen und Untersuchungsmethoden –
erstens ein theoretisches Instrumentarium auf der soliden Basis
intakten philosophischen Wissens. Theoretische Ansätze und Methoden, wie sie etwa oben bei der Darstellung und auch Kritik
der literaturwissenschaftlichen Untersuchungen *Geißlers, Hartungs, Ketelsens, Kellers,* außerdem *Glasers,* deutlich wurden,
wären weiterzuentwickeln. Ebenso müßte in diesem Zusammenhang das Phänomen der ,politischen Religion' detailliert analysiert werden, sowie deren magische Aktualisierung im Hinblick
auf ihren Übergang zur Gewalt. Als zweites wäre notwendig,
die vorliegenden Erfahrungsstimulationen in ihrem konkreten
historischen Kontext, also ,sozialpsychologisch' zu untersuchen,
wobei allerdings die *psyche* als Sensorium der Realitätserfah-
rung – bzw. das Bewußtsein als deren Ausdrucksäquivalent –
keiner Reduktion unterworfen werden dürfte, sei sie materiali-
stisch oder sensualistisch. Ansätze zu solcher Interpretation zeigte
z. B. *Keller* bei der Darstellung von *Langbehn, Lissauer, Flex*
und *Grimm.*[362] Mit ,sozialpsychologischer' Analyse wird hier
eine Erforschung der Selbstauslegung von Erfahrungen im Wirkungszusammenhang mit der durch politische, ökonomische und
ideologische Faktoren geprägten aktuellen gesellschaftlichen Situation verstanden. Damit wird drittens die Bearbeitung histo-
risch-politischer, ideengeschichtlicher, sozialer und ökonomischer
Sachverhalte nötig. Ein Beispiel für die Verbindung der letzteren
Bereiche mit literaturwissenschaftlichen Fragestellungen gab *Hartung* bei seiner Untersuchung der Literatur im wilhelminischen
Zeitraum, besonders anschaulich bei *Langbehn.*[363] Viertens wären
die entsprechenden sozialen und politischen Rückwirkungen der
Literatur zu erforschen.

In verschiedenen bisher erschienenen Darstellungen wurde die
Notwendigkeit erwähnt, die völkisch-nationalsozialistische Literatur politisch, soziologisch, historisch zu untersuchen,[364] ohne
daß diese Forderung bisher befriedigend erfüllt worden wäre.
Angesichts der hierzu nötigen Kenntnisse nimmt das allerdings
nicht wunder. Denn das erforderliche, weitgespannte theoretische und methodische Instrumentarium – und damit wäre fünf-
tens das Materialproblem erwähnt – dürfte nicht nur auf die spezifisch nationalsozialistische Dichtung angewendet werden, zu

ihrem Verständnis müßten konservativ-revolutionäre, völkische und nationalistische Vorläufer in die Untersuchung einbezogen werden; dabei wäre bis in das Zeitalter des Wilhelminismus, unter Umständen noch weiter ins 19. Jahrhundert zurückzugehen. Außerdem gebührt dieser Literatur zwischen 1870 und 1933 auch genügend Interesse um ihrer selbst willen. Und endlich wäre es notwendig zu untersuchen, welche jener literarischen Traditionen sich in welcher Form über das Jahr 1945 hinweg bis heute fortsetzen. – Die bislang veröffentlichten Arbeiten haben die Größe der Aufgabe erst richtig deutlich gemacht.

Ein letzter noch unzureichend aufgearbeiteter Gegenstand der literaturwissenschaftlichen Forschung muß genannt werden: diese selbst, wie sie sich während des Dritten Reichs artikulierte, ebenfalls einschließlich ihrer Vorgeschichte, soweit diese Tendenzen enthält, die zur Ausbildung einer Literaturwissenschaft als ‚volkhafter Lebenswissenschaft‘ führten[364a]. 1964 verwies *Karl Otto Conrady* auf ihre „weit zurückreichenden Wurzeln", er konstatierte: „völkisch-nationales Denken ist der Germanistik seit ihrem Aufblühen im 19. Jahrhundert von Anfang an mit auf den Weg gegeben worden". Daran schloß er die Forderung: „Über die Folgen freimütig und genau zu diskutieren, sollte endlich die akademische Germanistik die Courage haben; das wäre für ihre Tagungen [...] eine wichtigere Aufgabe, als immer erneut Kabinettstückchen der Interpretationskunst vorführen und unverfängliche, den Fragen nach dem Woher und Wohin des Faches beharrlich ausweichende Themen in schöner Wissenschaftlichkeit behandeln zu lassen. Die Zeit ist längst reif dafür, es gehört nur ein wenig Mut dazu."[365] 1966 beschäftigte sich denn auch der Germanistentag in München mit der mißlichen Vergangenheit. *Conrady* selbst ging mit seinem Vortrag über *Deutsche Literaturwissenschaft und Drittes Reich* den wunden Punkt am direktesten an; *Eberhard Lämmert* analysierte die entsprechenden fatalen Tendenzen in der Geschichte der Germanistik von ihren Anfängen im 19. Jahrhundert bis zum Dritten Reich.[366] Bei diesen Vorträgen, den weiteren Beiträgen auf jener Tagung und einigen spärlichen Erörterungen dieses Gegenstands in anderem Zusammenhang[367] ist es seither geblieben; der vorübergehend gezeigte Mut blieb nahezu folgenlos.

Die Notwendigkeit, die dem Nationalsozialismus erlegene

Germanistik zu untersuchen, resultiert zum einen daraus, daß sie – wie oben schon teilweise ausgeführt[368] – dieselben Phänomene und Probleme zeigt wie die ‚volkhafte Dichtung' der Zeit und mit dieser hinsichtlich Bewußtseinsinhalten, Rollenverständnis und gesellschaftlicher Funktion in enger Wechselbeziehung steht. Insofern hätten bei ihrer Erforschung die gleichen theoretischen Ansätze und Methoden zur Anwendung zu kommen wie bei der Literatur. Der andere und ausschlaggebendere Grund für die Notwendigkeit, die Vergangenheit der deutschen Literaturwissenschaft und ihre Entgleisungen zu analysieren, besteht darin, daß nur durch rationale Anamnese und kritische Durchleuchtung der Parekbasis die Vergangenheit ‚bewältigt' werden kann, und das heißt ja doch: Unterbrechung der ideologischen Traditionen mit ihren fatalen Wirkungstendenzen und damit Herstellung von Voraussetzungen, aufgrund derer die gegenwärtigen und zukünftigen Probleme dieser Wissenschaft besser bewältigt werden könnten. Für eine Wissenschaft, die diese Bezeichnung verdienen will, ist es in jedem Fall unerläßlich, die Reflexion über sich selbst und ihre Geschichte, über ihre geistigen Grundlagen und historischen Bedingungen in ihre Betätigung einzubeziehen.

1 Siehe unten S. 157 ff. u. 179 ff.
2 *Geißler, Rolf,* Dichter und Dichtung des Nationalsozialismus, in: Handbuch der deutschen Gegenwartsliteratur, Hrsg. *H. Kunisch,* München 1965, S. 721
3 Siehe hierzu unten S. 141 ff.
4 *Broszat, Martin,* Die völkische Ideologie und der Nationalsozialismus, in: Deutsche Rundschau, 84. Jg., 1958, H. 1, S. 56; vgl. auch: ders., Der Nationalsozialismus. Weltanschauung, Programm und Wirklichkeit, Stuttgart 1960; und *Sontheimer, Kurt,* Antidemokratisches Denken in der Weimarer Republik. Die politischen Ideen des deutschen Nationalismus zwischen 1918 und 1933, München 1962
5 *Geißler, Rolf,* Dekadenz und Heroismus. Zeitroman und völkischnationalsozialistische Literaturkritik, Stuttgart 1964, S. 11
6 *Loewy, Ernst,* Literatur unterm Hakenkreuz. Das Dritte Reich und seine Dichtung. Eine Dokumentation, Frankfurt a. M. 1966, S. 11 f., 36, 307 f.
7 *Hartung, Günter,* Über die deutsche faschistische Literatur, in: Weimarer Beiträge, 14. Jg., 1968, S. 490
8 In den Kurzbiographien wird auf solche Sachverhalte etwas stärker eingegangen.
9 *Ketelsen, Uwe-Karsten,* Von heroischem Sein und völkischem Tod. Zur Dramatik des Dritten Reiches, Bonn 1970, S. 3, Anm. 3
10 Vgl. *Kindermann, Heinz* (Hrsg.), Des deutschen Dichters Sendung in der Gegenwart, Leipzig 1933; *Langenbucher, Hellmuth,* Volkhafte Dichtung der Zeit, Berlin 1933; *Böhme, Herbert* (Hrsg.), Rufe in das Reich. Die heldische Dichtung von Langemarck bis zur Gegenwart, Berlin 1934; *Trunz, Erich,* Tatsachendichtung und Weihedichtung, in: Zeitschrift für deutsche Bildung, 11. Jg., 1935, S. 545–551
11 *Kindermann,* Des deutschen Dichters Sendung, S. 266
12 Ebd., S. 265
13 Siehe den Text von Josef Magnus Wehner, unten S. 29 f.
14 Kindermann, Des deutschen Dichters Sendung, S. 9
15 Siehe den Text von Otto Gmelin, unten S. 26 ff.
16 Vgl. einerseits die Äußerungen nationalsozialistischer Politiker im Kapitel *Kunst und Macht,* andererseits die Erörterungen unten S. 107 ff. u. 118 ff.
17 Siehe unten S. 40 ff., vgl. auch unten S. 115 f.
18 *Kolbenheyer, Erwin Guido,* Lebenswert und Lebenswirkung der Dichtung in einem Volke, in: *Kindermann,* Des deutschen Dichters Sendung, S. 99

19 Siehe unten S. 60.
20 Siehe unten S. 61 ff.
21 *Langenbucher, Hellmuth,* Dichtung der jungen Mannschaft. Betrachtungen zur deutschen Dichtung der Gegenwart, Hamburg 1935, S. 89
22 Vgl. die Kurzbiographien Böhmes, Möllers und Schumanns.
23 Vgl. den Text von Schumann über politische Kunst, unten S. 32.
24 Vgl. die Texte Gmelins, unten S. 26 ff., und Waggerls, unten S. 30 ff. Aufschlußreich ist auch folgende Äußerung Waggerls: „Ich hasse und verabscheue jede Form von Geistigkeit, sie ist durchaus nichts Auszeichnendes. Intelligent ist jeder Trottel. Man erwarte nicht, daß ich zum internationalen Geschwätz über höhere Dinge irgendetwas beitragen könne oder wolle. Fragen, die sich nicht mit drei Worten (oder vier Buchstaben) hinreichend beantworten lassen, gibt es für mich nicht. Ich leugne sogar, daß es überhaupt solche gibt." In: Die Neue Literatur, 33. Jg., 1932, S. 242
25 *Mendelssohn, Peter de,* Der Geist in der Despotie. Versuche über die moralischen Möglichkeiten des Intellektuellen in der totalitären Gesellschaft, Berlin-Grunewald 1953, S. 246 f.
26 Um nur einige Beispiele zu nennen: Mehrere Kriegs- und Freikorps-Romane von Edwin Erich Dwinger wurden in den fünfziger Jahren neu aufgelegt, 1956 erschien eine Neuauflage von Hans Grimms »Volk ohne Raum«, Kolbenheyers Werke erschienen gar zwischen 1956 und 1968 in einer vierzehnbändigen Gesamtausgabe der Werke letzter Hand.
27 Siehe hierzu *Loewy,* Literatur unterm Hakenkreuz, 1. Aufl., S. 307 ff.; 2. Abfl. (1969), S. 277 ff., sowie die dort angegebene Literatur.

Anmerkungen zum Zweiten Teil

1 Brief Thomas Manns an Ernst Bertram, datiert: M. S. Lafayette, A Bord, le 14. VI. 35; in: Thomas Mann an Ernst Bertram. Briefe aus den Jahren 1910–1955, Hrsg. *Inge Jens,* Pfullingen 1960, S. 189
2 Dieser summarische Überblick kann natürlich nur die pointierten Positionen herausarbeiten, die den ideologischen Weg ins Dritte Reich markieren. Es versteht sich von selbst, daß damit kein Gesamturteil über alle und jegliche germanistische Arbeit während des Jahrhunderts vor 1933 intendiert ist. Zur ‚Ideologiegeschichte' der Germanistik siehe auch: *Conrady, Karl Otto,* Deutsche Literaturwissenschaft und Drittes Reich, in: Germanistik – eine deutsche Wissenschaft, Frankfurt a. M. 1967, S. 71–109; *Lämmert, Eberhard,* Germanistik – eine deutsche Wissenschaft, in: ebd., S.

7–41; *Ziegler, Klaus,* Deutsche Sprach- und Literaturwissenschaft im Dritten Reich, in: Deutsches Geistesleben und Nationalsozialismus, Tübingen 1965, S. 144–159

2a Vgl. in der Reihe *Literatur als Geschichte* den Band *Der literarische Vormärz (1830–1847),* München 1972, besonders das Kapitel »Dominierende Forschungstendenzen im Zweiten Reich (1870–1918)«.

3 *Kindermann,* Des deutschen Dichters Sendung in der Gegenwart, S. 7

4 Siehe etwa: *Frazer, James George,* The Golden Bough. A Study in Comparative Religion, 2 Bde., London 1890, 3. erw. Aufl. mit dem Untertitel: A Study in Magic and Religion, 13 Bde., London 1936; *Freud, Sigmund,* Animismus, Magie und Allmacht der Gedanken, in: ders., Totem und Tabu, Wien 1913; *Burckhardt, Titus,* Alchemie, Sinn und Weltbild, Olten 1960; *Lifton, Robert Jay,* Die Unsterblichkeit des Revolutionärs, München 1970; *Eliade, Mircea,* The Forge and the Crucible, New York 1971; *Voegelin, Eric,* On Hegel – A Study in Sorcery, in: Studium Generale, 24. Jg., 1971, S. 335–368; siehe auch: *Vondung, Klaus,* Magie und Manipulation. Ideologischer Kult und politische Religion des Nationalsozialismus, Göttingen 1971

5 *Freud,* Animismus, Magie und Allmacht der Gedanken, in: Totem und Tabu, Frankfurt a. M. 1956, S. 103

6 *Lifton,* a.a.O., S. 50 f.

7 *Kindermann,* Des deutschen Dichters Sendung in der Gegenwart, S. 7 f., 266 f.

7a Vgl. zu diesem Problemkreis in der Reihe *Literatur als Geschichte* den Band *Der literarische Vormärz (1830–1847),* München 1972, besonders das Kapitel »Die Rezeption des Vormärz in der Literaturgeschichtsschreibung 1933–1945. Zur Funktion des Mythos«.

8 *Mulot, Arno,* Die deutsche Dichtung unserer Zeit, 2. erw. Aufl., Stuttgart 1944, S. 574. Die ‚neue Gemeinschaft‘ ist ein alter und feststehender Terminus, den sich Gruppen zulegen, die eine ‚neue Wahrheit‘ gegen eine alte vertreten: das Symbol findet sich am häufigsten bei apokalyptischen und gnostischen Sekten, es wird verwendet, um sich gegen eine orthodoxe Religion abzugrenzen und dem eigenen metastatischen Glauben Ausdruck zu verleihen.

9 *Kindermann,* Des deutschen Dichters Sendung in der Gegenwart, S. 265

10 Ebd.

11 Siehe etwa die Texte von Gmelin, Wehner und Kolbenheyer, oben S. 26 ff., 29 f., 38 f.; vgl. auch oben S. 107.

12 *Kindermann,* Des deutschen Dichters Sendung in der Gegenwart, S. 8

13 *Mulot,* a.a.O., S. 574

14 *Kindermann,* Des deutschen Dichters Sendung in der Gegenwart, S. 10

15 *Cysarz, Herbert,* Das Deutsche Schicksal im Deutschen Schrifttum. Ein Jahrtausend Geisteskampf um Volk und Reich, Leipzig 1942, S. 62

16 *Mann, Thomas,* Doktor Faustus, Stockholmer Gesamtausgabe der Werke Thomas Manns, Frankfurt a. M. 1956, S. 493

17 *Voegelin, Eric,* Die deutsche Universität und die Ordnung der deutschen Gesellschaft, in: Die deutsche Universität im Dritten Reich, München 1966, S. 247

18 *Kindermann, Heinz,* Kampf um die deutsche Lebensform. Reden und Aufsätze über die Dichtung im Aufbau der Nation, Wien 1944, S. 5

19 *Naumann, Hans,* Die deutsche Dichtung der Gegenwart, Stuttgart 1931, S. 188–199, vgl. 6. Aufl. 1933, S. 188–199; *Naumann* nahm auch bei einigen anderen Schriftstellern Korrekturen vor.

20 *Langenbucher, Hellmuth,* Friedrich Lienhard und sein Anteil am Kampf um die deutsche Erneuerung, Hamburg 1935, S. 146; vgl. auch die Angriffe der Paul Ernst-Gesellschaft gegen *Naumann:* Verwahrung gegen Hans Naumann und seine Literaturgeschichte „Die deutsche Dichtung der Gegenwart", in: Die Neue Literatur, 35. Jg., 1934, S. 284–293; sowie *Kutzbach, Karl August,* Die Literaturgeschichtsschreibung unserer Zeit, I, in: ebd., S. 345–355

21 *Bartels, Adolf,* Geschichte der deutschen Literatur, 19. Aufl., Braunschweig, Berlin, Hamburg 1943, S. 667

22 Ebd., S. 670

23 *Naumann,* Die deutsche Dichtung der Gegenwart, 6. Aufl., S. 87

24 *Atkins, Henry Gibson,* German Literature Through Nazi Eyes, London 1941, S. 80; übs. vom Verf.

25 Siehe den Brief Tucholskys an Hasenclever, oben S. 95 f.

26 *Fechter, Paul,* Die Auswechslung der Literaturen, in: Deutsche Rundschau, 59. Jg., 1933, S. 120

27 Ebd.

28 Ebd., S. 121

29 Dichtung und Volkstum. Neue Folge des Euphorion, 35. Jg., 1934, S. III; allerdings wird auch versichert: „Die starke Betonung des Volkstums soll keine Verengung bedeuten, die die deutsche Literaturwissenschaft herauslösen würde aus dem Wissenschaftszusammenhang der Welt. Mehr als je gilt es, die Treue und Gewissenhaftigkeit der **literarhistorischen** Arbeit festzuhalten und ihre Methoden fortzubilden." Ebd., S. IV. In Wirklichkeit jedoch war die nationalistische Verengung nicht zu vermeiden; neben den Herausgebern selbst trugen dazu auch Wissenschaftler aus dem Kreis der mitwirkenden Herausgeber bei, insbesondere *Bertram, Nadler* und

Naumann, und natürlich viele Beiträger, wie *Cysarz, Fechter* oder *von der Leyen.*

30 *Kindermann, Heinz,* Dichtung und Volkheit. Grundzüge einer neuen Literaturwissenschaft, Berlin 1937, S. 35

31 *Langenbucher, Hellmuth,* Volkhafte Dichtung der Zeit, 5. Aufl. Berlin 1940, S. 11 (aus dem Vorwort zur 3. Aufl.)

32 *Kindermann,* Dichtung und Volkheit, S. 31

33 Ebd., S. 56

34 *Langenbucher,* Volkhafte Dichtung der Zeit, 3. Aufl. 1937, S. 21; mit den von *Langenbucher* zitierten Worten endet Kleists Fragment »Was gilt es in diesem Kriege?«

35 Ebd., S. 29

36 *Kindermann,* Dichtung und Volkheit, S. 31

37 *Kindermann,* Kampf um die deutsche Lebensform, S. 12

38 Ebd., S. 13

39 *Mulot,* a.a.O., S. 386

40 *Kindermann,* Dichtung und Volkheit, S. 35

41 Vgl. hierzu auch den ungemein aufschlußreichen Text aus Johsts Buch „Ich glaube!", oben S. 45 ff., insbesondere S. 47 f.

42 *Zöberlein, Hans,* Der Befehl des Gewissens. Ein Roman aus den Wirren der Nachkriegszeit und der ersten Erhebung, München 1937, S. 298

43 Siehe oben S. 45 ff.; eine Interpretation dieses Texts und eine ausführlichere Analyse der hier skizzierten Bewußtseinsphänomene ist zu finden bei: *Vondung,* a.a.O., S. 159 ff., insbesondere S. 199 ff.

44 Siehe oben S. 14.

45 Siehe oben S. 112.

46 Siehe oben S. 109.

47 *Trunz, Erich,* Tatsachendichtung und Weihedichtung, in: Zeitschrift für Deutsche Bildung, 11. Jg., 1935, S. 545

48 Ebd., S. 547 f.

49 *Bach, Rudolf,* Das Wesen des Sprech- und Bewegungschores, in: Völkische Kultur, 2. Jg., 1934, S. 213

50 *Kindermann, Heinz,* Geist und Gestalt der deutschen Gegenwartsdichtung, in: Zeitschrift für deutsche Bildung, 11. Jg., 1935, S. 195 f.

51 *Trunz,* a.a.O., S. 548

52 *Linden, Walther,* Arteigene Dichtung unserer Zeit, Leipzig 1935, S. 27

53 *Bach,* a.a.O., S. 214

54 *Kindermann, Heinz,* Junge Dichtergeneration in Front, in: Völkische Kultur, 3. Jg., 1935, S. 35

55 *Mulot,* a.a.O., S. 573

56 Ebd., S. 519
57 Zur politischen Religion allgemein und zu der des Nationalsozialismus siehe: *Voegelin, Erich,* Die politischen Religionen, Wien 1938, insbesondere S. 11 ff. u. 59 ff.; *Camus, Albert,* Der Mensch in der Revolte, Reinbek 1969, S. 144 ff.; *Heer, Friedrich,* Der Glaube des Adolf Hitler. Anatomie einer politischen Religiosität, München u. Eßlingen 1968; *Vondung,* a.a.O., insbesondere S. 7 ff., 159 ff.
58 *Linden, Walther,* Geschichte der deutschen Literatur von den Anfängen bis zur Gegenwart, 4. Aufl., Leipzig 1942, S. 515
59 *Kindermann, Heinz,* Der großdeutsche Gedanke in der Dichtung, Münster 1941, S. 56
60 Siehe oben S. 119.
61 *Kindermann,* Kampf um die deutsche Lebensform, S. 16
62 Bibliographische Angaben im Literaturverzeichnis.
63 *Linden, Walther,* Volkhafte Dichtung von Weltkrieg und Nachkriegszeit, in: Zeitschrift für Deutschkunde, 48. Jg., 1934, S. 3
64 *Schauwecker, Franz,* Aufbruch der Nation, Berlin 1930, S. 403
65 *Cysarz,* Das Deutsche Schicksal im Deutschen Schrifttum, S. 58
66 *Linden,* Volkhafte Dichtung von Weltkrieg und Nachkriegszeit, S. 3
67 *Freud,* a.a.O., S. 97
68 *Mulot,* a.a.O., S. 97
69 Aus einem Vortrag, gehalten auf einer Tagung rheinischer Lehrer im Dezember 1933, zitiert nach: *Berendsohn,* a.a.O., S. 40
70 *Kindermann, Heinz,* Der großdeutsche Gedanke in der Dichtung, Münster 1941, S. 59
71 Ebd., S. 37
72 Siehe oben S. 124.
73 *Kindermann,* Dichtung und Volkheit, S. 49
74 So bescheinigte z. B. *Hans Naumann* 1931 noch Friedrich Lienhard ein „subalternes Weltbild muffiger Gralssucherei", was von *Hellmuth Langenbucher* übel vermerkt wurde; siehe: *Langenbucher,* Friedrich Lienhard und sein Anteil am Kampf um die deutsche Erneuerung, S. 146; *Hermann Pongs* kritisierte noch 1934 Werner Beumelburgs populären Kriegsroman »Die Gruppe Bosemüller« als „platt", „abgeschmackten Schwulst", und „populäres Klischee", allerdings maß er ihn an der von ihm als wahrhaft völkisch und heroisch bewerteten Weltkriegsliteratur; siehe: *Pongs,* Krieg als Volksschicksal im deutschen Schrifttum, in: Dichtung und Volkstum, 35. Jg., 1934, S. 78
75 *Marcuse, Herbert,* Der Kampf gegen den Liberalismus in der totalitären Staatsauffassung, in: Zeitschrift für Sozialforschung, III/2,

Paris 1934, zitiert nach: ders., Kultur und Gesellschaft I, Frankfurt a. M., 1965, S. 34

76 Ebd., S. 19

77 Ebd., S. 29

78 Ebd., S. 40

79 Vgl. die aufschlußreiche Äußerung *Mulots*, oben S. 124 f.

80 *Marcuse*, a.a.O., S. 34; vgl. oben S. 108 ff. u. 116 ff.

81 Die hier nur angedeuteten Probleme werden ausführlich behandelt in den klassischen Erfahrungsexegesen des »Symposion« von *Platon* und der »Metaphysik« des *Aristoteles*. Unter den neueren Untersuchungen zur Erfahrungsrealität und ihrer Auslegung sind besonders zu nennen: *Whitehead, Alfred North*, Process and Reality, Cambridge Univ. Press 1929; *Oakeshott, Michael Joseph*, Experience and Its Modes, Cambridge Univ. Press 1933; *Voegelin, Eric*, Was ist politische Realität? In: ders., Anamnesis. Zur Theorie der Geschichte und Politik, München 1966, S. 283–354

82 *Reich, Wilhelm*, Massenpsychologie des Faschismus. Zur Sexualökonomie der politischen Reaktion und zur proletarischen Sexualpolitik, Kopenhagen, Prag, Zürich 1933, S. 16, vgl. S. 40

83 Ebd., S. 29

84 Ebd.

85 Ebd., vgl. S. 127 u. 188

86 Ebd., S. 127

87 Ebd., S. 122

88 Ebd., S. 127 u. 7

89 Ebd., S. 122

90 *Voegelin, Erich*, Die politischen Religionen, Schriftenreihe ‚Ausblicke‘, Nr. 12, Wien 1938, 2. Aufl. Stockholm 1939; *Voegelin* setzte diese Analyse während der folgenden Jahre im Exil fort und differenzierte sie weiter; siehe hierzu: *Voegelin, Eric*, A New Technique of Dynamic Relations, in: Journal of Politics, Vol. 2, No. 2, May 1940; ders., Nietzsche, the Crisis and the War, in: Journal of Politics, Vol. 6, No. 2, May 1944

91 *Voegelin*, Die politischen Religionen, 2. Aufl., S. 11

92 Ebd., S. 17 f.

93 Ebd., S. 18

94 Ebd., S. 49

95 Ebd., S. 56

96 Ebd., S. 57

97 Ebd., S. 58

98 Ebd., S. 59

99 Ebd., S. 59 f.

100 *Burke, Kenneth*, The Rhetoric in Hitlers „Battle“, in: The Southern Review, V, 1, 1939, S. 1–21; zitiert nach der Übs. in ders., Die

Rhetorik in Hitlers „Mein Kampf" und andere Essays zur Strategie der Überredung, Frankfurt a. M. 1967, S. 14

101 *Rauschning, Hermann,* The Conservative Revolution, New York 1941, S. 111; übs. vom Verf.

102 *Roger-Henrichsen, Gudmund,* To slags tysk Litteratur. Introduktion til det tredje Riges Litteratur og Emigrantenlitteraturen, Kopenhagen 1937

103 *Eidem, Odd,* Diktere i landflytighed, Oslo 1937

104 *Berendsohn, Walter A.,* Die humanistische Front. Einführung in die deutsche Emigranten-Literatur, Zürich 1946, S. 9 f.

105 *Bithell, Jethro,* Modern German Literature 1880–1938, London 1939, S. V; übs. vom Verf.

106 Ebd., S. 480 ff.

107 *Atkins, Henry Gibson,* German Literature Through Nazi Eyes, London 1941, S. 20; übs. vom Verf.

108 Ebd., S. 91; übs. vom Verf.

109 *Conrady, Karl Otto,* Deutsche Literaturwissenschaft und Drittes Reich, in: Germanistik – eine deutsche Wissenschaft, Frankfurt a. M. 1967, S. 84 f.

110 *Berendsohn,* a.a.O., S. 25

111 Ebd., S. 38

112 *Berger, Kurt,* Schleichwege zum Chaos. Kleine Studie über nationalsozialistische Lyrik, in: Die Sammlung, 2. Jg., 1946/47, S. 68–81

113 Ebd., S. 69

114 *Lüth, Paul E. H.,* Literatur als Geschichte. Deutsche Dichtung von 1885 bis 1947, 2 Bde., Wiesbaden 1947

115 *Rilla, Paul,* Literatur und Lüth. Eine Streitschrift, Berlin 1948. – *Rilla* wies nach, daß *Lüth* Disposition und Urteile seiner Abschnitte über neuromantische, klassizistische, impressionistische und naturalistische Literatur „wahl- und kritiklos" aus dem ersten Band von *Soergels* »Dichtung und Dichter der Zeit« übernommen und sogar wörtliche Zitate ohne Quellenangabe verwendet hatte (ebd., S. 15, vgl. S. 15 ff.) Er beschuldigte *Lüth* außerdem der unqualifizierten Kritik an Thomas Mann und legte schlüssig dar, daß *Lüth,* der besonders scharf den »Zauberberg« angriff, diesen Roman und offensichtlich auch »Lotte in Weimar« gar nicht gelesen hatte (ebd., S. 55 ff.). *Rilla* kritisierte schließlich *Lüths* Darstellung der neuesten Literatur als bloße Ansammlung von Fakten, versehen mit nichtssagenden oder schiefen Urteilen.

116 *Lüth,* a.a.O., 2. Bd., S. 509 ff., 519 ff.

117 *Mohler, Armin,* Die Konservative Revolution in Deutschland 1918–1932. Grundriß ihrer Weltanschauungen, Stuttgart 1950

118 Ebd., S. 8

119 Ebd., S. 208 f.
120 Ebd., S. 209
121 Ebd., S. 207
122 Ebd., S. 204
123 Ebd., S. 207
124 Ebd., S. 206
125 Zu den ‚Sekundärideologien‘ im Gefolge des ersten und vor allem auch des zweiten Weltkriegs sowie zu deren wichtigsten sprachlichen Symptomen (‚Traditionen‘ und ‚Konservativismen‘) siehe: *Voegelin, Eric,* Was ist politische Realität?, in: ders., Anamnesis. Zur Theorie der Geschichte und Politik, München 1966, S. 329
126 *Mohler,* a.a.O., S. 9
127 Ebd.
128 Ebd., S. 211
129 Siehe oben S. 142.
130 Siehe oben S. 141. Daß im Nationalsozialismus solche Auswirkungen zu finden sind, liegt auf der Hand. Man kann darüber streiten, ob sie als ‚unmittelbare‘ oder ‚mittelbare‘ zu interpretieren sind; das ist jedoch eine Frage sekundärer Bedeutung. Immerhin ist in diesem Zusammenhang interessant, daß nicht wenige ‚konservative Revolutionäre‘ dem politischen und kulturellen Personal des Dritten Reichs angehörten.
131 Aus Jüngers »Der Arbeiter«, zitiert nach *Mohler,* a.a.O., S. 160
132 *Mohler,* a.a.O., S. 160
133 Ebd., S. 210
134 Ebd., S. 11
135 *Mann, Thomas,* Doktor Faustus, a.a.O., S. 484 ff. u. 492 ff.; vgl. oben S. 110.
136 *Mohler,* a.a.O., S. 211
137 *Pross, Harry,* Vor und nach Hitler. Zur deutschen Sozialpathologie, Olten u. Freiburg 1962, S. 144
138 *Loewy,* a.a.O., 2. Aufl., S. 8
139 *Voegelin,* Die deutsche Universität und die Ordnung der deutschen Gesellschaft, S. 243
140 Ebd., S. 248
141 Ebd., S. 246
142 *Mendelssohn, Peter de,* Der Geist in der Despotie. Versuche über die moralischen Möglichkeiten des Intellektuellen in der totalitären Gesellschaft, Berlin-Grunewald 1953
143 *Muschg, Walter,* Die Zerstörung der deutschen Literatur, Bern 1956, 3. erw. Aufl. 1958
144 Auf die Flut der inzwischen erschienenen Literatur über Jünger und Benn kann in diesem Rahmen nicht eingegangen werden; allerdings beschäftigen sich nicht allzu viele Untersuchungen kritisch

mit dem Verhältnis der beiden Schriftsteller zum Nationalsozialismus. Unter den Arbeiten zur nationalsozialistischen Literatur, die im folgenden vorgestellt werden, wurde Jünger ausführlicher behandelt von *Geißler, Loewy, Hartung* und *Keller,* Benn von *Schonauer, Loewy* und *Hartung.*

145 *Mendelssohn,* a.a.O., S. 16. *Mohler,* der in einer von ihm besorgten und kommentierten Dokumentation über Jüngers Leben *Mendelssohns* Buch als „nachgeholtes Spruchkammer-Urteil, aus der Feder eines prominenten Säuberers", charakterisierte, kehrte bezeichnenderweise *Mendelssohns* Haltung um: Sein Diktum wurde bestimmt durch Devotion gegenüber Jünger, dessen Sekretär er vier Jahre lang war; an Respekt jedoch, der nach *Mendelssohns* Ansicht „in jeder geistigen Auseinandersetzung allemal geboten" ist, ließ er es missen. (Siehe: Die Schleife. Dokumente zum Weg von Ernst Jünger, zusammengestellt von *Armin Mohler,* Zürich 1955, S. 152; *Mendelssohn,* a.a.O., S. 16.)

146 *Mendelssohn,* a.a.O., S. 15 f.; vgl. S. 242

147 *Voegelin,* Die deutsche Universität und die Ordnung der deutschen Gesellschaft, S. 244

148 *Mendelssohn,* a.a.O., S. 181 f.

149 Siehe oben S. 144.

150 *Mendelssohn,* a.a.O., S. 182

151 Vgl. die Kurzbiographie Jüngers im Anhang

152 Siehe seinen Bericht in »Doppelleben«: *Benn, Gottfried,* Gesammelte Werke, 4. Bd., Wiesbaden 1961, S. 91 ff.

153 Analysen des Nationalsozialismus als brutaler Groteske sind vor allem zu finden in den 1941 und 1943 entstandenen Essays »Kunst und Drittes Reich« und Zum Thema Geschichte«. Interessant ist z. B. seine Charakterisierung des Erlösungs-Syndroms: „Sehr verdächtig in dieser Richtung ist der Erlösungsgedanke, der ihre Musik- und Bühnendramen durchzieht. Tannhäuser und seine Variationen, Fliegender Holländer, Parsifal, nicht, Faust', aber die faustischen Motive –: erst benehmen sie sich wie die Schweine, dann wollen sie erlöst werden. Von irgendeiner ,höheren' Macht, die ihnen ihr tumbes, stures Weben und Wabern vergibt. Sie kommen gar nicht darauf, sich selber durch einen Gedanken innerer Erziehung, durch Einfügen in ein Moralprinzip oder eine prophylaktische Vernunft in Ordnung zu halten oder wieder in Form zu bringen, sie haben ihre ,Dränge', das ist faustisch – und dann wollen sie erlöst werden." (Zum Thema Geschichte, in: *Benn,* Gesammelte Werke, 1. Bd., Wiesbaden 1959, S. 376.) Oder das adäquate und dekouvrierende Porträt der Deutschen Akademie, mit ihren um Goebbels versammelten Spitzen deutscher Kunst und Wissenschaft: „Die Deutsche Akademie! Nicht einer erhebt sich, speit auf die Blatt-

pflanzen, tritt die Kübel mit Palmen ein und erklärt, es ist unstatthaft zu behaupten, daß sich in diesen üblen völkischen Pöbeleien irgendeine dumpfe nationale Substanz etwa ans Licht ringt, hier betätigen sich ganz allein die völkischen Ausscheidungsorgane, durch dieses Sprachrohr läßt die Nation unter sich –: Keiner rührt sich, die großen Dirigenten, die Pour-le-mérite-Träger der Friedensklasse, die internationalen Gelehrten, der ehrbare Kaufmann, – alle klatschen." (Ebd., S. 377)

154 Über seinen Briefwechsel mit Klaus Mann spricht Benn in »Doppelleben«: *Benn*, Gesammelte Werke, 4. Bd., S. 73 ff.; vgl. hierzu die kritische Stellungnahme bei *Mendelssohn*, a.a.O., S. 258 ff.
155 *Mendelssohn*, a.a.O., S. 238
156 Ebd., S. 248 f.
157 Ebd., S. 255; vgl. S. 248 f.
158 Ebd., S. 270
159 Ebd., S. 271
160 Ebd., S. 273
161 Ebd., S. 272
162 Ebd., S. 273
163 Ebd., S. 268 f.
164 Siehe oben S. 96.
165 Siehe oben S. 99.
166 *Muschg*, a.a.O., 3. Aufl., S. 7
167 Ebd., S. 198 f.
168 Ebd., S. 194
169 Ebd., S. 197
170 Ebd., S. 181
171 *Hagemann, Walter*, Publizistik im Dritten Reich. Ein Beitrag zur Methode der Massenführung, Hamburg 1948
172 Siehe hierzu: *Strothmann, Dietrich*, Nationalsozialistische Literaturpolitik. Ein Beitrag zur Publizistik im Dritten Reich, Bonn 1960, Vorbemerkung
173 *Pitsch, Ilse*, Das Theater als politisch-publizistisches Führungsmittel im Dritten Reich, (Masch. geschr.) Diss., Münster 1952
174 *Strothmann*, a.a.O., S. 4
175 Ebd., S. 5
176 Ebd., S. 6; vgl. die Äußerungen Möllers oben S. 60.
177 Ebd., S. 5 f.
178 Ebd., S. 12
179 Ebd., S. 13
180 Ebd., S. 427
181 Ebd., S. 428
182 *Brenner, Hildegard*, Die Kunstpolitik des Nationalsozialismus, Reinbek 1963

183 Ebd., S. 63 ff.
184 *Benn*, Gesammelte Werke, Bd. 1, S. 478–481
185 Ebd., S. 240–256
186 *Brenner*, a.a.O., S. 80
187 Ebd., S. 83
188 Ebd., S. 77, vgl. S. 82 ff.
189 Ebd., S. 95 ff.
190 Siehe die Ausführungen Johsts und Möllers in den vorne abgedruckten Texten, oben S. 45 ff. u. 48 ff.
191 Zum Thing-Theater als Kult vgl. *Vondung*, a.a.O., S. 70 ff., 150 ff., 176 ff.
192 *Brenner*, a.a.O., S. 95
193 Ebd., S. 100
194 Ebd., S. 105
195 Ebd., S. 106
196 *Wulf, Joseph*, Literatur und Dichtung im Dritten Reich. Eine Dokumentation, Kunst und Kultur im Dritten Reich, Bd. 3, Gütersloh 1963
197 *Wulf, Joseph*, Theater und Film im Dritten Reich. Eine Dokumentation, Kunst und Kultur im Dritten Reich, Bd. 4, Gütersloh 1964
198 *Schonauer, Franz*, Deutsche Literatur im Dritten Reich, Versuch einer Darstellung in polemisch-didaktischer Absicht, Olten u. Freiburg i. Br. 1961
199 *Boehlich, Walter*, Deutsche Literatur im Dritten Reich? Franz Schonauers Kritik – kritisch betrachtet, in: Die Zeit, Nr. 42, 13. 10. 1961
200 Ebd.
201 *Schonauer*, a.a.O., S. 84
202 Ebd., S. 87
203 Ebd., S. 12
204 Ebd., S. 13
205 Ebd.
206 Ebd., S. 125
207 Siehe oben S. 99 ff.
208 *Schonauer*, a.a.O., S. 105 ff.
209 *Boehlich*, a.a.O.
210 *Geißler, Rolf*, Dekadenz und Heroismus. Zeitroman und völkisch-nationalsozialistische Literaturkritik, Stuttgart 1964
211 Ebd., S. 9
212 Ebd., S. 10
213 Ebd.
214 Ebd., S. 48
215 Ebd., S. 19

216 Ebd., S. 69
217 Ebd., S. 59
218 Ebd.
219 Ebd., S. 65
220 Ebd., S. 37
221 Ebd., S. 36
222 Ebd., S. 77
223 Ebd., S. 92
224 Ebd., S. 103
225 Siehe oben S. 123 ff.
226 *Geißler,* Dekadenz und Heroismus, S. 102
227 Ebd., S. 103
228 Ebd., S. 138 f.; siehe auch oben S. 124.
229 *Geißler,* Dekadenz und Heroismus, S. 141, vgl. S. 138 f.
230 *Geißler, Rolf,* Dichter und Dichtung des Nationalsozialismus, in: Handbuch der deutschen Gegenwartsliteratur, Hrsg. *Hermann Kunisch,* München 1965, S. 721–730; 2., verbesserte u. erw. Aufl., 3 Bde., 1969–1970, 2. Bd. 1970, S. 409–418
231 *Schöne, Albrecht,* Über Politische Lyrik im 20. Jahrhundert. Mit einem Textanhang, Göttingen 1965; 2. Aufl. ergänzt durch einen Briefwechsel des Verfassers mit Gerhard Schumann und eine Antwort von Hermann Pongs, 1969
232 Ebd., 2. Aufl., S. 7
233 Ebd., S. 24
234 Ebd., S. 25
235 Siehe oben S. 135.
236 *Schöne,* a.a.O., S. 27
237 *Loewy, Ernst,* Literatur unterm Hakenkreuz. Das Dritte Reich und seine Dichtung. Eine Dokumentation mit einem Vorwort von *Hans-Jochen Gamm,* Frankfurt a. M. 1966, 2. Aufl. = neu eingerichtete Taschenbuchausgabe, Fischer Bücherei, Nr. 1042, Frankfurt a. M. u. Hamburg 1969
238 Ebd., 2. Aufl., S. 18
239 Ebd., S. 19
240 Ebd., S. 21
241 Ebd., S. 20
242 *Hartung, Günter,* Über die deutsche faschistische Literatur, in: Weimarer Beiträge, 14. Jg., 1968, S. 474–542, S. 677–707, Sonderheft 2/1968, S. 121–159; Zitat S. 489
243 Ebd., S. 492 f.
244 Ebd., S. 493
245 Ebd.
246 Ebd., S. 513
247 Ebd., S. 519 ff.

248 Ebd. (Sonderheft 2), S. 121
249 Ebd. (Sonderheft 2), S. 125, vgl. S. 121 ff.
250 Ebd., S. 679, vgl. S. 677 ff. u. (Sonderheft 2) S. 152 f.
251 Ebd. (Sonderheft 2), S. 153
252 Ebd., S. 490
253 Ebd., S. 525
254 Ebd. (Sonderheft 2), S. 129 ff.
255 *Ketelsen, Uwe-Karsten*, Heroisches Theater. Untersuchungen zur Dramentheorie des Dritten Reichs, Bonn 1968
256 *Ketelsen, Uwe-Karsten*, Von heroischem Sein und völkischem Tod. Zur Dramatik des Dritten Reiches, Bonn 1970
257 *Ketelsen*, Heroisches Theater, S. 3
258 Ebd., S. 65
259 Ebd., S. 55
260 Ebd., S. 200
261 Ebd., S. 79
262 Ebd., S. 209
263 Ebd., S. 84 ff.
264 Ebd., S. 108
265 Ebd., S. 110
266 Ebd., S. 119, vgl. S. 111
267 Ebd., S. 119
268 Ebd., S. 121
269 Ebd.
270 Ebd., S. 126, 130 ff.
271 Ebd., S. 153
272 Ebd., S. 172
273 Ebd., S. 185, vgl. S. 184
274 Ebd., S. 153
275 Ebd., S. 209
276 Ebd., S. 210
277 *Ketelsen*, Von heroischem Sein und völkischem Tod, S. 16
278 *Ketelsen*, Heroisches Theater, S. 139, vgl. S. 138
279 Ebd., S. 144
280 Ebd., S. 182
281 *Ketelsen*, Von heroischem Sein und völkischem Tod, S. 6
282 Ebd., S. 371
283 Ebd., S. 345
284 *Ketelsen*, Heroisches Theater, S. 198
285 *Ketelsen*, Von heroischem Sein und völkischem Tod, S. 181
286 Ebd., S. 82, 244
287 Siehe oben S. 125 f.
288 Als Beispiele für extreme Kampf- und Todeseuphorie mit praktischen Konsequenzen wären etwa zu nennen Löns und Flex für den

ersten Weltkrieg, Eggers und Schumann für den zweiten; von ihnen überlebte nur der letztere. Vgl. hierzu: *Keller, Ernst*, Nationalismus und Literatur, Bern u. München 1970, S. 36, 41 ff.; und: *Vondung*, a.a.O., S. 197 ff.

289 *Keller, Ernst,* Nationalismus und Literatur. Langemarck – Weimar – Stalingrad, Bern u. München 1970

290 Ebd., S. 7

291 Ebd., S. 133

292 *Schwedhelm, Karl* (Hrsg.), Propheten des Nationalismus, München 1969

293 *Keller,* a.a.O., S. 12 ff.

294 Ebd., S. 19 ff.

295 Ebd., S. 35 ff.

296 Ebd., S. 41 ff.

297 Ebd., S. 131

298 Ebd., S. 85 ff., 110 ff., 122 ff., insbesondere S. 130 f.

299 Ebd., S. 232

300 Ebd., S. 233

301 Ebd.

302 Ebd., S. 233 f.

303 *Glaser, Hermann,* Das Dritte Reich. Anspruch und Wirklichkeit, Freiburg i. Br., Basel, Wien, 1961

304 *Glaser, Hermann,* Spießer-Ideologie. Von der Zerstörung des deutschen Geistes im 19. und 20. Jahrhundert, Freiburg i. Br. 1964

305 Ebd., S. 14 f.

306 Ebd., S. 15

307 Ebd., S. 11

308 Ebd.

309 Ebd.

310 Ebd., S. 14

311 Ebd., S. 46 ff.

312 *Hartung,* a.a.O., S. 482

313 *Glaser,* Spießer-Ideologie, S. 10

314 *Voegelin,* Die deutsche Universität und die Ordnung der deutschen Gesellschaft, S. 249, vgl. S. 265, 278 f.

315 *Camus, Albert,* Der Mensch in der Revolte, Reinbek 1969, S. 16

316 *Strothmann, Dietrich,* Wieviel Schuld trägt der Spießer? Ein begabter Autor erliegt der Versuchung zu Kurzschlüssen, in: Die Zeit, 21. 8. 1964

317 *Lukács, Georg,* Die Zerstörung der Vernunft, Neuwied und Berlin 1962; Auswahl in: ders., Von Nietzsche zu Hitler oder Der Irrationalismus und die deutsche Politik, Frankfurt a. M. u. Hamburg 1966

318 *Lukács,* Von Nietzsche zu Hitler, S. 7

319 Ebd., S. 8

320 Ebd., S. 202 ff.

321 *Sontheimer, Kurt,* Antidemokratisches Denken in der Weimarer Republik. Die politischen Ideen des deutschen Nationalismus zwischen 1918 und 1933, München 1962

322 Ebd., S. 13

323 Ebd., S. 19

324 Ebd.

325 Siehe oben S. 144.

326 *Gamm, Hans-Jochen,* Der braune Kult. Das Dritte Reich und seine Ersatzreligion. Ein Beitrag zur politischen Bildung, Hamburg 1962

327 Ebd., S. 10

328 Ebd., S. 84

329 Ebd., S. 14 f.

330 Siehe oben S. 135.

331 *Sternberger, Dolf; Storz, Gerhard* u. *Süskind, Wilhelm Emmanuel,* Aus dem Wörterbuch des Unmenschen. Neue erweiterte Ausg. mit Zeugnissen des Streites über die Sprachkritik, Hamburg 1968

332 *Betz, Werner,* Sprachlenkung und Sprachentwicklung, in: Sprache und Wissenschaft, Göttingen 1960, S. 89

333 *Klemperer, Victor,* LTI. Notizbuch eines Philologen, Berlin 1946

334 *Betz, Werner,* The National-Socialist Vocabulary, in: The Third Reich, London 1955, S. 784 ff.

335 Vgl. das Literaturverzeichnis; einige weitere, kleinere oder allgemeinere Arbeiten sind noch genannt bei: *Dieckmann, Walther,* Sprache in der Politik. Einführung in die Pragmatik und Semantik der politischen Sprache, Heidelberg 1969, S. 25

336 *Berning, Cornelia,* Die Sprache des Nationalsozialismus, in: Zeitschrift für deutsche Wortforschung, 16.–19. Bd. = 1.–4. Bd. NF, 1960–1963, passim.

337 *Berning, Cornelia,* Vom „Abstammungsnachweis" zum „Zuchtwart". Vokabular des Nationalsozialismus, Berlin 1964

338 *Berning,* Die Sprache des Nationalsozialismus, ZfdW, 17. Bd., S. 174

339 Ebd., 19. Bd., S. 92 ff.

340 Ebd., 18. Bd., S. 160 ff.

341 Ebd., 18. Bd., S. 108 ff.; 19. Bd., S. 92 ff.

342 *Dieckmann, Walther,* Information oder Überredung. Zum Wortgebrauch der politischen Werbung in Deutschland seit der Französischen Revolution, Marburg 1964, S. 69

343 *Berning,* Die Sprache des Nationalsozialismus, ZfdW, 17. Bd., S. 174 ff.

344 Ebd., 19. Bd., S. 92 ff.

345 Vgl. *Dieckmann*, Sprache in der Politik, S. 25

346 Siehe oben S. 133 ff.

347 *Künneth, Walter*, Der große Abfall. Eine geschichtstheologische Untersuchung der Begegnung zwischen Nationalsozialismus und Christentum, Hamburg 1947

348 Ebd., S. 142 ff.

349 Ebd., S. 122

350 *Camus, Albert*, L'Homme révolté, Gallimard, Paris 1951; Übs.: Der Mensch in der Revolte, Reinbek 1969, siehe dort S. 144 ff.

351 Ebd., S. 144

352 Ebd., S. 150

353 Siehe oben S. 183 ff.

354 *Heer, Friedrich*, Der Glaube des Adolf Hitler. Anatomie einer politischen Religiosität, München u. Eßlingen 1968

355 Siehe oben S. 140.

356 *Berger*, a.a.O., S. 78 f.

357 *Hamerski, Werner*, „Gott" und „Vorsehung" im Lied und Gedicht des Nationalsozialismus, in: Publizistik, 5. Jg., 1960, S. 280–300

358 Ebd., S. 283

359 Ebd., S. 296

360 Ebd.

361 *Schöne*, a.a.O. (2. Aufl.), S. 87, vgl. S. 84 f.; siehe hierzu auch *Vondung*, a.a.O., S. 160 u. 169 f.

362 *Keller*, a.a.O., S. 16 ff., 35 ff., 41 ff., 122 ff.

363 *Hartung*, a.a.O., S. 501

364 Siehe etwa die Äußerung *Schonauers*, oben S. 158 f., ebenso *Boehlichs* Bemerkungen hierzu.

364a Vgl. hierzu die Forschungskritik im Band *Der literarische Vormärz (1830–1847)* in der Reihe *Literatur als Geschichte*.

365 *Conrady, Karl Otto*, Ehrfurchtslose Germanistik? Notwendige Notizen zum Thema „Literaturwissenschaft im Dritten Reich", in: Die Zeit, Nr. 40, 2. 10. 1964, S. 22

366 Beide abgedruckt in dem Sammelband: Germanistik – eine deutsche Wissenschaft, Frankfurt a. M. 1967; siehe Literaturverzeichnis.

367 Zu verweisen wäre hauptsächlich noch auf den Beitrag von *Polenz* auf dem Münchner Germanistentag, ebenfalls abgedruckt in: Germanistik – eine deutsche Wissenschaft, Frankfurt a. M. 1967; des weiteren auf *Klaus Zieglers* Vortrag über »Deutsche Sprach- und Literaturwissenschaft im Dritten Reich«, gehalten im Rahmen einer Ringvorlesung über die deutsche Universität im Dritten Reich; außerdem auf das Kapitel „Professor NSDAP" in *Joachim C. Fests* Untersuchung »Das Gesicht des Dritten Reichs«; sowie auf eine sprachwissenschaftliche Untersuchung germanistischen Voka-

bulars zwischen 1933 und 1945 von *Wendula Dahle;* zu den genauen bibliographischen Angaben siehe das Literaturverzeichnis. Der Vollständigkeit halber – und des schlechten Beispiels wegen – sei die von *Sander L. Gilman* herausgegebene Dokumentation »NS-Literaturtheorie« genannt (Frankfurt a. M. 1971), sie enthält außer einer Reihe von literaturwissenschaftlichen Arbeiten und Aufsätzen aus der Zeit des Dritten Reichs, die man jedoch durch einige wesentlich signifikantere Beispiele hätte bereichern können, ein Vorwort von *Cornelius Schnauber,* das zur Einführung in diesen Gegenstand zu kurz und zu oberflächlich ist; sie enthält weder eine Bibliographie noch ein Personenregister, wodurch auch ihr Gebrauchswert stark gemindert wird.

368 Vgl. oben das Kapitel *Im Dritten Reich.*

Benn, Gottfried, vorwiegend Lyriker und Essayist, wurde am 2. 5. 1886 in Mansfeld (Westpriegnitz) als Sohn eines Pfarrers geboren. Er studierte ab 1903 zunächst zwei Jahre lang Theologie und Philologie in Marburg und Berlin, anschließend bis 1910 Medizin in der Kaiser-Wilhelm-Akademie für das militär-ärztliche Bildungswesen in Berlin. Nach Abschluß des Studiums war er zunächst als Militärarzt tätig. 1912 promovierte er zum Dr. med.; im selben Jahr erschien sein erster Gedichtband *Morgue und andere Gedichte.* Zwischen 1912 und 1914 arbeitete er an verschiedenen Berliner Krankenhäusern als Pathologe. Am ersten Weltkrieg nahm *Benn* als Militärarzt teil. 1917 ließ er sich als Facharzt für Haut- und Geschlechtskrankheiten in Berlin nieder. 1932 wurde er Mitglied der Sektion für Dichtkunst der Preußischen Akademie der Künste. 1933 bekannte er sich zum Nationalsozialismus; seine Hoffnung, die Literatur seiner, d. h. der expressionistischen Generation könne im ‚neuen Staat‘ einen Platz haben, wurde jedoch bald enttäuscht. Als Intellektueller verdächtigt und als ‚Entarteter‘ beschimpft, ließ er sich 1935 als Militärarzt reaktivieren, um sich in dieser „aristokratischen Form der Emigration" – wie er es nannte – den immer bedrohlicher werdenden Angriffen zu entziehen. 1938 wurde *Benn* aus der Reichsschrifttumskammer ausgeschlossen und erhielt Schreibverbot. Zwischen 1935 und 1945 war er als Oberstabsarzt, zuletzt als Oberstarzt in Hannover, Berlin und Landsberg/Warthe tätig. Nach dem Krieg eröffnete er wieder eine Praxis in Berlin. Die erste Buchveröffentlichung nach dem Dritten Reich, der Gedichtband *Statische Gedichte* von 1948, leitete eine Epoche neuerlicher literarischer Produktivität sowie öffentlicher Anerkennung ein. 1951 erhielt er den Büchner-Preis. Am 7. 7. 1956 starb *Benn* in Berlin.

Blunck, Hans Friedrich, schrieb hauptsächlich Romane, außerdem Märchen, Gedichte und einige Dramen. Er wurde am 3. 9. 1888 als Sohn eines Lehrers in Altona geboren. In Kiel und Heidelberg studierte er Jura und schloß sein Studium mit der Promotion ab. Er gehörte der Jugendbewegung an. Am ersten Weltkrieg nahm er als Offizier teil. 1920 wurde er Regierungsrat und 1925 Syndikus der Universität Hamburg. Von 1935 an lebte er auf seinem Gut Mölenhoffhuus bei Grebin (Holstein) als freier Schriftsteller. Als wichtigste Werke *Bluncks* sind die beiden Romantrilogien *Werdendes Volk* (1922–1924) und *Urväter-saga* (1926–1928) anzusehen; sie sind in der deutschen Vergangenheit bzw. in einer mythischen Vorzeit angesiedelt und neigen zur Mystifizierung von Landschaft und Volkstum. 1933 wurde *Blunck* in die ,neugeordnete' Sektion für Dichtkunst der Preußischen Akademie der Künste (im selben Jahr umbenannt in ,Deutsche Akademie der Dichtung') berufen, zum zweiten Vorsitzenden gewählt und zum Mitglied des Senats ernannt. Von 1933 bis 1935 war er Präsident der Reichsschrifttumskammer, danach Alterspräsident; außerdem war er Mitglied des Reichskultursenats in der Reichskulturkammer. 1938 wurde er mit der Goethe-Medaille ausgezeichnet; des weiteren wurden ihm der Ehrenring des deutschen Sprachverbandes und die Wartburg-Dichter-Rose verliehen. Nach dem Krieg war er kurze Zeit interniert; der Entnazifizierungsausschuß in Kiel stufte ihn als Mitläufer ein. *Blunck* schrieb nach 1945 hauptsächlich Märchen, Sagen und Balladen; eine *Gesellschaft zur Förderung des Werkes von Hans Friedrich Blunck* bemüht sich um die Pflege seines Werkes. *Blunck* starb am 25. 4. 1961.

Böhme, Herbert, schrieb hauptsächlich Gedichte, chorische Dichtungen, später auch Erzählungen. Er wurde am 17. 10. 1907 als Sohn eines Lehrers in Frankfurt/Oder geboren. 1928 bis 1932 studierte er Philosophie und Germanistik in München und Marburg; in Marburg promovierte er zum Dr. phil. Nach der Machtübernahme *Hitlers* trat *Böhme* 1933 der NSDAP und der SA bei; er war kurze Zeit am Berliner Rundfunk tätig und wurde dann Reichsfachschaftsleiter für Lyrik in der Reichsschrifttumskammer. Zeitweilig war er Kulturreferent der SA-Gruppe Ostmark. 1935 berief ihn *Goebbels* in die Reichspropagandaleitung nach München, er übernahm das Lektorat der Schriftenreihe *Junges Volk* der HJ, die gemeinsam vom Kulturamt der Reichspropagandaleitung und dem Kulturamt in der Reichsjugendführung herausgegeben wurde. Gleichzeitig wurde *Böhme* Mitglied im Kulturkreis der SA und Referent im Erziehungshauptamt der Obersten SA-Führung mit dem Rang eines Sturmhauptführers. 1943 erhielt er eine Dozentur an der Universität München, 1944 wurde er Professor für Philosophie an der neugegründeten deutschen Universität Posen. 1949 begann *Böhme* in dem von ihm gegründeten Türmer Verlag die Zeitschrift *Klüter Blätter. Deutsche Sammlung* herauszugeben. 1950 rief er außerdem das *Deutsche Kulturwerk Europäischen Geistes* ins Leben, dessen Präsident er war. 1956 wurde er vom *Deutschen Kulturwerk* mit dem Goldenen Ehrenring ,Dem deutschen Gedicht' ausgezeichnet. *Böhme* lebte seit 1935 in Lochham bei München, er starb am 23. 10. 1971.

Burte, Hermann (Pseudonym für *Hermann Strübe*), Dramatiker, Erzähler und Lyriker, wurde am 15. 2. 1879 in Maulburg (Baden) geboren. Sein Vater war Buchhalter und Dialektdichter. *Burte* besuchte die Kunstgewerbeschule und die Akademie der Bildenden Künste in Karlsruhe, wo er auch zeitweilig als Zeichenlehrer tätig war. Zwischen 1904 und 1908 hielt er sich als Maler zu Studienzwecken in Oxford, London und Paris auf. Seitdem lebte er bis zu seinem Tod als Maler und Schriftsteller in Lörrach (Baden). 1912 erschien *Burtes* Roman *Wiltfeber, der ewige Deutsche*, für den er den Kleist-Preis erhielt. Gedankengut *Nietzsches*, völkische und bereits dezidiert rassistische Ideologeme verbanden sich hier mit einer Lehre vom ‚Reinen Krist‘, einer germanisierenden und antisemitischen Umdeutung des Christentums. Dieser Roman legte die Grundlage für *Burtes* Ruhm in völkisch-nationalen Kreisen, wobei es vor allem seine germanisch-völkische Religiosität war, die auf Resonanz stieß. Geehrt und ausgezeichnet wurde *Burte* vor, während und nach dem Dritten Reich. 1924 wurde ihm der Dr. phil. h. c. der Universität Freiburg i. Br. verliehen, 1927 der staatliche Schiller-Preis (zusammen mit *Fritz v. Unruh* und *Franz Werfel*). 1936 erhielt er den Johann-Peter-Hebel-Preis, 1938 die Goethe-Medaille für Kunst und Wissenschaft. 1953 wurde er vom *Deutschen Kulturwerk Europäischen Geistes* mit dem Goldenen Ehrenring ‚Dem deutschen Gedicht‘ ausgezeichnet, 1957 mit der Jean-Paul-Medaille. *Burte* starb am 22. 3. 1960 in Lörrach.

Ernst, Paul, Erzähler, Dramatiker, Theoretiker, wurde am 7. 3. 1866 als Sohn eines Grubensteigers in Elbingerode (Harz) geboren. Er studierte zuerst Theologie, dann Literaturgeschichte und Nationalökonomie in Göttingen, Tübingen, Berlin und Bern. 1892 promovierte er in Bern zum Dr. rer. pol. Während seiner Studienzeit schloß er sich der Sozialdemokratie an; einige Jahre war er Redakteur einer sozialdemokratischen Zeitung. *Ernsts* literarische Anfänge waren vom Naturalismus geprägt, er begann mit sozialen Schauspielen, die jedoch eher sentimentalen Charakter hatten. Er war befreundet mit *Arno Holz* und *Richard Dehmel* und hatte Verbindung zum naturalistischen Literatenkreis ‚Durch‘. Vorübergehend wurde *Ernst* auch politisch tätig, er zog sich aber aus diesem Bereich bald wieder zurück und lebte ab 1900 als freier Schriftsteller. Kurze Zeit war er Dramaturg in Düsseldorf; einige Jahre verbrachte er in Weimar. 1925 zog er in die Steiermark, wo er bis zu seinem Tod als Dichter und Bauer lebte. *Ernsts* literarischer Werdegang war bestimmt von seiner ideologischen Entwicklung, die von gläubigem Marxismus über esoterischen Idealismus bis hin zu völkischem Nationalismus ging. Von den Nationalsozialisten wurde *Ernst* vor allem wegen seiner neuklassizistischen Dramen und wegen solcher Werke wie das Versepos *Das Kaiserbuch* (1923–1928) als Ahnherr einer neuen idealistisch-heroischen, nationalen Literatur gepriesen. *Ernst* bekannte sich selbst noch zum Nationalsozialismus, er starb am 13. 5. 1933 in St. Georgen (Steiermark).

Gmelin, Otto, schrieb hauptsächlich Romane und Erzählungen. Er wurde am 17. 9. 1886 als Sohn eines Offiziers in Karlsruhe geboren; unter seinen Vorfahren waren bedeutende Naturwissenschaftler und Chemiker. *Gmelin* studierte in Karlsruhe und Heidelberg Mathematik und Naturwissenschaften und schloß sein Studium mit dem Staatsexamen für den höheren Schuldienst ab. Anschließend verbrachte er zwei Jahre in Mexiko. 1914 wurde er aus gesundheitlichen Gründen vom Militärdienst freigestellt; er wurde Gymnasiallehrer und war an verschiedenen Orten in Baden und Preußen tätig. 1917 promovierte er mit einer zahlentheoretischen Arbeit zum Dr. phil. Die folgenden zwei Jahrzehnte lebte er als Studienrat in Wald bei Solingen. *Gmelin* begann erst als Vierzigjähriger zu schreiben. Ein eher unpolitischer konservativer Geist, beschäftigte er sich in seinen Romanen und Erzählungen – ähnlich *Kolbenheyer* – mit sogenannten historischen ,Schwellzeiten', besonders mit der Völkerwanderungszeit und dem Ausgang des Mittelalters. Seine Werke neigen zu romantischer Verklärung der Reichsidee und zur Verherrlichung großer Führergestalten. Die letzten Jahre seines Lebens verbrachte *Gmelin,* wegen seines Gesundheitszustandes vorzeitig in den Ruhestand getreten, als freier Schriftsteller auf Reisen und in Bensberg-Neufrankenforst bei Köln. Dort starb er am 22. 11. 1940.

Goebbels, Paul Joseph, wurde am 29. 10. 1897 als Sohn eines Handlungsgehilfen in Rheydt (Rheinland) geboren. Er studierte 1917–1921 mit finanzieller Unterstützung des katholischen Albertus-Magnus-Vereins Germanistik und Philosophie in Bonn, Freiburg, Würzburg, München und Heidelberg. 1921 promovierte er in Heidelberg mit einer Arbeit über den Romantiker *Wilhelm v. Schütz* zum Dr. phil. Während der folgenden Jahre versuchte er vergeblich, seine schriftstellerischen und journalistischen Ambitionen zu realisieren. Außer Gedichten, Essays und Dramen-Entwürfen entstand in dieser Zeit der autobiographische Roman *Michael* (erst 1929 im NSDAP-Parteiverlag Eher erschienen). 1924 wurde *Goebbels* in Elberfeld Redakteur der Samstagszeitung *Völkische Freiheit,* nach deren Erlöschen 1925 Gaugeschäftsführer des Gaus Rheinland-Nord der NSDAP und Redakteur der von *Gregor Strasser* herausgegebenen Halbmonatsschrift *Nationalsozialistische Briefe.* 1926 übertrug ihm *Hitler* die Leitung des Gaus Berlin, 1927–1935 gab er dort die Wochenzeitschrift *Der Angriff* heraus. 1928 wurde *Goebbels* Mitglied des Reichstags, 1929 Reichspropagandaleiter der NSDAP. 1933 wurde eigens für ihn das Reichsministerium für Volksaufklärung und Propaganda geschaffen, im selben Jahr übernahm er die Leitung der neu eingerichteten Reichskulturkammer. Seit 1940 war er Leitartikler der Wochenzeitschrift *Das Reich.* 1944 wurde er von *Hitler* zum ‚Generalbevollmächtigten für den totalen Krieg‘ ernannt, in seinem Testament bestimmte ihn *Hitler* zu seinem Nachfolger als Reichskanzler. Wenige Stunden nach *Hitlers* Tod beging *Goebbels* am 1. 5. 1945 mit seiner ganzen Familie in Berlin Selbstmord.

Hitler, Adolf, wurde am 20. 4. 1889 in Braunau (Oberösterreich) geboren. Sein Vater war Oberoffizial im österreichischen Zolldienst. Den Besuch der Realschule in Linz und Steyr brach er ab und lebte seit 1905 beschäftigungslos bei seiner Mutter in Linz. Zwei Versuche, an der Kunstakademie in Wien aufgenommen zu werden, scheiterten. 1907 zog *Hitler* ganz nach Wien und lebte dort als Gelegenheitsarbeiter und Postkartenmaler, seit 1910 in einem Obdachlosenasyl und einem Männerheim. Die Erfahrungen des sozial Deklassierten und der Antisemitismus völkischer Gruppen prägten während dieser Zeit in entscheidender Weise sein Denken und seinen Charakter. 1913 siedelte *Hitler* nach München über; bei Beginn des ersten Weltkriegs meldete er sich als Freiwilliger, war Meldegänger und wurde mit dem Eisernen Kreuz zweiter und erster Klasse ausgezeichnet. 1919 nahm er in München Verbindung auf mit der antisemitischen Deutschen Arbeiter-Partei (seit 1920 NSDAP) und wurde deren Propagandaleiter. Aufgrund seiner Erfolge als Propagandaredner konnte er 1921 den Vorsitz der Partei übernehmen. Gemeinsam mit *Ludendorff* versuchte er am 8./9. 11. 1923 durch einen Putsch in München die Voraussetzungen zu einem Staatsstreich gegen Berlin zu schaffen. Der Putsch scheiterte, die NSDAP wurde aufgelöst, *Hitler* zu fünf Jahren Festungshaft in Landsberg verurteilt. Dort schrieb er den ersten Band von *Mein Kampf* (1925 veröffentlicht). Ende 1924 wurde er vorzeitig aus der Haft entlassen, im folgenden Jahr gründete er die NSDAP neu, 1926 veröffentlichte er den zweiten Band von *Mein Kampf.* Im Juli 1932 wurde die NSDAP zur stärksten Partei in Deutschland, am 30. 1. 1933 berief *Hindenburg Hitler* zum Reichskanzler an der Spitze eines nationalsozialistisch-deutschnationalen Kabinetts. In den folgenden Monaten baute er durch Gleichschaltungs- und Unterdrückungsmaßnahmen die totalitäre Herrschaft auf. Die Kunstpolitik überließ er weitgehend *Goebbels,* griff jedoch auch persönlich ein, besonders auf dem Gebiet der bildenden Künste und der Architektur; richtungweisend waren seine Reden auf den während der Reichsparteitage abgehaltenen ‚Kulturtagungen der NSDAP‘. Nach dem Tod *Hindenburgs* am 2. 8. 1934 übernahm *Hitler* als ‚Führer und Reichskanzler‘ die Befugnisse des Reichspräsidenten, vor allem den Oberbefehl über die Wehrmacht. Die wichtigsten Stationen seines außenpolitischen Machtstrebens waren: 1935 Einführung der allgemeinen Wehrpflicht, 1936 Besetzung des Rheinlands, 1938 Anschluß Österreichs und des Sudetengebietes, 1939 Besetzung Böhmens und Mährens. Am 1. 9. 1939 entfesselte er durch den Einfall in Polen den zweiten Weltkrieg. Am 30. 4. 1945 endete *Hitler* in Berlin durch Selbstmord.

Johst, Hanns, Dramatiker, Lyriker, Erzähler, wurde am 8. 7. 1890 in Seehausen (Sachsen) als Sohn eines Volksschullehrers geboren. In seiner Jugend wollte er Missionar werden; als Siebzehnjähriger war er eine Zeitlang Pfleger in Bethel. Er studierte zunächst Medizin in Leipzig, dann Philologie und Kunstgeschichte in München, Wien und Berlin; anschließend war er kurze Zeit Schauspieler. Am ersten Weltkrieg nahm er als Kriegsfreiwilliger teil; 1918 ließ er sich als freier Schriftsteller in Oberallmannshausen am Starnberger See nieder. *Johsts* literarischer Weg begann mit expressionistischen Dramen, die während des ersten Weltkriegs entstanden; sie waren getragen von einem universalistischen Pazifismus und gaben der Sehnsucht nach reiner Menschlichkeit Ausdruck. Während der zwanziger Jahre wandte er sich jedoch immer stärker völkisch-nationalen Ideologemen und schließlich dem Nationalsozialismus zu. Die religiöse Grundhaltung seiner frühen „ekstatischen Szenarien" wandelte sich zu einer völkischen Religiosität, die ihn zum Verfechter eines nationalen Kult-Theaters werden ließ. Nach vorübergehender Tätigkeit als Dramaturg am Schauspielhaus in Berlin wurde *Johst* 1933 zum Preußischen Staatsrat ernannt und zum Präsidenten der ,neugeordneten' Sektion für Dichtkunst der Preußischen Akademie der Künste (im selben Jahr umbenannt in ,Deutsche Akademie der Dichtung'). Außerdem wurde er Präsident der ,Union nationaler Schriftsteller', der Nachfolgeorganisation des aufgelösten PEN-Clubs. 1935 wurde er als Nachfolger *Hans Friedrich Bluncks* Präsident der Reichsschrifttumskammer, des weiteren war er Mitglied des Reichskultursenats in der Reichskulturkammer. *Johst* bekleidete den Rang eines SS-Brigadeführers. 1935 erhielt er den Preis der NSDAP für Kunst und Wissenschaft, 1940 die Goethe-Medaille, 1941 den Kantate-Dichterpreis der Stadt Leipzig; außerdem war er Träger der Wartburg-Dichter-Rose. Nach dem Krieg war er zunächst interniert; 1949 stufte ihn die Hauptspruchkammer München als Hauptschuldigen ein und verurteilte ihn zu zehnjähriger Berufsbeschränkung, drei Jahren Arbeitslager und Einziehung der Hälfte seines Vermögens. *Johst* lebt in Oberallmannshausen.

Jünger, Ernst, ist vor allem interessant wegen seiner Tagebücher und dokumentarischen Aufzeichnungen, seiner kulturkritischen und essayistischen Schriften; er schrieb außerdem Romane und Erzählungen.

Jünger wurde am 29. 3. 1895 als Sohn eines Apothekers in Heidelberg geboren. Am ersten Weltkrieg nahm er als Kriegsfreiwilliger teil. Er war Leutnant und Stoßtruppführer, wurde mehrmals schwer verwundet und erhielt den Orden *pour le mérite*. Bis 1923 blieb er Angehöriger der Reichswehr. Anschließend studierte er Zoologie und Philosophie in Leipzig und Neapel. Ab 1925 lebte er als freier Schriftsteller in verschiedenen Städten Deutschlands. Seine Aufzeichnungen und Tagebücher über den ersten Weltkrieg wiesen ihn als Vertreter heroischer und nationaler Ideale aus. Die Suche nach einem politischen Standort zwischen Nationalismus und Sozialismus brachte ihn in Verbindung mit verschiedenen Gruppen der sogenannten ,Konservativen Revolution', die er publizistisch unterstützte, bis hin zu *Ernst Niekischs* ,Nationalbolschewisten'. Die elitären und ästhetizistischen Züge seines Denkens und seines Charakters ließen ihn Distanz zum Nationalsozialismus halten, obwohl er von der NSDAP umworben wurde. Er lehnte 1927 das Reichstagsmandat, das ihm die NSDAP anbot, ebenso ab, wie 1933 die Berufung in die ,neugeordnete' Deutsche Akademie der Dichtung. Dem *Völkischen Beobachter* untersagte er den Abdruck seiner Arbeiten. 1939 wurde er einberufen und nahm als Hauptmann am Feldzug gegen Frankreich teil. Protegiert von den Generälen *Speidel* und *Stülpnagel* verbrachte er die Jahre 1941 bis 1944 in Paris, als Mitglied des Stabs des Militärbefehlshabers in Frankreich. Die Verbindung zu dem nach dem 20. Juli 1944 hingerichteten *Stülpnagel* brachte ihn selbst in Gefahr; im selben Jahr wurde er wegen ,Wehrunwürdigkeit' aus der Wehrmacht ausgestoßen, jedoch mit der Führung einer Volkssturmeinheit betraut. Nach 1945 erhielt er ein kurzfristiges Publikationsverbot. 1956 wurde ihm der Kulturpreis der Städte Bremen und Goslar verliehen. *Jünger* ist Träger des Großen Verdienstkreuzes des Verdienstordens der Bundesrepublik; er lebt in Wilflingen (Württemberg).

Kolbenheyer, Erwin Guido, Erzähler, Dramatiker, Lyriker und ,Philosoph', wurde am 30. 12. 1878 als Sohn eines ungarn-deutschen Architekten in Budapest geboren. Er studierte Philosophie, Naturwissenschaften und Psychologie in Wien. 1905 promovierte er zum Dr. phil. Den Plan, Hochschullehrer zu werden, gab er nach ersten literarischen Erfolgen auf. Im ersten Weltkrieg war *Kolbenheyer* Leiter eines Kriegsgefangenenlagers. 1919 ließ er sich in Tübingen als freier Schriftsteller nieder, ab 1932 lebte er in Solln bei München. 1926 wurde er Mitglied der in diesem Jahr der Preußischen Akademie der Künste angegliederten Sektion für Dichtkunst, aus der er 1931 zusammen mit *Emil Strauß* und *Wilhelm Schäfer* aus Protest gegen die angebliche Boykottierung ,nationaler' Autoren austrat. 1933 wurde er wieder Mitglied der ,neugeordneten' und neubenannten Deutschen Akademie der

Dichtung. *Kolbenheyer* machte sich einen Namen durch seine historischen Dramen und Romane, die in ihrer realistischen Darstellungsweise durchaus Talent verraten; als Hauptwerk ist die Paracelsus-Romantrilogie (1917–1925) anzusehen. Inhaltlich jedoch artikulieren seine Werke eine Weltanschauung, in der sich reaktionäre politische, biologistische und vitalistische Züge mischen. Diese Weltanschauung, die ihn auch zum Nationalsozialismus führte, versuchte er in seiner Pseudo-Philosophie der ‚Bauhütte‘ theoretisch zu fundieren (*Die Bauhütte*, 1925; neue Fassung 1940). *Kolbenheyer* erhielt vor und während des Dritten Reichs zahlreiche Auszeichnungen: 1926 Dr. med. h. c., außerdem Adalbert-Stifter-Preis, 1929 Tschechoslowakischer Staatspreis, 1932 Goethe-Medaille, 1936 Literaturpreis der Stadt München, 1937 Goethe-Preis der Stadt Frankfurt, 1938 Adlerschild des Deutschen Reiches, 1943 Grillparzer-Preis der Stadt Wien. 1948 stufte ihn die Münchner Spruchkammer als Belasteten ein und verurteilte ihn zu 5 Jahren Berufsverbot, Einziehung der Hälfte seines Vermögens und 180 Tagen Sonderarbeit. 1950 wurde er jedoch in einem Berufungsverfahren als Minderbelasteter eingestuft. *Kolbenheyer* lebte nach dem zweiten Weltkrieg in Gartenberg bei Wolfratshausen. Zur Pflege seines Werks und zur Besorgung einer neuen Gesamtausgabe wurde eine *Kolbenheyer-Gesellschaft* gegründet. *Kolbenheyer* starb am 12. 4. 1962.

Langenbeck, Curt, Dramatiker, wurde am 20. 6. 1906 als Sohn eines Fabrikanten in Elberfeld geboren. 1925–1927 erhielt er eine Fachausbildung für Seidenfärberei und Seidenveredelung in der Schweiz und Deutschland. 1928–1929 war er als Volontär in Amerika und Frankreich. Nach kurzer Zeit gab er jedoch seinen Beruf auf und studierte 1931–1933 Literaturwissenschaft, Theaterwissenschaft, Geschichte, Kunstgeschichte und Philosophie in Köln, Freiburg und Wien. Beeinflußt wurde er vor allem von *Heidegger, Schadewaldt* und *Nadler*. *Langenbeck* versuchte, auf der Basis völkischer und heroisch-nationaler Ideologeme sowie in Anknüpfung an die griechische Tragödie eine neue, anspruchsvolle Dramentheorie zu entwickeln. Von seinen Dramen wurde vor allem *Der Hochverräter* (1938) bekannt. 1935–1938 war *Langenbeck* Chefdramaturg am Preußischen Staatstheater Kassel, seit 1938 Chefdramaturg des Bayerischen Staatsschauspiels in München. 1939 erhielt er den Immermann-Literaturpreis, 1940 den Rheinischen Literaturpreis. Nach dem Krieg lebte er als freier Schriftsteller. *Langenbeck* starb am 6. 8. 1953 in München.

Möller, Eberhard Wolfgang, schrieb hauptsächlich chorische Dichtungen und Dramen, später auch Romane. Er wurde am 6. 1. 1906 als Sohn eines Bildhauers in Berlin geboren. Sein Studium brach er ab; 1930 kam er in Verbindung mit der NSDAP und wurde Mitglied der

SA. 1933 wurde *Möller* Dramaturg in Königsberg, 1934 Ministerialreferent in der Abteilung *Theater* des Reichsministeriums für Volksaufklärung und Propaganda; außerdem wurde er Gebietsführer im Stab der Reichsjugendführung. *Möller* war Mitglied des Reichskultursenats in der Reichskulturkammer; 1935 erhielt er den Nationalen Buchpreis für seine chorischen Dichtungen *Berufung der Zeit*. Nach 1945 veröffentlichte er mehrere Romane. *Möller* lebt in Bietigheim (Württemberg).

Rosenberg, Alfred, wurde am 12. 1. 1893 als Sohn eines Kaufmanns aus deutsch-baltischer Familie in Reval geboren. 1910 begann er das Studium der Architektur an der Technischen Hochschule in Riga. 1915 wurde die Hochschule wegen des Kriegs nach Moskau verlegt, wo *Rosenberg* die Oktoberrevolution erlebte. 1918 legte er das Diplomexamen ab. Die Möglichkeit, bei einem bekannten Berliner Architekten angestellt zu werden, nahm er nicht wahr, sondern begab sich Ende 1918 nach München. Dort kam er rasch mit dem Schriftsteller *Dietrich Eckart* in Verbindung und wurde Mitarbeiter an dessen nationalistischer und antisemitischer Zeitschrift *Auf gut deutsch*. Durch *Eckart* kam er mit der *Thule-Gesellschaft* in Berührung und 1919 auch mit *Hitler*. Im selben Jahr trat er der NSDAP bei. 1921 setzte *Rosenberg* seine journalistische Tätigkeit unter *Eckart* in der Redaktion der Parteizeitung *Völkischer Beobachter* fort, seit 1923 zeichnete er als Hauptschriftleiter. In diesen und den folgenden Jahren begründete *Rosenberg* seinen Ruf als Parteitheoretiker der NSDAP, den er 1930 mit seinem Werk *Der Mythus des 20. Jahrhunderts* zu krönen versuchte. Gleichwohl erlangte er nie – auch nicht später im Dritten Reich – soviel Macht und Einfluß wie etwa *Goebbels* oder andere hohe Parteiführer. *Rosenbergs* Hauptinteressen lagen bei der Außenpolitik, der Judenfrage, sowie auf weltanschaulichem und kulturellem Gebiet. Seit 1927 arbeitete er am Aufbau des späteren *Kampfbundes für deutsche Kultur,* der 1934 in der *Nationalsozialistischen Kulturgemeinde* aufging. 1930 wurde *Rosenberg* Reichstagsabgeordneter, nach der Machtübernahme *Hitlers* wurde für ihn das *Außenpolitische Amt der NSDAP* eingerichtet. 1934 ernannte ihn *Hitler* außerdem zum „Beauftragten des Führers für die Überwachung der gesamten geistigen und weltanschaulichen Schulung und Erziehung der NSDAP". Dem tönenden Titel entsprachen jedoch keine bedeutenden Lenkungsbefugnisse. Stärkere politische Wirkungsmöglichkeiten erhielt er erst 1941 als Reichsminister für die besetzten Ostgebiete sowie durch seinen *Einsatzstab Reichsleiter Rosenberg,* der den von ihm befehligten Kunstraub in den besetzten Gebieten durchführte. Für die in diesem Zusammenhang und in Osteuropa begangenen Verbrechen wurde *Rosenberg* im Nürnberger Prozeß verantwortlich gemacht, zum Tode verurteilt und am 16. 10. 1946 hingerichtet.

Schauwecker, Franz, vorwiegend Erzähler, wurde am 26. 3. 1890 in Hamburg als Sohn eines Zollbeamten geboren. Er studierte Geschichte, Kunstgeschichte und Germanistik in München, Berlin und Göttingen. Am ersten Weltkrieg nahm er als Kompanieführer teil und wurde zweimal verwundet. Nach dem Krieg lebte er als freier Schriftsteller und – vorübergehend – als Redakteur in Berlin. *Schauwecker* war ein entschiedener Gegner der Weimarer Republik, politisch schloß er sich den Nationalrevolutionären an. Bestimmend für seine schriftstellerische Tätigkeit wurde das Kriegserlebnis, das auch im Hintergrund seines wichtigsten Romans *Aufbruch der Nation* (1929) steht. Dieser Roman hatte starke politische Wirkung, sein Titel wurde wie *Zöberleins Glaube an Deutschland* und *Grimms Volk ohne Raum* zum propagandistischen Schlagwort des Nationalsozialismus. *Schauwecker* lebt heute in Günzburg/Donau.

Schirach, Baldur von, wurde am 9. 5. 1907 in Berlin geboren. Sein Vater war Offizier und später Theater-Intendant in Weimar und Wiesbaden. *Schirach* wurde 1924 noch als Schüler Mitglied der NSDAP. Er studierte Germanistik und Kunstgeschichte in München; während seines Studiums betätigte er sich aktiv für die NSDAP und war maßgeblich am Aufbau der nationalsozialistischen Hochschulbewegung beteiligt. 1928 wurde er Leiter des *Nationalsozialistischen Deutschen Studentenbunds.* Zwischen 1930 und 1940 führte *Schirach* die *Hitler-Jugend,* zunächst als Reichsjugendführer der NSDAP, dann nach dem Gesetz über die HJ vom 1. 12. 1936 als Jugendführer des Deutschen Reiches mit der Stellung einer Obersten Reichsbehörde. Innerhalb der HJ entfaltete *Schirach* rege Tätigkeit auf kulturellem Gebiet, bei der Lenkung dieses Bereichs arbeitete sein Kulturamt eng mit dem Kulturamt in *Goebbels' Reichspropagandaleitung* zusammen. *Schirach* schrieb selbst Gedichte, hauptsächlich Panegyrici auf den Führer. 1938 erhielt er den Nationalen Buchpreis für die Herausgabe der Gedichtsammlung *Das Lied der Getreuen.* Ab 1940 war *Schirach* Reichsstatthalter und Gauleiter der NSDAP in Wien. Außerdem hatte er folgende Ämter inne: Mitglied des Reichstags, Mitglied des Reichskultursenats in der Reichskulturkammer, Mitglied der Arbeitskammer, Mitglied der Akademie für Deutsches Recht. 1946 wurde *Schirach* im Nürnberger Prozeß wegen Verbrechen gegen die Menschlichkeit zu 20 Jahren Gefängnis verurteilt; 1966 wurde er entlassen.

Schumann, Gerhard, schrieb hauptsächlich Gedichte und chorische Dichtungen. Er wurde am 14. 2. 1911 als Sohn eines Studienrats in Eßlingen/Neckar geboren, besuchte die evangelisch-theologischen Seminare in Schöntal und Urach und studierte seit 1930 an der Universität Tübingen Germanistik, Philosophie, Geschichte und Anglistik. Gleichzeitig begann er sich für den Nationalsozialismus zu betätigen. Rasch stieg er innerhalb des Nationalsozialistischen Deutschen Studentenbunds bis zum Landesführer auf, innerhalb der SA bis zum Standartenführer und Führer des SA-Hochschulamts. Sein Studium brach er ab; 1934 wurde er als Hochschulverbindungsführer nach Stuttgart versetzt. In Stuttgart bekleidete *Schumann* ab 1935 die weiteren Ämter des Kulturreferenten des Reichspropagandaamtes Württemberg sowie des Gaukulturhauptstellenleiters im Gaupropagandaamt Württemberg. Von *Goebbels* wurde er in den Präsidialrat der Reichsschrifttumskammer und in den Reichskultursenat in der Reichskulturkammer berufen. 1936 wurde er Mitglied des Kulturkreises der SA und Kulturreferent der SA-Gruppe Süd-West, deren Stab er zunächst als Standartenführer, später als Oberführer angehörte. Im selben Jahr wurde er außerdem Mitarbeiter des Kulturamts in der Reichsjugendführung. 1935 erhielt *Schumann* den Schwäbischen Dichterpreis und 1936 den Nationalen Buchpreis. 1938 holte ihn *Goebbels* nach Berlin als Leiter der Gruppe *Schriftsteller* in der Reichsschrifttumskammer. Nach zweijährigem Kriegsdienst wurde er 1942 Chefdramaturg des Württembergischen Staatstheaters in Stuttgart, später stellvertretender Generalintendant. Nach dem Krieg war er vorübergehend Geschäftsführer des *Europäischen Buchklubs* in Stuttgart. *Schumann* lebt in Bodmann am Bodensee und führt dort den von ihm gegründeten Hohenstaufenverlag.

Waggerl, Karl Heinrich, Erzähler und Lyriker, wurde am 10. 12. 1897 als Sohn eines Zimmermanns in Bad Gastein geboren. Er besuchte das Lehrerseminar in Salzburg. Am ersten Weltkrieg nahm er als Offizier teil, bis 1920 war er in italienischer Kriegsgefangenschaft. Seither lebt er in Wagrain bei Salzburg. Den Plan, Lehrer zu werden, gab er auf. Zunächst übte er verschiedene kunsthandwerkliche Tätigkeiten aus, dann begann er zu schreiben. Seine Anfänge standen stark unter dem Einfluß *Knut Hamsuns,* deutlich zu spüren in seinem Roman *Brot* (1930), der ihn bekannt machte. 1937 erhielt *Waggerl* den österreichischen Staatspreis, 1943 den Kulturpreis der Stadt Salzburg. Während des Kriegs war er vorübergehend Bürgermeister von Wagrain. 1957 wurde ihm der Adalbert-Stifter- Literaturpreis verliehen. *Waggerl* war kein Nationalsozialist; er ist ein eher unpolitischer Schriftsteller. Sein Antiintellektualismus jedoch, um nicht zu sagen seine Geistfeindlichkeit, seine Ablehnung der ‚journalistischen‘ Literatur und seine Vorliebe für das einfache und unreflektierte bäuerliche Leben brachten ihn trotz seines Katholizismus in unmittelbare Nähe zu einigen zentralen nationalsozialistischen Literaturideologemen.

Wehner, Josef Magnus, vorwiegend Erzähler, wurde am 14. 11. 1891 als Sohn eines Volksschullehrers in Bermbach (Rhön) geboren. Er studierte in Jena und München Philologie. 1914 meldete er sich als Kriegsfreiwilliger; 1916 wurde er bei Verdun schwer verwundet. Seit dem ersten Weltkrieg lebt er in München. Während der zwanziger Jahre war *Wehner* Redakteur bei der *Münchner Zeitung*, ab 1931 Theaterkritiker bei den *Münchener Neuesten Nachrichten;* zugleich betätigte er sich als freier Schriftsteller. 1928 erhielt er den Dichterpreis der Stadt München. 1930 erschien sein Kriegsroman *Sieben vor Verdun*, der ihn berühmt machte und der von der nationalsozialistischen Literaturkritik und Literaturwissenschaft als bestes Verdun-Buch und exemplarischer Roman über den ersten Weltkrieg gerühmt wurde. 1933 wurde *Wehner* in die neu organisierte ‚Deutsche Akademie der Dichtung‘ berufen. Nach 1945 veröffentlichte er neben einem Roman und Gedichten mehrere Mysterienspiele.

Bibliographie

Erster Teil: Texte

In der folgenden Auswahlbibliographie sind theoretische Schriften aufgenommen sowie einzelne dichterische Hauptwerke.

Benn, Gottfried, Antwort an die literarischen Emigranten, in: Deutsche
              Allgemeine Zeitung, Berlin, 25. 5. 1933, S. 1–2
              Der neue Staat und die Intellektuellen, Stuttgart
              1933
              Kunst und Macht, Stuttgart u. Berlin 1934
              Doppelleben. Zwei Selbstdarstellungen, Wiesbaden
              1950
              Gesammelte Werke in vier Bänden, Wiesbaden 1958–
              1961
Blunck, Hans Friedrich, Werdendes Volk. Die Romane der Niederdeut-
              schen Trilogie. Stelling Rotkinnsohn, Hein Hoyer,
              Berend Fock, München 1934; Erstausgaben der einzl.
              Teile: München 1922–1924
              Die Urvätersaga, Jena 1934; Erstausgaben der einzl.
              Teile der Romantrilogie: Gewalt über das Feuer. Eine
              Sage von Gott und Mensch, Jena 1928, Kampf der
              Gestirne, Jena 1926, Streit mit den Göttern. Die Ge-
              schichte Welands des Fliegers, München 1926
              Volkstum und Dichtung, in: Des deutschen Dichters
              Sendung in der Gegenwart, Hrsg. Heinz Kinder-
              mann, Leipzig 1933, S. 180–205
              Deutsche Kulturpolitik, München 1934
              Mein Leben. Einige Aufzeichnungen, Berlin 1934
              Gesammelte Werke, 10 Bde., Hamburg 1937
Böhme, Herbert, Des Blutes Gesänge. Gedichte, München 1934

Junge deutsche Dichtung, in: Der Deutsche Student,
2. Jg., 1934, S. 632–635
(Hrsg.), Rufe in das Reich. Die heldische Dichtung
von Langemarck bis zur Gegenwart, Berlin 1934
Der eherne Ruf. Chorsprechen oder Sprechchor? Spre-
cher oder Rufer? in: Das Deutsche Volksspiel, 2. Jg.,
1934/35, S. 199–201
Bekenntnisse eines jungen Deutschen, München 1935
Gesänge unter der Fahne. Vier Kantaten, München
1935
Das deutsche Gebet, München 1936
Kampf und Bekenntnis. Gedichte, München 1937
Deutsche Dichtung der Gegenwart, in: Deutsche Kul-
tur im Leben der Völker, 14. Jg., 1939, S. 421–424
Bekenntnisse eines freien Mannes, München 1960
Ordnung der Werte. Reden, Aufsätze, Bekenntnisse,
München 1967

Burte, Hermann, Wiltfeber, der ewige Deutsche. Die Geschichte eines
Heimatsuchers, Leipzig 1912
Anker am Rhein. Eine Auswahl neuer Gedichte, Leip-
zig 1938
Deutsche Sendung des Wortes und der Letter, in:
Deutsche Kultur im Leben der Völker, 17. Jg., 1942,
S. 401–416
Sieben Reden, Straßburg 1943
Das Heil im Geiste, Offenburg 1953

Ernst, Paul, Ein Credo, Berlin 1912
Gesammelte Werke, 15 Bde., München 1916–1922
Geist, werde wach! Ein Aufruf zur Revolution, Mün-
chen 1921
Das Kaiserbuch. Ein Epos in drei Teilen, München
[Ebersberg] 1923–1928
Jünglingsjahre, München 1931
Das deutsche Volk und der Dichter von heute, in: Des
deutschen Dichters Sendung in der Gegenwart, Hrsg.
Heinz Kindermann, Leipzig 1933, S. 19–28
Tagebuch eines Dichters, Hrsg. Karl August Kutz-
bach, München 1934
Gesammelte Werke, München 1928 ff.

Gmelin, Otto, Temudschin, der Herr der Erde. Roman, Jena 1925
Konradin reitet, Leipzig 1933
Frühling in Deutschland, Schriften an die Nation, Bd.
50, Oldenburg 1933
Der Dichter und die Wiedergeburt des Volkes, in:

Des deutschen Dichters Sendung in der Gegenwart, Hrsg. Heinz Kindermann, Leipzig 1933, S. 158–165

Germanenzug, Deutsche Reihe, Bd. 19, Jena 1934

Goebbels, Joseph, Wege ins dritte Reich. Briefe und Aufsätze für Zeitgenossen, München 1927

„Goebbels spricht." Reden aus Kampf und Sieg, Oldenburg 1933

Signale der neuen Zeit. 25 ausgewählte Reden, München 1934

Vom Kaiserhof zur Reichskanzlei. Eine historische Darstellung in Tagebuchblättern, München 1934

Michael. Ein deutsches Schicksal in Tagebuchblättern, München 1935

Der Angriff. Aufsätze aus der Kampfzeit, München 1935

Die Zeit ohne Beispiel. Reden und Aufsätze aus den Jahren 1939/40/41, München 1941

Das eherne Herz. Reden und Aufsätze aus den Jahren 1941/42, München 1943

Goebbels Tagebücher aus den Jahren 1942–43, mit anderen Dokumenten hrsg. v. Louis P. Lochner, Zürich 1948

Das Tagebuch, 1925/26. Mit weiteren Dokumenten hrsg. v. Helmut Heiber, Stuttgart 1960

Hitler, Adolf, Mein Kampf, 2 Bde., München 1925–1927

Rede auf der Kulturtagung des Reichsparteitags der NSDAP 1933 in Nürnberg, in: Nürnberg 1933. Der erste Reichstag der geeinten deutschen Nation, Berlin 1933, S. 84–90

Adolf Hitlers Reden, Hrsg. Ernst Boepple, München 1934

Reden des Führers am Parteitag Großdeutschland 1938, München 1938

Hitlers zweites Buch. Ein Dokument aus dem Jahr 1928. Eingel. u. komm. v. Gerhard L. Weinberg. Mit e. Geleitw. v. Hans Rothfels, Stuttgart 1961

Reden des Führers. Politik und Propaganda Adolf Hitlers 1922–1945, Hrsg. Erhard Klöss, dtv-dokumente, Nr. 436, München 1967

Johst, Hanns, Der junge Mensch. Ein ekstatisches Szenarium, München 1916

Propheten. Schauspiel, München 1922

Wissen und Gewissen, Essen 1924

Thomas Paine. Schauspiel, München 1927

Ich glaube! Bekenntnisse, München 1928
Standpunkt und Fortschritt, Oldenburg 1933
Schlageter. Schauspiel, München 1933
Maske und Gesicht. Reise eines Nationalsozialisten
von Deutschland nach Deutschland, München 1935
Der Dichter in der Zeit. Zum Kriegsdichtertreffen
1940, in: Die Dichtung im Kampf des Reiches. Wei-
marer Reden 1940, Hamburg 1941, S. 11–14

Jünger, Ernst,　In Stahlgewittern. Aus dem Tagebuch eines Stoß-
truppführers, Leipzig 1920
Der Kampf als inneres Erlebnis, Berlin 1922
Feuer und Blut. Ein kleiner Ausschnitt aus einer gro-
ßen Schlacht, Magdeburg 1925
Die totale Mobilmachung, Berlin 1931
Der Arbeiter. Herrschaft und Gestalt, Hamburg 1932
Auf den Marmorklippen, Hamburg 1939
Strahlungen, Tübingen 1949
Der Waldgang, Frankfurt a. M. 1951
Werke, 10 Bde., Stuttgart 1960–1965

Kolbenheyer, Erwin Guido, Die Kindheit des Paracelsus, München 1917
Das Gestirn des Paracelsus, München 1922
Das dritte Reich des Paracelsus, München 1925
Die Bauhütte. Elemente einer Metaphysik der Gegen-
wart, München 1925, neue Fassg. u. d. T.: Die Bau-
hütte. Grundzüge einer Metaphysik der Gegenwart,
München 1940
Stimme. Eine Sammlung von Aufsätzen, München
1931
Unser Befreiungskampf und die deutsche Dichtkunst.
Rede, gehalten an deutschen Hochschulen im Früh-
jahr 1932, München 1932
Lebenswert und Lebenswirkung der Dichtkunst in ei-
nem Volke, in: Des deutschen Dichters Sendung in
der Gegenwart, Hrsg. Heinz Kindermann, Leipzig
1933, S. 80–106
Philosophie der Bauhütte, Wien 1952
Gesamtausgabe der Werke letzter Hand, 14 Bde., Lü-
denscheid 1956–1968

Langenbeck, Curt, Über Sinn und Aufgabe der Tragödie in unserer
Epoche, in: Völkische Kultur, 3. Jg., 1935, S. 241–
252
Heinrich VI. Deutsche Tragödie, München 1936
Der Hochverräter. Tragisches Schauspiel, München
1938

Wiedergeburt des Dramas aus dem Geist der Zeit, in:
Das Innere Reich, 6. Jg., 1939/40, S. 923–957
Tragödie und Gegenwart. Die Rede des Trägers des
Rheinischen Literaturpreises, München 1940
Das Schwert. Tragisches Drama, München 1940
Alexander. Tragödie, Berlin 1942
Möller, Eberhard Wolfgang, Douaumont oder die Heimkehr des Sol-
daten Odysseus. Sieben Szenen, Berlin 1929
Die Wendung des deutschen Theaters. Ein Aufriß
zum Spiel auf Thingplätzen, in: Das Deutsche Volks-
spiel, 1. Jg., 1933/34, S. 147–152
Rothschild siegt bei Waterloo. Ein Schauspiel, Berlin
1934
Berufung der Zeit. Kantaten und Chöre, Berlin 1935
Das Frankenburger Würfelspiel, Berlin 1936
Dichtung und Dichter im nationalsozialistischen Staat,
in: Völkische Kultur, 4. Jg., 1936, S. 5–10
Der Führer. Das Weihnachtsbuch der deutschen Ju-
gend, Hrsg. Baldur v. Schirach, München 1938
Paul Ernst als Gesetzgeber, in: Wille und Macht, 6.
Jg., 1938, H. 9, S. 2–9
Wiederauferstehung einer Großmacht. Das Theater
als Verkünder deutschen Geistes, in: Wille und Macht,
6. Jg., 1938, H. 12, S. 1–10
Zur Frage der Dramaturgie Paul Ernsts, in: Jahrbuch
der Paul-Ernst-Gesellschaft, 1939, S. 297–304
Rosenberg, Alfred, Der Mythus des 20. Jahrhunderts. Eine Wertung
der seelisch-geistigen Gestaltenkämpfe unserer Zeit,
München 1930
Blut und Ehre. Ein Kampf für deutsche Wiederge-
burt. Reden und Aufsätze von 1919–1933, Hrsg.
Thilo v. Trotha, München 1934
Revolution in der bildenden Kunst? München 1934
Kampf um die Macht. Aufsätze von 1921–1932, Hrsg.
Thilo v. Trotha, München 1937
Verteidigung des deutschen Kulturgedankens. Reden
auf dem Reichsparteitag 1938, München 1939
Deutsche und europäische Geistesfreiheit, München
1944
Das politische Tagebuch Alfred Rosenbergs 1934/35
und 1939/40, Hrsg. Hans-Günther Seraphim, Göttin-
gen 1956, 2. Aufl. dtv-dokumente, Nr. 219, Mün-
chen 1964
Schauwecker, Franz, Aufbruch der Nation. Roman, Berlin 1930

Ein Dichter und die Zukunft, in: Des deutschen Dichters Sendung in der Gegenwart, Hrsg. Heinz Kindermann, Leipzig 1933, S. 218–228

Kleine Auswahl aus den Schriften, Hrsg. Harald Kaesberger, Bielefeld u. Leipzig 1933

Die Entscheidung. Schauspiel, Berlin 1933

Schirach, Baldur v., Die Feier der neuen Front. Gedichte, München 1929

(Hrsg.), Die Fahne der Verfolgten. Gedichte, Berlin 1933

(Hrsg.), Das Lied der Getreuen. Verse ungenannter österreichischer Hitler-Jugend aus den Jahren der Verfolgung 1933–37, Leipzig 1938

Vom musischen Menschen, in: Wille und Macht, 6. Jg., 1938, H. 13, S. 1–12

Die Jugend im Theater, in: Wille und Macht, 6. Jg., 1938, H. 22, S. 5–9

Zwei Reden zur deutschen Kunst, Weimar 1941

Ich glaubte an Hitler, Hamburg 1967

Schumann, Gerhard, Die Lieder vom Reich, München 1935

Siegendes Leben. Dichtungen für eine Gemeinschaft, Oldenburg 1935

Wir aber sind das Korn. Gedichte, München 1936

Heldische Feier, München 1936

Wir dürfen dienen, München 1937

Entscheidung. Schauspiel, München 1938

Gedichte und Kantaten, München 1940

Krieg – Bericht und Dichtung, in: Deutsche Kultur im Leben der Völker, 17. Jg., 1942, S. 389–400

Ruf und Berufung. Aufsätze und Reden, München 1943

Waggerl, Karl Heinrich, Brot. Roman, Leipzig 1930

Unsere Meinung, in: Die neue Literatur, 33. Jg., 1932, S. 242 f.

Dichtung und Journalismus, in: Des deutschen Dichters Sendung in der Gegenwart, Hrsg. Heinz Kindermann, Leipzig 1933, S. 254–256

Mütter. Roman, Leipzig 1935

Eine Lanze für mich, Berlin 1940

Sämtliche Werke, 2 Bde., Salzburg 1970

Wehner, Josef Magnus, Sieben vor Verdun. Ein Kriegsroman, München 1930

Das unsterbliche Reich. Reden und Aufsätze, München 1933

Der Dichter und sein Volk. Kleine Rede im Goethe-

jahr, in: Des deutschen Dichters Sendung in der Gegenwart, Hrsg. Heinz Kindermann, Leipzig 1933, S. 229–235
Bekenntnis zur Zeit. Ansprachen an die deutschen Menschen, Köln 1940
Vom Glanz und Leben deutscher Bühne. Eine Münchner Dramaturgie. Aufsätze und Kritiken 1933–1941, Hamburg 1944

Zweiter Teil: Kritik und Forschung

1. Vor 1945 in Deutschland erschienene Literatur

Bach, Rudolf, Das Wesen des Sprech- und Bewegungschores, in: Völkische Kultur, 2. Jg., 1934, S. 213–217

Bartels, Adolf, Geschichte der deutschen Literatur, 2 Bde., Leipzig 1901–1902, 5./6. Aufl. 1909; 7./8. Aufl. = Ausgabe in 1 Bd., Braunschweig 1919; große Ausgabe in 3 Bänden Leipzig 1924–1928; 16., stark veränderte Aufl. in 1 Bd., Braunschweig 1937, 19. Aufl. 1943
Jüdische Herkunft und Literaturwissenschaft, eine gründliche Erörterung, Leipzig 1925
Einführung in das deutsche Schrifttum. Für junge Buchhändler und andere junge Deutsche. In 52 Briefen, Leipzig 1932, 2. verbesserte Aufl. u. d. T. Einführung in das deutsche Schrifttum für deutsche Menschen. In 52 Briefen, Leipzig 1933

Barthel, Ludwig Friedrich, Hanns Johst, in: Das Innere Reich, 6. Jg., 1939/40, S. 26–37

Bertram, Ernst, Deutsche Gestalten. Fest- und Gedenkreden, Leipzig 1934
Worte in einer Werkstatt. Von Wesen und Zukunft unsres Gedichts, Mainz 1938

Biermer, Lily, Karl Heinrich Waggerl (mit Bibliographie), in: Die Neue Literatur, 36. Jg., 1935, S. 316–323

Cysarz, Herbert, Zur Geistesgeschichte des Weltkriegs. Die dichterischen Wandlungen des deutschen Kriegsbilds 1910–1930, Halle 1931
Dichtung im Daseinskampf. Fünf Vorträge, Karlsbad-Drahowitz u. Leipzig 1935
Weltbild und Forschungslage der deutschen Geisteswissenschaften, Jena u. Leipzig 1940

Das deutsche Schicksal im Deutschen Schrifttum. Ein Jahrtausend Geisteskampf um Volk und Reich, Leipzig 1942

Erckmann, Rudolf, Gerhard Schumann, München 1938

Fechter, Paul,   Dichtung der Deutschen. Eine Geschichte der Literatur unseres Volkes von den Anfängen bis zur Gegenwart, Berlin 1932

Die Auswechslung der Literaturen, in: Deutsche Rundschau, 59. Jg., 1933, S. 120–122

Geschichte der deutschen Literatur, Berlin 1941

Fischer, Kurt,   Herbert Böhme, München 1937

Franke, Hans,   Hanns Johst (mit Bibliographie), in: Die Neue Literatur, 36. Jg., 1935, S. 459–466

Frenzel, Herbert A., Eberhard Wolfgang Möller, München 1938

Gerlach-Bernau, Kurt, Drama und Nation. Ein Beitrag zur Wegbereitung des nationalsozialistischen Dramas, Breslau 1934

Gumbel, Hermann, Betrachtungen über Kolbenheyer, seinen Geschichtsroman und seine Philosophie, in: Dichtung und Volkstum, N. F. des Euphorion, 36. Jg., 1935, S. 436–457

Jenssen, Christian, Deutsche Dichtung der Gegenwart, Leipzig 1936

Kindermann, Heinz (Hrsg.), Des deutschen Dichters Sendung in der Gegenwart, Leipzig 1933

Junge Dichtergeneration in Front. Ein Bericht, in: Völkische Kultur, 3. Jg., 1935, S. 33–36

Vom werdenden Bild der Gegenwartsdichtung, in: Völkische Kultur, 3. Jg., 1935, S. 132–137

Geist und Gestalt der deutschen Gegenwartsdichtung, in: Zeitschrift für deutsche Bildung, 11. Jg., 1935, S. 192–202

Die deutsche Gegenwartsdichtung im Aufbau der Nation, Berlin 1935

Dichtung und Volkheit. Grundzüge einer neuen Literaturwissenschaft, Berlin 1937

Der großdeutsche Gedanke in der Dichtung, Münster 1941

Kampf um die deutsche Lebensform. Reden und Aufsätze über die Dichtung im Aufbau der Nation, Wien 1944

Kluckhohn, Paul, Die konservative Revolution in der Dichtung der Gegenwart, in: Zeitschrift für deutsche Bildung, 9. Jg., 1933, S. 177–190

Koch, Franz,   Geschichte der deutschen Dichtung, Hamburg 1937

Dichtung und Glaube, Berlin 1940

Kullack, Max,   Heroische Weltanschauung im geschichtlichen Roman der Gegenwart (Otto Gmelin), in: Zeitschrift für Deutschkunde, 48. Jg., 1934, S. 163–169

Kutzbach, Karl A., Paul Ernsts Dramen, in: Die Neue Literatur, 34. Jg., 1933, S. 314–329

Langenbucher, Hellmuth, Volkhafte Dichtung der Zeit, Berlin 1933, 2. erw. Aufl. 1935, 3. völlig neu gefaßte Aufl. 1937, 5. erg. u. erw. Aufl. 1940, 6. Aufl. 1941
Nationalsozialistische Dichtung. Einführung und Übersicht, Berlin 1935
Dichtung der jungen Mannschaft. Betrachtungen zur deutschen Dichtung der Gegenwart, Hamburg 1935
Deutsche Dichtung in Vergangenheit und Gegenwart. Eine Einführung mit ausgewählten Textproben, Berlin 1937, 2. Aufl. 1939, 3. Aufl. 1941
Die deutsche Gegenwartsdichtung. Eine Einführung in das volkhafte Schrifttum unserer Zeit, Berlin 1939

Lehmann, Kurt, E. G. Kolbenheyer (mit Bibliographie), in: Die Neue Literatur, 40. Jg., 1939, S. 1–12

Lennartz, Franz, Die Dichter unserer Zeit. Einzeldarstellungen zur deutschen Dichtung der Gegenwart, 4. Aufl. Stuttgart 1941

Leyen, Friedrich von der, Deutsche Dichtung in neuer Zeit, 2. veränderte Aufl. Jena 1927

Linden, Walther, Aufgaben einer nationalen Literaturwissenschaft, München 1933
Volkhafte Dichtung von Weltkrieg und Nachkriegszeit, in: Zeitschrift für Deutschkunde, 48. Jg., 1934, S. 1–22
Die völkische Lyrik unserer Zeit. Von George bis zur jüngsten nationalsozialistischen Dichtung, in: Zeitschrift für Deutschkunde, 49. Jg., 1935, S. 441–457
Arteigene Dichtung unserer Zeit, Leipzig 1935
Gerhard Schumann (mit Bibliographie), in: Die Neue Literatur, 37. Jg., 1936, S. 570–578
Paul Ernst. Das dichterische Werk, in: Zeitschrift für Deutschkunde, 50. Jg., 1936, S. 209–227
Geschichte der deutschen Literatur von den Anfängen bis zur Gegenwart, Leipzig 1937, 4. Aufl. 1942

May, Franz Engelbert, Neue deutsche Literaturgeschichte. Vom Aufbruch des deutschen Schrifttums der Gegenwart, Leipzig 1934

Müllenbach, Herbert, Kleine Einführung in die deutsche Dichtung der Gegenwart, Leipzig 1934

Mulot, Arno,   Die deutsche Dichtung unserer Zeit, Teil I, 1: Das
Bauerntum in der deutschen Dichtung unserer Zeit,
Teil I, 2: Der Soldat in der deutschen Dichtung unserer Zeit, Teil I, 3: Der Arbeiter in der deutschen
Dichtung unserer Zeit, Teil II, 1: Das Reich in der
deutschen Dichtung unserer Zeit, Teil II, 2: Das Volk
in der deutschen Dichtung unserer Zeit, Teil II, 3:
Welt- und Gottschau in der deutschen Dichtung unserer Zeit, Stuttgart 1937–1943, 2. erw. Aufl. in 1 Bd.
1944

Nadler, Josef,   Literaturgeschichte der deutschen Stämme und Landschaften, 4 Bde., Regensburg 1912–1928, 3. Aufl.
1929–1932
Literaturgeschichte des deutschen Volkes. Dichtung
und Schrifttum der deutschen Stämme und Landschaften, 4., völlig neu bearbeitete Aufl., 4 Bde., Berlin 1938–1941
Buchhandel, Literatur und Nation in Geschichte und
Gegenwart, Berlin 1932

Naumann, Hans, Die deutsche Dichtung der Gegenwart, Stuttgart
1923, 6. (veränderte) Aufl. 1933

Petersen, Julius, Geschichtsdrama und nationaler Mythos. Grenzfra-
gen zur Gegenwartsform des Dramas, Stuttgart 1940

Pongs, Hermann,   Krieg als Volksschicksal im deutschen Schrifttum.
Ein Beitrag zur Literaturgeschichte der Gegenwart,
Stuttgart 1934, erweiterter Abdruck aus: Dichtung
und Volkstum, N. F. des Euphorion, 35. Jg., 1934,
S. 40–86, S. 182–219
Langenbecks „Tragisches Drama": „Das Schwert", in:
Dichtung und Volkstum, N. F. des Euphorion, 41.
Jg., 1941, S. 43–64

Schmitt, Ludwig Erich, Lehmann, Ernst u. Haueis, Albert, Geschichte
der deutschen Literatur von den Anfängen bis zur
Gegenwart, Leipzig 1937

Schneider, Wilhelm, Die auslandsdeutsche Dichtung unserer Zeit, Berlin 1936

Soergel, Albert,   Dichtung und Dichter der Zeit, 3. Folge: Dichter aus
deutschem Volkstum, Leipzig 1934

Trunz, Erich,   Tatsachendichtung und Weihedichtung, in: Zeitschrift
für deutsche Bildung, 11. Jg., 1935, S. 545–551
Arbeitertum und Dichtung, in: Hochschule und Aus-
land, 13. Jg., 1935, H. 8, S. 40–54, H. 9, S. 48–62
Deutsche Dichtung der Gegenwart. Eine Bildnisreihe,
Berlin 1937

Kolbenheyers Roman der deutschen Mystik, in: Das
Innere Reich, 5. Jg., 1938/39, S. 817–829
Vetterlein, Hans, Kolbenheyer-Bibliographie, in: Dichtung und Volks-
tum, N. F. des Euphorion, 40. Jg., 1939, S. 94–109
Wandrey, Conrad, Kolbenheyer. Der Dichter und der Philosoph, Mün-
chen 1934

2. 1933–1945 im Ausland erschienene Literatur

Atkins, Henry Gibson, German Literature Through Nazi Eyes, London
1941
Bithell, Jethro, Modern German Literature 1880–1938, London 1939,
3. revid. Aufl. (1880–1950) 1959
Burke, Kenneth, The Rhetoric of Hitler's „Battle", in: The Southern
Review, V, 1, 1939, S. 1–21, Übs.: Die Rhetorik in
Hitlers „Mein Kampf", in: Die Rhetorik in Hitlers
„Mein Kampf" und andere Essays zur Strategie der
Überredung, Frankfurt a. M. 1967, S. 7–34
Döblin, Alfred, Die deutsche Literatur (im Ausland seit 1933). Ein
Dialog zwischen Politik und Kunst, Schriften zu die-
ser Zeit I, Science et Littérature, Paris 1938
Eidem, Odd, Diktere i landflyktighed, Oslo 1937
Marcuse, Herbert, Der Kampf gegen den Liberalismus in der totalitä-
ren Staatsauffassung, in: Zeitschrift für Sozialfor-
schung, III/2, Paris 1934, Reprint in: ders., Kultur
und Gesellschaft I, Frankfurt a. M. 1965, S. 17–55
Rauschning, Hermann, The Conservative Revolution, New York 1941
Reich, Wilhelm, Massenpsychologie des Faschismus. Zur Sexualökono-
mie der politischen Reaktion und zur proletarischen
Sexualpolitik, Kopenhagen, Prag, Zürich 1933
Roger-Henrichsen, Gudmund, To slags tysk Litteratur. Introduktion
til det tredje Riges Litteratur og Emigrantlitteratu-
ren, Kopenhagen 1937
Voegelin, Erich, Die politischen Religionen, Schriftenreihe ‚Ausblicke‘,
Nr. 12, Wien 1938, 2. Aufl. Stockholm 1939

3. Nach 1945 erschienene Literatur

3.1 Dokumentationen

Gilman, Sander L., NS-Literaturtheorie. Eine Dokumentation. Mit
einem Vorwort von Cornelius Schnauber, Frankfurt
a. M. 1971

Jens, Inge, Dichter zwischen rechts und links. Die Geschichte der Sektion für Dichtkunst der Preußischen Akademie der Künste, dargestellt nach den Dokumenten, München 1971

Loewy, Ernst, Literatur unterm Hakenkreuz. Das Dritte Reich und seine Dichtung. Eine Dokumentation mit einem Vorwort von Hans-Jochen Gamm, Frankfurt a. M. 1966, 2. Aufl. = neu eingerichtete Taschenbuchausgabe, Fischer Bücherei, Nr. 1042, Frankfurt a. M. u. Hamburg 1969

Poliakov, Léon und Wulf, Josef, Das Dritte Reich und seine Denker. Dokumente, Berlin 1959

Wulf, Joseph, Literatur und Dichtung im Dritten Reich. Eine Dokumentation, Kunst und Kultur im Dritten Reich, Bd. 3, Gütersloh 1963, 2. Aufl. rororo-Taschenbuch, Nr. 809–811, 1966
Theater und Film im Dritten Reich. Eine Dokumentation, Kunst und Kultur im Dritten Reich, Bd. 4, Gütersloh 1964, 2. Aufl. rororo-Taschenbuch, Nr. 812–814, 1966

3.2 Zur Geschichte und Ideologie völkisch-nationaler Bewegungen und des Nationalsozialismus

Broszat, Martin, Die völkische Ideologie und der Nationalsozialismus, in: Deutsche Rundschau, 84. Jg., 1958, H. 1, S. 53–68
Der Nationalsozialismus. Weltanschauung, Programm und Wirklichkeit, Stuttgart 1960

Bullock, Alan, Hitler. A Study in Tyranny, London 1952, Übs.: Hitler. Eine Studie über Tyrannei, Düsseldorf 1953, vollständig überarbeitete Neuausg. 1969

Camus, Albert, L'Homme révolté, Gallimard, Paris 1951, Übs.: Der Mensch in der Revolte, Reinbek 1953, rororo-Taschenbuch, Nr. 1216–1217, 1969

Gamm, Hans-Jochen, Der braune Kult. Das Dritte Reich und seine Ersatzreligion. Ein Beitrag zur politischen Bildung, Hamburg 1962

Glaser, Hermann, Das Dritte Reich. Anspruch und Wirklichkeit, Herder-Bücherei, Nr. 92, Freiburg i. Br., Basel, Wien 1961, 4. Aufl. 1963
Spießer-Ideologie. Von der Zerstörung des deutschen Geistes im 19. und 20. Jahrhundert, Freiburg i. Br. 1964

Heer, Friedrich, Der Glaube des Adolf Hitler. Anatomie einer politischen Religiosität, München u. Eßlingen 1968

Kraus, Karl,   Die Dritte Walpurgisnacht, Werke von Karl Kraus, Hrsg. Heinrich Fischer, 1. Bd., München 1952 [geschrieben 1933]

Künneth, Walter, Der große Abfall. Eine geschichtstheologische Untersuchung der Begegnung zwischen Nationalsozialismus und Christentum, Hamburg 1947

Lukács, Georg,   Die Zerstörung der Vernunft, Georg Lukács Gesamtausgabe, Bd. 9, Neuwied u. Berlin 1962
Von Nietzsche bis Hitler oder Der Irrationalismus und die deutsche Politik, (Auswahl aus: Die Zerstörung der Vernunft), Fischer Bücherei, Nr. 784, Frankfurt a. M. u. Hamburg 1966

Mohler, Armin,   Die konservative Revolution in Deutschland 1918–1932. Grundriß ihrer Weltanschauungen, Stuttgart 1950

Nolte, Ernst,   Der Faschismus in seiner Epoche. Die Action française – Der italienische Faschismus – Der Nationalsozialismus, München 1963

Pross, Harry,   Vor und nach Hitler. Zur deutschen Sozialpathologie, Olten u. Freiburg i. Br. 1962

Schwedhelm, Karl (Hrsg.), Propheten des Nationalismus, München 1969

Sontheimer, Kurt, Antidemokratisches Denken in der Weimarer Republik. Die politischen Ideen des deutschen Nationalismus zwischen 1918 und 1933, München 1962

Voegelin, Eric   Die deutsche Universität und die Ordnung der deutschen Gesellschaft, in: Die deutsche Universität im Dritten Reich. Eine Vortragsreihe der Universität München, München 1966, S. 241–282

Vondung, Klaus, Magie und Manipulation. Ideologischer Kult und politische Religion des Nationalsozialismus, Göttingen 1971

3.3 Zur völkisch-nationalen und nationalsozialistischen Literatur

Berendsohn, Walter A., Die humanistische Front. Einführung in die deutsche Emigranten-Literatur. (Erster Teil: Von 1933 bis zum Kriegsausbruch 1939), Zürich 1946

Berger, Kurt,   Schleichwege zum Chaos. Kleine Studie über nationalsozialistische Lyrik, in: Die Sammlung, 2. Jg., 1946/47, S. 68–81

Geißler, Rolf, Dekadenz und Heroismus. Zeitroman und völkisch-nationalsozialistische Literaturkritik, Schriftenreihe der Vierteljahreshefte für Zeitgeschichte, Bd. 9, Stuttgart 1964

          Dichter und Dichtung des Nationalsozialismus, in: Handbuch der deutschen Gegenwartsliteratur, Hrsg. Hermann Kunisch, München 1965, S. 721–730, 2. verbess. u. erw. Aufl., 3 Bde., 1969–1970, 2. Bd. 1970, S. 409–418

Hamerski, Werner, „Gott" und „Vorsehung" im Lied und Gedicht des Nationalsozialismus, in: Publizistik, 5. Jg., 1960, S. 280–300

Hartung, Günter, Über die deutsche faschistische Literatur, in: Weimarer Beiträge, 14. Jg., 1968, S. 474–542, S. 677–707, Sonderheft 2/1968, S. 121–159

Keller, Ernst,   Nationalismus und Literatur. Langemarck-Weimar-Stalingrad, Bern u. München 1970

Ketelsen, Uwe-Karsten, Heroisches Theater. Untersuchungen zur Dramentheorie des Dritten Reichs, Literatur und Wirklichkeit, Bd. 2, Bonn 1968
          Kunstcharakter als politische Aussage. Zur völkisch-konservativen Literatur des Dritten Reichs, in: Literatur in Wissenschaft und Unterricht, 1969, S. 159–183
          Von heroischem Sein und völkischem Tod. Zur Dramatik des Dritten Reiches, Abhandlungen zur Kunst-, Musik- und Literaturwissenschaft, Bd. 96, Bonn 1970

Lüth, Paul E. H., Literatur als Geschichte. Deutsche Dichtung von 1885 bis 1947, 2 Bde., Wiesbaden 1947

Mendelssohn, Peter de, Der Geist in der Despotie. Versuche über die moralischen Möglichkeiten des Intellektuellen in der totalitären Gesellschaft, Berlin-Grunewald 1953

Muschg, Walter,   Die Zerstörung der deutschen Literatur, Bern 1956, 3. erw. Aufl. 1958

Musil, Robert,   Bücher und Literatur. (Paula Grogger: Das Grimmingtor), in: Musil, Robert, Prosa, Dramen, Späte Briefe, Hamburg 1957, S. 605–613 [Erstveröffentlichung 1926]

Schöne, Albrecht, Über Politische Lyrik im 20. Jahrhundert. Mit einem Textanhang, Göttingen 1965, 2. Aufl. ergänzt durch einen Briefwechsel des Verfassers mit Gerhard Schumann und eine Antwort von Hermann Pongs, 1969

Schonauer, Franz, Deutsche Literatur im Dritten Reich. Versuch einer Darstellung in polemisch-didaktischer Absicht, Olten und Freiburg i. Br. 1961

Soergel, Albert u. Hohoff, Curt, Dichtung und Dichter der Zeit. Vom Naturalismus bis zur Gegenwart, 2 Bde., Düsseldorf 1961–1963

3.4 Zur nationalsozialistischen Kunst- und Literaturpolitik

Brenner, Hildegard, Die Kunstpolitik des Nationalsozialismus, rde,
    Bd. 167/168, Reinbek 1963
Hagemann, Walter, Publizistik im Dritten Reich. Ein Beitrag zur Me-
    thode der Massenführung, Hamburg 1948
Pitsch, Ilse,   Das Theater als politisch-publizistisches Führungsmit-
    tel im Dritten Reich, (Masch. geschr.) Diss., Münster
    1952
Strothmann, Dietrich, Nationalsozialistische Literaturpolitik. Ein Bei-
    trag zur Publizistik im Dritten Reich, Abhandlungen
    zur Kunst-, Musik- und Literaturwissenschaft, Bd. 13,
    Bonn 1960, 2. Aufl. 1963

3.5 Zur Literaturwissenschaft und Literaturkritik im Dritten Reich

Conrady, Karl Otto, Deutsche Literaturwissenschaft und Drittes Reich,
    in: Germanistik – eine deutsche Wissenschaft, Frank-
    furt a. M. 1967, S. 71–109
Dahle, Wendula, Der Einsatz einer Wissenschaft. Eine sprachinhaltliche
    Analyse militärischer Terminologie in der Germani-
    stik 1933–1945, Abhandlungen zur Kunst-, Musik-
    und Literaturwissenschaft, Bd. 71, Bonn 1969
Fest Joachim C., Das Gesicht des Dritten Reiches. Profile einer totali-
    tären Herrschaft, München 1963
Geißler, Rolf, Form und Methoden der nationalsozialistischen Lite-
    raturkritik, in: Neophilologus, 51. Jg., 1967, S. 262–
    277
Lämmert, Eberhard, Germanistik – eine deutsche Wissenschaft, in: Na-
    tionalsozialismus und die deutsche Universität. Uni-
    versitätstage 1966, Veröffentlichung der Freien Uni-
    versität Berlin, Berlin 1966, S. 76–91; erweiterte
    Fassung in: Germanistik – eine deutsche Wissenschaft,
    Frankfurt a. M. 1967, S. 7–41
Wiese, Benno v. u. Henss, Rudolf (Hrsg.), Nationalismus in Germani-
    stik und Dichtung. Dokumentation des Germanisten-
    tages in München vom 17.–22. Oktober 1966, Berlin
    1967
Ziegler, Klaus, Deutsche Sprach- und Literaturwissenschaft im Drit-
    ten Reich, in: Deutsches Geistesleben und National-
    sozialismus. Eine Vortragsreihe der Universität Tü-
    bingen, Tübingen 1965, S. 144–159

Berning, Cornelia, Die Sprache des Nationalsozialismus, in: Zeitschrift für deutsche Wortforschung, 16.–19. Bd. = 1.–4. Bd. NF, 1960–1963, passim
Vom „Abstammungsnachweis" zum „Zuchtwart". Vokabular des Nationalsozialismus, Berlin 1964

Betz, Werner, The National-Socialist Vocabulary, in: The Third Reich, London 1955, S. 784 ff.

Bork, Siegfried, Mißbrauch der Sprache. Tendenzen nationalsozialistischer Sprachregelung, Bern u. München 1970

Frind, Sigrid, Die Sprache als Propagandainstrument des Nationalsozialismus, in: Muttersprache, 76. Jg., 1966, S. 129–135

Klemperer, Victor, LTI (Lingua Tertii Imperii). Notizbuch eines Philogen, Berlin 1946, 2. Aufl. 1949, Taschenbuchausg.: LTI, die unbewältigte Sprache. Aus dem Notizbuch eines Philologen, dtv Nr. 575, München 1969

Polenz, Peter v., Sprachpurismus und Nationalsozialismus. Die „Fremdwort"-Frage gestern und heute, in: Germanistik – eine deutsche Wissenschaft, Frankfurt a. M. 1967, S. 111–165

Seidel, Eugen u. Seidel-Slotty, Ingeborg, Sprachwandel im Dritten Reich, Halle 1961

Sternberger, Dolf; Storz, Gerhard u. Süskind, Wilhelm Emmanuel, Aus dem Wörterbuch des Unmenschen. Neue erweiterte Ausg. mit Zeugnissen des Streites über die Sprachkritik, Hamburg 1968; Erstveröffentlichung in: Die Wandlung, 1.–3. Jg., 1945–1948

Über den Autor

Klaus Vondung, geboren 1941 in Ulm, studierte Germanistik, Geschichte, Politische Wissenschaft und Philosophie in Tübingen und München. 1965 Staatsexamen, 1969 Promotion zum Dr. phil. 1968–1971 wissenschaftlicher Angestellter und Lehrbeauftragter für neuere deutsche Literaturgeschichte an der Universität München. Zur Zeit Forschungstätigkeit an der Stanford University, USA. Veröffentlichungen u. a.: *Magie und Manipulation.* Ideologischer Kult und politische Religion des Nationalsozialismus, Göttingen 1971.

List Taschenbücher der Wissenschaft

Literatur als Geschichte – Dokument und Forschung

Band 1462

Der Literarische Vormärz 1830–1847

Von Wolfgang W. Behrens, Gerhard Bott, Hans Wolf Jäger,
Johannes Weber, Peter Werbick.

Dieser Auswahlband bietet repräsentative Texte von politisch
progressiven, liberalen bis radikal-demokratischen Autoren zwischen 1830 und 1847. Im Mittelpunkt der Textauswahl steht
die Wechselwirkung von gesellschaftlichen Zuständen und literarischen Inhalten und Formen. Dabei wird dokumentiert, wie
sich die Klischees der ablehnenden Haltung gewisser Herr-
schaftsträger gegenüber dem politischen „Selbstbewußtsein" der
Literatur vom Vormärz bis heute erhalten haben.

Band 1463

Christoph Stoll

Sprachgesellschaften im Deutschland des 17. Jahrhunderts

Der vorliegende Sammelband vereinigt eine bis heute fehlende
systematisch gegliederte Sammlung charakteristischer Texte und
Zeugnisse von Mitgliedern dieser Vereinigungen, ergänzt durch
einen Forschungsbericht, der die wissenschaftlichen Auseinandersetzungen mit den Sprachgesellschaften von Gervinus bis in die
Gegenwart kritisch beleuchtet.

List Taschenbücher der Wissenschaft

Literaturwissenschaft

Band 1441

Theodore Ziolkowski

Strukturen des modernen Romans

Deutsche Beispiele und europäische Zusammenhänge.

Ziolkowski, dessen Hermann-Hesse-Buch bereits zu den Standardwerken der Germanistik zählt, erfüllt in seiner neuen Arbeit zwei Aufgaben: einmal bietet er eine Charakteristik des modernen deutschen Romans, wobei er von fünf repräsentativen Beispielen ausgeht: Rilke, Aufzeichnungen des Malte Laurids Brigge; Kafka, Der Prozeß; Th. Mann, Der Zauberberg; Döblin, Berlin-Alexanderplatz; Broch, Die Schlafwandler. Im zweiten Abschnitt werden die in den Einzelinterpretationen gezeigten Motive und Symbole in einen globalen Zusammenhang gebracht.

Band 1442

Marianne Thalmann

Die Romantik des Trivialen

Von Grosses „Genius" bis Tiecks „William Lovell".

Marianne Thalmann hat schon in den zwanziger Jahren auf den Trivialroman des 18. Jahrhunderts und seine Wirkung auf die Romantik hingewiesen; in ihrer neuen Arbeit wagt sie eine Rehabilitierung von Phänomenen, die der l'art pour l'art-Standpunkt nicht zur Kenntnis nimmt. Marianne Thalmanns Einsichten gelten einer Ästhetik des Trivialen.

List Taschenbücher der Wissenschaft

Literaturwissenschaft
Band 1443
Michael Hamburger

Die Dialektik der modernen Lyrik
Von Baudelaire bis zur Konkreten Poesie.

Michael Hamburger vereinigt Theorie und Praxis in einer Person: er liest an englischen und amerikanischen Universitäten über Fragen der Literaturkritik und Literaturwissenschaft, und er schreibt selbst Lyrik. Zwar betont Hamburger, daß sein Buch der Versuch sei, die Voraussetzungen und Funktionen der modernen Lyrik zu klären; faktisch bietet Hamburger aber ein Panorama der europäischen und amerikanischen Lyrik von Baudelaire bis Heißenbüttel. Den poetologischen Aspekt seines Buches betont Hamburger, indem er immer wieder die Dichter über ihre eigenen Dichtungen sprechen läßt.

Band 1445
Eda Sagarra

**Tradition und Revolution – Deutsche Literatur
und Gesellschaft 1830–1890**

Das 19. Jahrhundert ist von der Literaturwissenschaft „wiederentdeckt" worden. Diese Renaissance geht Hand in Hand mit einer Um- und Neubewertung bestimmter Epochen und einzelner Autoren. Eda Sagarra gebührt das Verdienst, erstmals umfassend die politischen und gesellschaftlichen Voraussetzungen der Literatur zwischen 1830 und 1890 in Verbindung mit der Entwicklung dieser Literatur dargestellt zu haben. Der Autorin ist es gelungen, die Grundlagen für eine Sozialgeschichte der deutschen Literatur im 19. Jahrhundert zu schaffen.

List Taschenbücher der Wissenschaft

Literaturwissenschaft

Band 1446

Axel Fritz

Ödön von Horváth als Kritiker seiner Zeit

Axel Fritz, Horváth-Kenner par excellence, hat es sich zum Ziel gesetzt, das dichterische Gesamtwerk Ödön von Horváths unter dem Gesichtspunkt der Zeitkritik einer breiteren Öffentlichkeit vorzustellen. Im ersten Abschnitt wird Horváth als Schriftsteller in seinem Verhältnis zum Zeitgeschehen analysiert. Der zweite Abschnitt behandelt – thematisch gegliedert – die überragende Bedeutung des Zeitgeschehens und der Zeitkritik im Werk Horváths.

Band 1447

Rolf-Dieter Kluge

Vom kritischen zum sozialistischen Realismus
Die literarische Tradition in Rußland 1880–1925.

In der kulturell und historisch bewegten Epoche von 1880 bis in die Mitte der 20er Jahre ist die Sowjetliteratur entstanden. Diesen Zeitraum behandelt Rolf-Dieter Kluge; er weist in seiner Arbeit mit besonderem Nachdruck auf das Weiterwirken einer realistischen Tradition neben den Entwicklungen der literarischen Moderne hin. Eine ausführliche Erörterung der marxistischen Ästhetik sowie der Literaturtheorien von Plechanov und Lenin verleihen dem Band eine Aktualität, die weit über den geisteswissenschaftlichen Bereich hinausragt.

List Taschenbücher der Wissenschaft

Linguistik

Band 1421

Carl Heupel

Taschenwörterbuch der Linguistik

Dieses Taschenlexikon hat die Funktion, durch das Gestrüpp der
Theorien und Schulen der modernen Linguistik zu führen. In
besonderem Maße berücksichtigt der Verfasser auch Grenzge-
biete der Linguistik wie Mengenlehre, Logik, Pragmatik, Psychologie und Soziolinguistik. Heupels Nachschlagewerk trägt
dazu bei, die Linguistik vom Makel einer „Geheimwissenschaft"
zu befreien; es ebnet für Lernende und Lehrende den Weg zu
einer Grunddisziplin der Geisteswissenschaften.

Band 1422

Michael Riffaterre

Strukturale Stilistik

Trotz der Bemühungen eines Charles Bally oder eines Leo Spit-
zer war es der Stilistik bisher nicht gelungen, sich als autonome
wissenschaftliche Disziplin durchzusetzen. Ausgehend von einer
kommunikationstheoretischen Konzeption der Literatur sowie
von empirischen Lektüre- und Rezeptionsdaten erarbeitet Riffaterre Kriterien zur Bestimmung des Faktums Stil.

List Taschenbücher der Wissenschaft

Philosophie

Band 1641

Stephan Körner

Grundfragen der Philosophie

Stephan Körners Arbeit umfaßt den Gesamtraum der Philosophie und berücksichtigt u. a. die Gesellschafts- und Geschichtsphilosophie; sie behandelt jedoch zentral die Probleme der mathematischen Logik, und zwar in einer für den Nicht-Fachmann verständlichen Weise.

Band 1643

Edo Pivčević

Von Husserl zu Sartre

In diesem Buch wird Husserls Entwicklung als Philosoph von seiner frühen Beschäftigung mit „Zahlen" bis hin zu der transzendentalen Phänomenologie seiner Reifejahre herausgearbeitet und grundsätzliche philosophische Grenzen der phänomenologischen Methode – neben der Lebensphilosophie, der Existenzphilosophie, der Ontologie – aufgezeigt.

Band 1642

K. T. Fann

Die Philosophie Ludwig Wittgensteins

Die Wirkung Ludwig Wittgensteins auf die Philosophie der Gegenwart im besonderen, aber auch auf die moderne Geistesgeschichte im allgemeinen sind noch nicht abzusehen. Was ist das absolut Neue dieses Denkens? Wie verhält es sich zur traditionellen Philosophie? Von diesen Fragen geht Professor Fann in seiner gründlichen Untersuchung der Werke Wittgensteins aus.

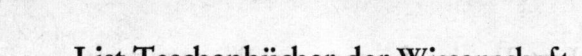

List Taschenbücher der Wissenschaft

Erziehungswissenschaft

Band 1661

Erziehung in der Klassengesellschaft

Einführung in die Soziologie der Erziehung.

Von Johannes Beck, Manfred Clemenz, Franz Heinisch, Ernest Jouhy, Werner Markert, Hermann Müller, Alfred Pressel.

Diese Einführung, von Mitarbeitern der Abteilung für Erziehungswissenschaften an der Frankfurter Universität erstellt, enthält Beiträge zu einer sozialwissenschaftlichen Theorie und Praxis emanzipatorischer Erziehung. Sie richtet sich an alle, die Bedingungen, Ziele und Inhalte gegenwärtiger Erziehung ändern wollen.

Band 1662

Arno Combe

Kritik der Lehrerrolle

Dieses Buch über die Lehrer und die Schule wird zum Kristallisationskern einer Kritik an den Anforderungen der spätkapitalistischen Leistungsgesellschaft, die verhindern, daß die Schule in der gegenwärtigen Gestalt einen gesellschaftlichen Bereich darstellt, wo die Demokratisierung der Gesellschaft vorangetrieben werden kann.

List Taschenbücher der Wissenschaft

Erziehungswissenschaft

Band 1663

Freerk Huisken

Zur Kritik bürgerlicher Didaktik und Bildungsökonomie

Kaum eine der erziehungswissenschaftlichen Disziplinen hat sich in den letzten Jahren in ihren Fragestellungen und Methoden so sehr gewandelt wie die Didaktik. Der Autor untersucht die veränderten Methoden und Fragestellungen in der Didaktik und stellt fest, daß durch die Übernahme des positivistischen Wissenschaftsbegriffs die Didaktik in zunehmendem Maß zu einer Disziplin wird, die uns Techniken zur Lernmaximierung entwirft, ohne nach den gesellschaftlichen Interessen zu fragen.

Band 1664

Karl G. Zenke

Pädagogik – Kritische Instanz der Bildungspolitik?
Zur technischen und emanzipatorischen Relevanz
der Erziehungswissenschaft.

Die vorliegende Arbeit untersucht die Relevanz erziehungswissenschaftlicher Konzeptionen für die Entdeckung, Beschreibung, Analyse und Lösung bildungspolitischer Probleme. Dabei orientiert sich diese Untersuchung zum einen an den – jeweils grundsätzlich möglichen „technischen" Beiträgen der Konzeptionen, sie fragt andererseits nach der „emanzipativen" Relevanz, die für Bildungspolitik im Auftrage des Grundgesetzes, also für eine an Demokratie, Freiheit, Humanität und sozialer Gerechtigkeit orientierten Bildungspolitik von besonderer Bedeutung ist.